# INTRODUÇÃO À GESTALT-TERAPIA

Dados Internacionais de Catalogação na Publicação (CIP)
(Câmara Brasileira do Livro, SP, Brasil)

Rodrigues, Hugo Elidio
    Introdução à Gestalt-terapia : conversando sobre os fundamentos da abordagem gestáltica / Hugo Elidio Rodrigues. 8. ed. – Petrópolis, RJ : Vozes, 2011.

13ª reimpressão, 2025.

ISBN 978-85-326-2406-2

Gestalt (Psicologia)  2. Gestalt-terapia  3. Psicologia  I. Título.

00-3084

CDD-616.89743
NLM-WM420

Índices para catálogo sistemático:
1. Gestalt : Psicoterapia : Medicina    616.89143

Hugo Elidio Rodrigues

# INTRODUÇÃO À GESTALT-TERAPIA
## Conversando sobre os fundamentos da abordagem gestáltica

EDITORA VOZES

Petrópolis

© 2000, Editora Vozes Ltda.
Rua Frei Luís, 100
25689-900 Petrópolis, RJ
www.vozes.com.br
Brasil

Todos os direitos reservados. Nenhuma parte desta obra poderá ser reproduzida ou transmitida por qualquer forma e/ou quaisquer meios (eletrônico ou mecânico, incluindo fotocópia e gravação) ou arquivada em qualquer sistema ou banco de dados sem permissão escrita da editora.

**CONSELHO EDITORIAL**

**Diretor**
Volney J. Berkenbrock

**Editores**
Aline dos Santos Carneiro
Edrian Josué Pasini
Marilac Loraine Oleniki
Welder Lancieri Marchini

**Conselheiros**
Elói Dionísio Piva
Francisco Morás
Teobaldo Heidemann
Thiago Alexandre Hayakawa

**Secretário executivo**
Leonardo A.R.T. dos Santos

**PRODUÇÃO EDITORIAL**

Anna Catharina Miranda
Eric Parrot
Jailson Scota
Marcelo Telles
Mirela de Oliveira
Natália França
Priscilla A.F. Alves
Rafael de Oliveira
Samuel Rezende
Verônica M. Guedes

*Editoração e org. literária*: Orlando dos Reis

ISBN 978-85-326-2406-2

Este livro foi composto e impresso pela Editora Vozes Ltda.

Dedico este livro à
minha saudosa vozinha guerreira Maria José.
Obrigado pelo exemplo,
sinto saudades...

## Agradecimentos

A minha mãe, aos meus irmãos e amigos.

A Graça Gouvêa, minha esposa e também gestalt-terapeuta, pelo "muito" que chega a ser quase tudo.

Aos meus filhos pela beleza de seres humanos que são e que tanto me ensinam.

Ao primo Aguinaldo, meu irmão Jorge e sua esposa Gê, pelo apoio nos tempos de outrora.

Ao vovô Artur, pelo apoio nos tempos presentes.

A minha irmã Rô, pelo eterno apoio e carinho.

Aos mestres que apontaram para mim o caminho, mostrando a beleza que é a busca sincera pela compreensão do mundo e de nós mesmos, em especial Helmuth Krüeger, Cid Cortez e Jô Gondar.

Aos companheiros de jornada dentro da formação em Gestalt-terapia, que, compartilhando genuinamente de suas vidas, contribuíram e enriqueceram em muito a minha própria vida.

A Sandra Salomão, pela iniciação na arte da Gestalt, e por ter me dado esperanças, num momento no qual eu mesmo tinha tão poucas, e sem o qual eu não teria trilhado este caminho. Obrigado por acreditar!

Aos meus revisores: meu irmão de coração e colega psicólogo Jaime Stelzer, a minha esposa Graça Gouvêa, a Sandra Salomão e Patrícia Albuquerque, que com suas riquíssimas sugestões muito contribuíram para uma melhor qualidade deste livro.

# Sumário

Prefácio, 9

Introdução, 11

1 Por onde começamos?, 13
   O contexto da racionalidade mecanicista ocidental na qual estamos inseridos, 14 • Partindo do contexto da racionalidade mecanicista, 16 • Exemplos de modelos explicativos sobre os quais a Gestalt-terapia apresenta suas principais críticas, 18 • Questionando um pouco mais os modelos explicativos, 25 • – Muito bonito! Como funciona na prática o método descritivo?, 28

2 Fundamentação filosófica, 35
   Filosofia para quê? Introduzindo a fenomenologia, 35 • Alguns aspectos históricos da fenomenologia husserliana, 38 • Alguns aspectos conceituais, 39

3 Pensamento linear x teoria de campo, holismo e ser-no-mundo, 42
   Passado e futuro no presente, 42 • Um comentário sobre o conceito de "saúde" para a Gestalt-terapia, 46 • O corpo enquanto concretização do passado no presente, 48 • Conversando sobre o inconsciente, 49 • Ser-no-mundo, 53

4 Aqui e agora e contato, 57
   Vamos abrir um parêntese? Breve comentário sobre o processo de compreensão, 60 • Mais sobre o aqui e agora, 60 • Contato e funções de contato, 62 • Corpo e emoção, 68 • Teoria organísmica, 78

5 O experimento: a postura fenomenológica, 83
   Primeira questão: não apenas "falar sobre", 83 • Segunda questão: concretizando a situação vivencial, 85 • Condição humana e responsabilidade: aspectos existencialistas, 87 • Outros aspectos sobre o conceito de responsabilidade: uso da frustração, 89

6 Trabalhando com as resistências, o óbvio, o mundo entre parênteses, 93
   Colocando nossa realidade entre parênteses, 99

7 Indiferença criativa: polaridades, 102
   Um trabalho com polaridades, 105 • Breve comentário sobre o experimento enquanto técnica psicodramática, 106 • Solucionando o impasse, 109

8 Psicologia da Gestalt, 111
   Conversando sobre o conceito de "figura/fundo", 111 • Figura/fundo: mais sobre responsabilidade e frustração, 115 • O comportamento recursivo, 116

9 Ciclo de contato: mecanismos de evitação do contato, 120
   Mecanismos de evitação do contato, 122 • Modelos ou não? Discutindo a ideia de "certo" ou "errado", 129 • A doença como expressão do ser, 131

10 Trabalho dentro das fronteiras do eu: respeito ao cliente, 136
   Breve conversa sobre "qualidade do contato", 138 • Ampliando fronteiras, 138

11 A semântica geral, 144
   Relação eu/tu, 146 • A semântica geral trabalhada psicoterapicamente, 147 • A gramática pessoal, 150

12 A pessoa do terapeuta na relação psicoterápica, 152
   A implicação do terapeuta no processo psicoterápico, 154

13 Vazio fértil, 160

14 As relações em processo, 167
   Caráter: mais um pouco sobre a perspectiva holística, 172 • O processo enfocado terapeuticamente, 174

15 Conclusão: o que é Gestalt-terapia? Uma opinião, 176
   As armadilhas da última etapa, 178

Apêndice A: Dados históricos sobre a Gestalt-terapia, 182

Apêndice B: Glossário gestáltico, 186

Referências, 196

# Prefácio

É com muita satisfação que prefacio um livro introdutório à Gestalt-terapia e, particularmente, este livro de introdução.

O início da Gestalt-terapia no Brasil, nos idos anos 70, foi marcado pela assimilação rápida do seu fazer. Psicólogos e psiquiatras com formação em outras tendências teóricas e metodológicas ou sem nenhuma formação clínica específica encantaram-se com a força da nova proposta, descoberta por estes pioneiros em viagens ao exterior do país ou através da vinda de profissionais que aqui a transmitiam realizando *workshops* intensivos.

Chegando ao nosso país com fisionomia de *abordagem* – palavra inclusive utilizada por Frederick Perls como título em um de seus poucos livros escritos e publicados em português – já inovava ao propor não só uma outra forma de se praticar a psicoterapia como também por apresentar uma nova visão de mundo, do humano e de saúde mental. Convidava, além disso, o profissional, a viver sua vida coerentemente com as concepções da abordagem, ou seja, ser sua "filosofia de vida".

Criada e transmitida nos EUA, por profissionais de larga experiência clínica e profunda consistência filosófica, apresentou desde seu início uma transmissão artesanal: ver o mestre fazer, participar, sentir, compreender e praticar. A literatura produzida procurava enfatizar os aspectos originais e era muito calcada, apropriadamente àquele momento inicial, nos exemplos práticos que ilustravam a nova teoria de personalidade e de psicoterapia.

Surgida após a Segunda Guerra Mundial e em pleno *boom* otimista das psicoterapias humanistas, a Gestalt-terapia é coerente com a proposta existencialista e fenomenológica que traz em seu bojo: possui uma teoria de personalidade holística, com conceitos de *self* adequados ao existencialismo e outros aportes teóricos restritos a formas genéricas do funcionamento psicológico. Em sua aplicação prática, enfatiza a atitude dialógica, na qual o ser-no-mundo é a primazia, na compreensão do que é apresentado pelo cliente, introduz a corresponsabilidade no *setting* terapêutico e o método experiencial como forma de obter *awareness*, sendo plena em uma literatura que desenvolve a teoria da prática.

Em seus primórdios, a abordagem pretendia ser anti-intelectualista, com o intuito de mostrar a importância de se trabalhar holística e existencialmente com os clientes, atingindo sobremaneira os níveis emocionais e relacionais. Este estilo "ateórico" intencional, conveniente aos primeiros passos da Gestalt-terapia, parece ter feito com que os gestalt-terapeutas de todo o mundo ignorassem a necessidade de uma criação literária sobre seus fundamentos, até que o exercício desta abordagem ao longo do tempo e a necessidade de continuar sua transmissão a outros profissionais e de ocupar um lugar legitimado nas academias universitárias, fez emergir a necessidade de se compreender as raízes da Gestalt-terapia e sua relação com este fazer tão especial, e realmente potente.

Nesta conjuntura, surgiu o esforço de explicitação das bases epistemológicas e aprofundamentos sobre as influências da psicologia na abordagem, encetando uma crítica ao **fazer** apenas como "imitação" dos mestres psicoterapeutas.

Ainda estamos engatinhando em termos de divulgação da existência da Gestalt-terapia e de mostrar a consistência e a extensão da aplicabilidade de nossa abordagem, tanto para a população científica quanto para a leiga. E é óbvio que esta atividade de transmissão da prática clínica não pode prescindir de sua expressão vivida, concretamente explicitada. No entanto, a compreensão dos preceitos da Gestalt-terapia, ainda incipiente para o todo da população de profissionais de saúde e educação, carece de explicações que introduzam para aqueles que ouvem falar deste *fazer*, o seu contexto mais amplo.

Considero que o autor deste livro capturou esta demanda e escreveu não só um livro introdutório, mas uma obra de fôlego, preocupando-se em dar à sua exposição um formato pedagógico, crítico e inovador.

Em sua *Introdução à Gestalt-terapia*, Hugo Elidio expõe com simplicidade, sem incorrer no risco da banalização, os conceitos da fenomenologia, do existencialismo, dos fundamentos psicológicos da abordagem e os vincula à metodologia terapêutica, fazendo metáforas e ilustrando a teoria com exemplos de sua prática clínica.

Os parágrafos longos que se estendem por todo o livro nos permitem obter uma compreensão clara dos posicionamentos do autor e dos princípios da Gestalt-terapia, e este livro, escrito com respaldo de ampla pesquisa bibliográfica, escapa de ser entrecortado pelo excesso de citações ao mesmo tempo em que consegue ser original sem precisar inventar uma nova Gestalt-terapia.

O texto de Hugo Elidio me despertou especial atenção porque ele conseguiu explicar a teoria e sua aplicação com um estilo que não se repete em nenhum outro livro de Gestalt-terapia atual.

Depois de alguns anos, muitos gestalt-terapeutas desenvolveram um jargão "gestaltês", que reproduz lugares comuns. O todo, a parte, as *gestalten* abertas, são termos repetidos mecanicamente, assim como os textos que vão tratando dos mesmos assuntos, explicando o já explicado, sem a criatividade tão peculiar à nossa abordagem. Hugo Elidio conseguiu organizar uma sequência de noções através de sua compreensão da Gestalt-terapia que traz algo de novo: é a Gestalt-terapia que eu conheço – na qual, inclusive, me reconheço, como alguém que deixou marcas em seu caminho – mas com uma nova apresentação e inclusive com alguns enriquecimentos na sessão que aborda o tema "Semântica geral".

Como o próprio autor relata em seu livro, precisamos descrever e apreciar as situações vividas através de uma outra perspectiva. Terminei a leitura do livro muito satisfeita e encantada por conhecer um pouco mais da capacidade de aprofundamento de Hugo. Desfrutem.

Como professora universitária e formadora de psicoterapeutas, agradeço ao autor por seu esforço de realização desta sistematização teórico-prática. E fico feliz de ter feito parte desta trajetória. Primeiro fui sua mestra. Agora aprendo com ele.

*Sandra Salomão*

# Introdução

Caro leitor,

Neste livro, apresento meu ponto de vista sobre esta abordagem psicoterapêutica chamada "Gestalt-terapia"[1] através de uma discussão sobre os seus fundamentos. Sou um psicoterapeuta que atua com esta abordagem e me confesso um profundo admirador dos recursos que a Gestalt-terapia oferece para o trabalho psicoterápico. Considero-me também um divulgador desta abordagem e, nesta tarefa de divulgá-la, espero que este livro possa ser um intermediário entre mim e você, leitor.

Contribuir para tornar o conhecimento da Gestalt-terapia mais acessível é um dos principais motivos que me impulsionaram para a confecção deste livro. Enquanto divulgador, realizei durante alguns anos palestras, vivências e minicursos dentro desta abordagem, em várias faculdades de psicologia do Rio de Janeiro e também em Minas Gerais. Nestes trabalhos, na maioria das instituições pelas quais passei, observei que, ao transmitir a Gestalt-terapia aos estudantes de psicologia, estes se deparavam com dúvidas que frequentemente eram as mesmas.

Tais dúvidas surgiam, segundo o que pude observar, de dois campos diferentes. Primeiro, da própria base filosófica da Gestalt-terapia, que apresenta paradigmas diferentes da nossa tradição filosófica ocidental, sugerindo novas formas de pensar que nem sempre são fáceis de serem entendidas. Em segundo, da falta de experiência clínica nesta abordagem por parte dos professores que ensinavam a disciplina "Gestalt-terapia" nas faculdades, mas que ou não eram gestalt-terapeutas, ou não atuavam clinicamente. Por esta razão, transmitia-se a teoria sem o acréscimo da prática psicoterápica, que poderia enriquecer em muito a compreensão deste conhecimento gestáltico.

Este livro pretende elucidar algumas destas dúvidas e diminuir a distância entre a Gestalt-terapia e as pessoas em geral que não possuem conhecimento nenhum sobre ela e/ou, ainda, aquelas que possuem um pensamento mais próximo da filosofia tradicional vigente, e que, por isso, se afastam da Gestalt-terapia sem, contudo, tentar compreendê-la de uma forma mais ampla. Espero diminuir tal distância de uma maneira bem informal, como uma conversa entre nós.

Servindo como um guia, o livro poderá ser lido de maneira a juntar as tantas partes que compõem a Gestalt-terapia, como suas influências filosóficas e psicológicas tidas – por quem não as conhece – como partes de um quebra-cabeça cujas peças não se encaixam. Mas o nexo do quebra-cabeça está exatamente não nestas partes, mas no conjunto delas, que, construídas, perfazem um todo harmônico e coerente. Como um mapa do *puzzle* espero sugerir ao leitor um possível nexo, para que cada uma das partes da Gestalt-te-

---

1. Pronuncia-se o /ge/ de "gestalt" como /gue/ de guerra: /guestalt/.

rapia, vista antes como peça sem encaixe, possa agora encontrar seu lugar no conjunto e este todo possa sugerir a você, leitor, um sentido, uma razão de ser da Gestalt-terapia.

Como há também uma intenção em manter uma linguagem bem objetiva e clara, acredito também que este livro poderá ser de fácil acesso ao público leigo em geral; pessoas que se interessam pelo tema "ser humano" em suas várias formas de ser compreendido.

Aos colegas gestalt-terapeutas, espero contribuir para inspirá-los quanto a algumas estratégias para passar adiante o conhecimento gestáltico, apontando tais estratégias para o cerne da questão, que são as diferenças entre os paradigmas que redundam em formas divergentes de pensar o ser humano e o mundo.

Para ilustrar melhor as consequências práticas das diferenças filosóficas que serão focalizadas, pretendo também acrescentar um pouco da minha experiência profissional, através de relatos de casos.

Então, é isso! Eis-me aqui, agora com você, caro leitor, solicitando sua atenção para receber um conhecimento sobre a Gestalt-terapia de um profissional que não só atua nesta abordagem mas que, principalmente, acredita nela.

Acho importante também ressaltar a questão de ser "um conhecimento", e não "o conhecimento". A Gestalt-terapia é muito ampla, com muitas possibilidades de entendimento e aplicação. Nesse livro não há uma intenção de esgotar o tema, mesmo sendo este "introdutório". Exatamente por ser ampla, criativa, cada um que atua profissionalmente com esta abordagem poderia encontrar uma forma nova de introduzi-la, para apresentá-la ao público em geral. Esta aqui é apenas uma dessas possibilidades.

Assim, através deste livro, pretendo apresentar a Gestalt-terapia como uma "obra de arte", uma "pintura", e, como tal, pode ser vista ou interpretada sob vários aspectos, sendo todos eles verdadeiros, para quem nela encontra sua coerência de trabalho, se envolve e se aprofunda.

Vamos continuar nossa conversa?

*Hugo Elidio*
Rio de Janeiro, julho de 2000.

## 1
# Por onde começamos?

Talvez eu frustre sua expectativa em pegar esse capítulo e – sugerido pelo título – descobrir nele "como foi que a Gestalt-terapia começou..." Neste livro, pretendo apresentar esta abordagem psicoterápica[2] para você, leitor, de uma outra maneira...

Minha intenção é questionar por onde nós – eu enquanto gestalt-terapeuta e você, leitor – podemos começar...

Estamos aqui, nós dois, nesta "conversa", na qual eu quero passar algo e, do seu lado, algo você quer receber. Porém, acho que se eu iniciasse com uma perspectiva da história da Gestalt-terapia como por exemplo: onde foi que começou, como, quando, contexto, etc., poderia estar perdendo uma oportunidade de mostrar pontos de vista que considero mais importantes e talvez mais produtivos. Esclareço o "produtivo": é que como já existem inúmeros livros que vão dizer para você exatamente a história da Gestalt-terapia, com todos os dados, todos os nomes e datas, talvez possamos aproveitar nosso tempo expondo algo diverso...

Caso seja imperativo obter esses dados, ou no caso da Gestalt-terapia ser um tema novo, eu sugiro que você consulte o final do livro, no "Apêndice A". Neste apêndice, você encontrará os aspectos históricos da Gestalt-terapia e seu contexto; informações que lhe permitirão obter uma melhor visualização. Você poderá ainda consultar a sessão "Glossário", com os principais conceitos utilizados nesta abordagem, com definições de vários autores e suas respectivas referências bibliográficas.

Bem, sabendo que o suprimento destas informações será satisfeito, vamos continuar nossa conversa...

Apresento minha proposta: importantes autores já falaram sobre a Gestalt-terapia nestes aspectos que são, afirmo, fundamentais, mas, exatamente porque já foram falados, por que não aproveitamos para expor tais aspectos de uma maneira diferente? Por que não aproveitamos nosso tempo aqui e conversamos sobre o próprio entendimento do que é a Gestalt-terapia para que, enquanto vamos avançando nos aspectos teóricos e práticos desta abordagem, você possa alcançar uma compreensão mais profunda destes aspectos, que lhe facilitará posteriormente a apreensão do seu sentido amplo? Que tal?

Para realizar tal tarefa, proponho – ao invés de iniciar já do ponto de vista da própria Gestalt-terapia e de sua forma de pensar – começar a partir da sua ótica, leitor. Vamos juntos lançar um olhar crítico sobre a nossa forma cotidiana de lidar com a reali-

---
2. Sobre "psicoterapia", cf. glossário.

dade e acompanhar passo a passo como a Gestalt-terapia sugere formas diferentes de lidar com velhos problemas... Esta é a minha proposta.

## O contexto da racionalidade mecanicista ocidental na qual estamos inseridos

Por onde começamos então? Comecemos com as próprias dificuldades que você possa vir a encontrar para entender a Gestalt-terapia, para entender os conceitos de suas bases filosóficas – fenomenologia, existencialismo, a teoria de campo e outras. Podemos também pensar sobre o que pode facilitar sua compreensão das principais técnicas da Gestalt-terapia (que daqui para frente chamarei só de GT), tais como o "aqui e agora", o trabalho com polaridades sob a ótica da Indiferença Criativa, a preocupação com a precisão semântica do discurso, etc.

A minha intenção é sugerir a construção de uma ponte, exatamente de onde você, leitor, está, até onde a GT reside e amplia, a cada dia, sua morada... Esta ponte, a ser construída ao longo de todo o livro, nos ajudará a compreender – a partir da sua própria forma de pensar, caro leitor – a forma de pensar gestáltica. Por isso, estaremos sempre nos referindo à construção desta ponte.

E aí, você poderá até falar: – Mas como poderá saber o ponto onde estou? Como poderá saber da minha forma de pensar?

Certamente não sou nenhum adivinho nem detentor de uma verdade universal que sirva para todos aqueles que venham a ler este livro... Porém, mesmo não tendo a menor pretensão de buscar tal universalidade, acredito que alguns problemas são muito frequentemente levantados durante a aquisição deste conhecimento gestáltico. Eu gostaria de começar deste ponto. Posteriormente, pretendo contextualizar tais problemas já encaixando-os dentro de uma comparação crítica entre a GT e os outros modelos psicoterápicos.

Vamos começar a construir a ponte à qual me referi do seu lado, certo? Onde você está? Qual é a sua forma de pensar, de entender as coisas que estão neste mundo que o cerca?

Veja se você concorda com o seguinte: quando você tem uma dúvida ou quer aprender algo novo e alguém inicia a transmissão de um conhecimento para você, quando alguém vai lhe explicando algo, você vai prestando atenção, chegando até a franzir a testa, aguçando a visão, como que tentando "ver" exatamente o que a pessoa está tentando lhe dizer, não é? Você tenta alcançar ao longo daquele discurso que você escuta, onde está o famoso, querido e fundamental "porquê" das coisas ditas... Você concorda que temos esse hábito normalmente?

A pergunta fundamental é esta: – Por que tal coisa é assim desse tal jeito?

E aí vem alguém e.... Responde!!

– Isso, meu caro, é assim porque...

Que ótimo, estamos todos satisfeitos de, finalmente, entendermos a razão pela qual algo aconteceu.

Vamos a um exemplo mais específico, para expor melhor o que quero dizer:

# Introdução à Gestalt-terapia

– Por que a luz, conforme Einstein previu matematicamente, faz curva? Satisfazemos nossa curiosidade com uma resposta do tipo:

– Faz curva *porque* – olha ele aí... – a luz é carregada por uma partícula chamada fóton, que é atraída por um campo gravitacional. Logo, quando a luz de uma estrela, viajando no espaço sideral, atravessa um campo gravitacional qualquer – desde que, é lógico, este campo tenha força suficiente – sofrerá um desvio, fará uma "curva", aproximando-se, atraída por tal campo gravitacional que, porém, não chega a atraí-la totalmente. A atração total da luz é obtida somente por campos gravitacionais absurdos, como os encontrados nos famosos buracos negros, assim nomeados pelo físico John Wheeler, que são chamados de "negros" exatamente porque a luz deles não escapa[3].

Taí, expliquei! Então, temos: o que é "explicar"? É fazer com que você, leitor, obtenha uma visualização de uma série encadeada de eventos, um após o outro, de maneira que você saiba que o que aconteceu foi causado por um evento anterior. O "porquê" ata tais eventos. Como engrenagens de uma máquina: você vê a primeira que transmite uma rotação e um sentido para uma segunda engrenagem, que já transmitirá para outras, e assim por diante...

Muito bom! Só que nós, seres humanos, estamos sempre fazendo analogias, comparando o "porquê" de algo com um possível "porquê" em uma outra situação semelhante. O sentimento comum que temos desse tipo de resposta não se limita apenas ao fato que ocorreu. Quando temos um "porquê" de algo, surge um conhecimento, que exerce uma grande força, um grande desejo para ser ampliado, para ir além da experiência imediata. Ou seja, quando eu escuto e aceito o primeiro "porquê", eu tendo a prolongar sua validade para uma segunda, terceira, quarta, quinta situação, ao infinito. Passo a expandir esse conhecimento para outras áreas, buscando entender o mundo a partir dos novos dados adquiridos. E diante de situações semelhantes, eu posso então saber o porquê dos acontecimentos, dizer o que virá depois, antecipando os fatos. Essa abrangência culmina em uma forma de pensar que passa a ser transmitida culturalmente e atinge a todos dentro da época na qual ocorre: o chamado paradigma (CAPRA, 1975 e 1983).

Embora nem sempre tenhamos consciência disso, temos uma forma de pensar que é influenciada por este paradigma. Neste livro, será usado com frequência uma comparação entre o paradigma vigente no qual estamos inseridos: o paradigma racionalista[4] me-

---

3. Sobre esse assunto, sugiro ler HAWKING, 1988, capítulo 6.
4. Racionalismo é um termo que alude não apenas ao uso da razão, mas principalmente ao seu abuso (Cf. MORA, 1982). Um exemplo clássico de abuso da razão vem da filosofia grega, quando Parmênides (filósofo grego, séc. V a.C.), discutindo contrariamente às ideias de Heráclito (também filósofo grego, séc. V a.C.), fundamenta o "princípio de identidade".
Heráclito entendia que a realidade era um eterno tornar-se, um eterno devir, onde "tudo flui" e nada "é" realmente. Parmênides lembra que isso não pode ser, e afirma que o que é "é", e o que não é "não é". Formalmente, esta afirmação toma o seguinte aspecto: "O ser é, o não-ser não é" (princípio de identidade). Mas a partir disso, Parmênides depreende uma série de consequências lógicas, tais como:
O ser é imóvel: posto que, se o ser se movesse, ele iria para um outro lugar, que também "é". Daí, ele não poderia se mover para onde ele já está, logo, ele é imóvel.
O ser é imutável: Caso o ser se transformasse, ele mudaria para algo que também "é". Logo, ele não pode se transformar em algo que ele já é, por isso ele é imutável.

canicista[5]; e aquele que sustenta a GT, sendo a construção da ponte proposta o meio que colocará tais paradigmas em comunicação.

Ressalto aqui, leitor, que nesta hora poderá passar pela sua mente que, ao mencionar o conceito de paradigma, eu estou falando da tão afamada "ciência" e da sua necessidade de testagem, controle e previsão. Mas, não... Estou falando de nós mesmos, você e eu... Estamos todos impregnados com essa necessidade de explicações exclusivamente racionais para lidar com as coisas de uma forma mecanicista. A ciência apenas reflete tal tendência.

Por outro lado, muitos avanços em vários campos do conhecimento humano foram obtidos graças à ciência. Este, inclusive, é francamente o objetivo da ciência: lidar com "campos", com "áreas de conhecimento", com parcelas da realidade ou pontos de vista dela: físico, biológico, químico etc. Nada contra isso, mas a questão que pretendo introduzir aqui é se tudo "precisa" ser assim: "científico"? Ou melhor dizendo: "parcial" (no sentido de lidar com partes e não com o todo)? Este método dito científico é a única forma de obter conhecimento?

**Partindo do contexto da racionalidade mecanicista**

E a tal ponte? Aquela que unirá o lugar onde você está até onde a GT se localiza? A perdemos de vista? Não, não... Estamos apenas demarcando o ponto inicial de onde as "obras" começarão... Neste momento, localizamos esse lugar no qual estamos e o chamamos pelo binômio "racionalidade mecanicista".

Agora, olhemos a partir deste paradigma, para aquele lugar, não ainda nítido, onde está a GT. Não pretendo ainda dar um nome para este lugar, já que não chegamos perto de lá e nem a conhecemos suficientemente, não acha? Mas como já podemos estabelecer um ponto de vista, um "começo", já temos condição de, a partir do mecanicismo e do racionalismo que nos impregna, estimar o quanto nos falta para chegarmos lá.

E mais "eterno", "único", "indivisível" e sem começo ou fim (MARCONDES, 1997). Não parando por aí, Parmênides defende então a ideia de que, quando vemos movimento, pluralidades de seres, finitude de tempo etc., tudo não passaria de uma ilusão. Zenão (filósofo grego, séc. IV a.C.), discípulo de Parmênides, continua o trabalho de seu preceptor e, para defendê-lo, elabora argumentos que ficaram famosos como as "Aporias de Zenão". Entre estas, o argumento de que, em uma corrida entre uma tartaruga e Aquiles, dando-se uma vantagem de 1 metro para a tartaruga, Aquiles, mesmo com toda sua velocidade, jamais alcançaria a tartaruga. Isso se daria porque, considerando a vantagem inicial, quando Aquiles se aproximasse da tartaruga, esta já teria andando um pouco mais. Quando Aquiles cobrisse esse acréscimo, e chegasse onde a tartaruga estava, esta já teria andado mais um pouco ainda, de maneira que a tartaruga teria sempre uma dianteira infinitesimal em relação ao Aquiles. Quando, na realidade, vemos a tartaruga sendo ultrapassada por Aquiles, isso não passaria de ilusão...

Outro interessante exemplo histórico da exclusividade de um ponto de vista racional sobre a realidade é a célebre pergunta de Kant (1724-1804) que, após ouvir uma sinfonia de Beethoven, diz: "– Muito bonito! Mas o que é que isso prova?" (SPRANGER, 1976: 142)

5. Mecanicismo, conforme empregado neste livro, refere-se à tendência do pensamento filosófico/científico de enquadrar a realidade ao modelo das máquinas, sendo uma tendência melhor representada por René Descartes (1596/1650) e por Issac Newton (1642/1727). Ou seja, a natureza, a vida, a mente, enfim tudo funcionaria como o modelo de máquinas, com "engrenagens" que se relacionam sob leis mecânicas, matemática/fisicamente determinadas. Em relação ao corpo, este também é visto enquanto uma máquina, e separadamente da mente ou consciência que o habita. Segundo Descartes: "[...] examinando com atenção o que eu era, e percebendo que podia supor não possuir corpo algum e existir mundo algum, ou qualquer lugar onde eu existisse, mas que nem por isso podia supor que não existia, e que, ao contrário, pelo fato mesmo de eu pensar em duvidar da verdade das outras coisas concluía-se de forma evidente e certa que eu existia, ao passo que, se apenas houvesse cessado de pensar – embora fosse verdadeiro tudo o mais que alguma vez imaginara – já não teria qualquer razão de acreditar que eu tivesse existido, compreendi que era uma substância cuja essência ou natureza consiste apenas no pensar, e que, para ser, não necessita de nenhum lugar nem depende de qualquer coisa material. De modo que esse eu, isto é, a alma, pela qual sou o que sou, é inteiramente distinta do corpo e, inclusive, é mais fácil de conhecer do que ele, e, ainda que o corpo nada fosse, a alma não deixaria de ser tudo o que é" (*O discurso do método*).

# Introdução à Gestalt-terapia

Vamos continuar...

Bem, voltemo-nos ao exemplo da luz e da causa[6] de seu desvio de trajetória. É importante que a luz, ou o fóton, que viaja no espaço sideral, apresente um "comportamento" que nos intrigue. Precisamos "notar" sua existência; o fóton precisará produzir algo que nos afete. Neste caso, o fóton apresenta o seguinte comportamento: "desvia sua trajetória" quando "passa por um campo gravitacional".

Neste momento, eu saliento uma sutileza importantíssima que é a diferença entre as formas pelas quais eu expus o comportamento do fóton; sutileza esta que já começa a contribuir para uma forma diferente de se relacionar com esta realidade em nossa volta.

Explicando melhor, eu falei antes que a causa da luz desviar-se de sua trajetória é a atração que o campo gravitacional exerce sobre ela. Vou arrumar as palavras de uma forma mais clara: a partícula de luz – o fóton – é desviado porque ele é atraído por um campo gravitacional. Ok. Agora compare: o fóton desviou sua trajetória quando passou por um campo gravitacional. Qual é a diferença entre as duas construções?

Na primeira, eu não apenas relato algo que aconteceu, mas já introduzo no acontecimento uma hipótese[7] sobre sua causa, uma explicação, um "porquê".

Na segunda construção ("o fóton desviou sua trajetória quando passou por um campo gravitacional"), eu já exponho as informações de outra forma, concatenando os fatos observados, pela ordem temporal pela qual eu os depreendi. Ou seja, primeiro observo um fóton, segundo este fóton põe-se em movimento, depois este atravessa um campo gravitacional e é desviado.

Onde está a sutileza que diferencia uma construção da outra? É simples: onde está "o porquê" da segunda? Não aparece...

Neste segundo exemplo eu me atenho, ou melhor seria dizer, eu me detenho ao que observo: paro minha volição de sobrepor ao fato uma explicação; de maneira que apenas descrevo os fatos observados.

Você, leitor, nesta hora, poderá se perguntar:

– Ué, e daí? Grande coisa apenas descrever... Para que perder tempo apenas fazendo isso? Ou seja, qual o conhecimento que vou adquirir apenas observando? O que eu faço com isto que observo? Não faço nada!

---

6. A ideia da lei de "causa e efeito" do cientista inglês Isaac Newton (1642/1727) pode ser entendida, aqui, como etapas encadeadas, na qual percebemos que uma coisa causa – ou tem como efeito – outra.

7. Quando utilizamos a palavra "hipótese", significa que, por exemplo, quando digo que a luz é desviada porque atraída, na verdade, estou dizendo que isto acontece porque *eu acho que* a gravidade exerce uma força de atração que causa o desvio. Até ser corroborada pelos fatos, a explicação (a hipótese) é minha! Eu, ser humano, sou quem dou ao fato verificado – o desvio – um sentido para mim, algo que serve para eu entender tal fato, dando uma explicação que será tida como "a verdade", como a "explicação final" até que outra explicação "mais verdadeira" sobrevenha. Por outro lado, esta possibilidade de explicações científicas futuras, que sejam mais abrangentes, mais completas do que as explicações anteriores não é um consenso dentro da ciência. Há um movimento junto à ciência atual que acredita já ter alcançado os dados mais elementares, fundamentais da natureza, sendo que só restaria agora pesquisa para aprofundamento ou corroboração. Sobre isso ler HORGAN, 1998.

## Por onde começamos?

A resposta é essa mesmo: nada! "Observar" não me diz nada para além do especificamente observado, não me habilita a exercer o controle, ou a previsão sobre o transcorrer dos fatos em geral, a não ser quando – a partir dos dados observados – tento extrair teorias que expliquem o genérico; quando do particular em particular, faço uma inferência sobre o geral, processo este conhecido na filosofia como "indução" (MORA, 1982: 210). Mas há ainda uma outra possibilidade de lidar com os dados observados, segundo o método conhecido na filosofia como "fenomenologia", que particularmente nos interessa muito, pois é este o modelo sobre o qual se baseia a atitude psicoterápica da GT. Falaremos disto mais adiante.

Continuando, apenas observar parece não contribuir para a evolução da ciência. Mencionei a palavra "parece", porque a metodologia científica não é um consenso, daí, podemos encontrar adeptos de uma metodologia de trabalho descritiva ou baseada em outros paradigmas (Cf. WILBER, 1992).

Mas, e quando ao invés de falarmos de ciência, o assunto é algo bem mais próximo: nós mesmos, seres humanos? E quando o que estamos observando está relacionado à compreensão da existência de uma pessoa? E quando o assunto estudado ou o "objeto observado" não é um objeto – enquanto algo passivo – mas, sim, um ser que, como eu, também tem consciência? Será que, neste caso, quando se trata de outro ser humano, quando me detenho ao que descrevo, eu não estou ganhando conhecimento nenhum?

A GT estabelece sua base de trabalho sobre tais questionamentos, construindo uma metodologia psicoterápica crítica ao modo de pensar das abordagens baseadas no paradigma vigente.

Para entender melhor tais críticas, vamos apresentar algumas possibilidades de modelos explicativos que satisfazem o paradigma vigente, e com as quais estamos familiarizados pela sua lógica inerente: um modelo psicanalítico e um modelo behaviorista. Posteriormente, apresentaremos uma possibilidade descritiva, já dentro de uma abordagem gestáltica.

### Exemplos de modelos explicativos sobre as quais a GT apresenta suas principais críticas

Seguindo então o modelo anteriormente citado – não desejamos que a nossa ponte saia torta... –, digamos que, ao invés do comportamento do fóton, pretendemos conhecer um aspecto qualquer de um indivíduo, e colocamos tal aspecto em questionamento. Sob a ótica do paradigma vigente, tal questionamento poderia ser arrumado assim:

– Por que este indivíduo apresenta tal comportamento?

Seguindo o modelo mecanicista, que já detectamos pela forma da pergunta: – Por que estas engrenagens funcionam deste jeito?, temos que dar uma explicação. Dentre as várias opções de campos científicos das quais poderíamos obter uma explicação, vamos nos manter no campo que é o propósito deste livro: a própria psicologia. Assim, va-

# Introdução à Gestalt-terapia

mos buscar o porquê nas teorias psicológicas que seguem modelos explicativos e – seguindo os sistemas referenciais teóricos destas escolas – apresentar suas respostas.

Primeiramente, vamos considerar um exemplo explicativo empregado pela psicanálise freudiana, que fica muito claro no trabalho analítico que Freud empreendeu sobre o famoso "Caso Schreber". Neste caso também é possível perceber outro aspecto que é objeto de crítica da GT, que é a forma reducionista[8] de lidar com o ser humano.

Resumidamente, este caso trata de Daniel Paul Schreber, nascido em Leipzig em 1842, que se torna juiz de Chemnitz, e que durante sua vida apresentou vários distúrbios que redundaram na sua internação em instituições psiquiátricas, onde foi diagnosticado como sofrendo de demência paranoide. Os períodos destas internações foram: 1884 (de outubro deste ano a janeiro de 1885), de 1893 a 1902 e de 1907 a 1911 (FREUD, 1979c: 19s.). O notável desta situação é que Schreber escreveu um livro intitulado *Memórias de um doente dos nervos,* em 1903, onde narra sua visão do que lhe ocorria, dando amplos detalhes de como percebia de forma completamente particular sua realidade, repleta de fantasias extremamente elaboradas sobre sua relação com Deus e com seu médico psiquiatra.

A questão reducionista que vamos criticar já pode ser vista logo de início, no momento mesmo da apresentação do caso pelo próprio Freud quando, já falando "dos paranoicos", justifica que uma leitura do livro do Schreber já oferece material para uma análise, mesmo sem sequer conhecer o sujeito. Segundo Freud: "A investigação psicanalítica da paranoia seria completamente impossível se os próprios pacientes não possuíssem a peculiaridade de revelar (de forma distorcida, é verdade) exatamente aquelas coisas que outros neuróticos mantêm escondidas como um segredo. Visto que os paranoicos não podem ser compelidos a superar suas resistências internas e desde que, de qualquer modo, só dizem o que resolvem dizer, decorre disso ser a paranoia um distúrbio em que um relatório escrito ou uma história clínica impressa podem tomar o lugar de um conhecimento pessoal do paciente. Por esta razão, penso ser legítimo basear interpretações analíticas na história clínica de um paciente que sofria de paranoia (ou precisamente, de *dementia paranoides*) e a quem nunca vi, mas que escreveu sua própria história clínica e publicou-a" (FREUD, 1979c: 23).

Freud então segue apresentando os dados contidos no livro de Schreber, fazendo a seleção necessária do que achava relevante para efetuar suas notas psicanalíticas. É interessante então ressaltar, que embora Schreber tenha tido um primeiro distúrbio no ano de 1884, ficando internado na clínica psiquiátrica do Dr. Flechsig durante seis meses, e neste período dito em seu livro que achava ter sido acometido de uma crise hipo-

---

8. Reducionismo, como utilizado neste livro, tem o mesmo sentido do termo "atomismo" (MORA, 1982) que é a tendência em sempre atingir a menor parte que compõe o todo estudado, de maneira a verificar pelo conhecimento de suas partes mais elementares (ou átomos), estudados em separado, como é o funcionamento do todo. Assim, qual é a menor partícula da água? Qual a menor partícula de um organismo vivo? E, por extensão, do que é feita a "mente humana"? De instintos, de lembranças? Qual é o seu elemento básico? A crítica que a GT apresenta quanto a este tipo de visão do ser humano é que tais elementos, por si sós, não bastam para representar toda sua complexidade. O "todo" que é o "eu", é maior do que as partes que o compõem. Para efetuar tal crítica, a GT se utiliza dos princípios da psicologia da gestalt – cf. apêndice "A".

## Por onde começamos?

condríaca, Freud ressalta em suas notas um sonho de Schreber – de cunho sexual – que vem ocorrer somente em 1893. Sobre o sonho, Freud comenta: "... certa vez, nas primeiras horas da manhã, enquanto se achava entre o sono e a vigília, ocorreu-lhe a idéia de que, afinal de contas, deve ser realmente muito bom ser mulher e submeter-se ao ato da cópula... Tratava-se de idéia que teria rejeitado com a maior indignação, se estivesse plenamente consciente" (FREUD, 1979c: 28).

A partir da segunda internação de Schreber é que ocorre uma manifestação de comportamentos mais próximos do quadro paranoide. Freud expõe tais manifestações recorrendo ao relatório de um dos médicos que acompanharam o caso, o Dr. Weber. Neste relatório, o Dr. Weber narra:

"O ponto culminante do sistema delirante do paciente é a sua crença de ter a missão de redimir o mundo e restituir à humanidade o estado perdido de beatitude. Foi convocado a essa tarefa, assim assevera, por inspiração direta de Deus, tal como aprendemos que foram os Profetas... A parte mais essencial de sua missão redentora é ela ter de ser precedida por sua transformação em mulher. Não se deve supor que ele deseje ser transformado em mulher; trata-se antes de um 'dever' baseado na Ordem das Coisas, ao qual não há possibilidade de fugir, por mais que, pessoalmente, preferisse permanecer em sua própria honorável e masculina posição de vida. Mas nem ele nem o resto da humanidade podem reconquistar a vida do além, a não ser mediante a transformação em mulher (processo que pode ocupar muitos anos ou mesmo décadas), por meio de milagres divinos. Ele próprio, está convencido, é o único objeto sobre o qual milagres divinos se realizam, sendo assim o ser humano mais notável que até hoje viveu sobre a Terra... Durante os primeiros anos de sua moléstia, alguns de seus órgãos corporais sofreram danos tão terríveis que inevitavelmente levariam à morte qualquer outro homem; viveu por longo tempo sem estômago, sem intestinos, quase sem pulmões, com o esôfago rasgado, sem bexiga e com as costelas despedaçadas; costumava às vezes engolir parte de sua própria laringe com a comida etc. Mas milagres divinos ('raios') sempre restauravam o que havia sido destruído, e portanto, enquanto permanecer homem, é inteiramente imortal. Estes fenômenos alarmantes cessaram há muito tempo e, como alternativa, sua 'feminilidade' se tornou proeminente... Ele tem a sensação de que um número enorme de 'nervos femininos' já passou para o seu corpo e, a partir deles, uma nova raça de homens originar-se-á, através de um processo de fecundação direta por Deus" (FREUD, 1979c: 32s.).

A partir destes dados, Freud empreendeu sua análise, colocando, como fonte primária dos conflitos, o desejo inconsciente de Schreber tornar-se mulher. Segundo Freud: "Sabemos que a ideia de transformar-se em mulher (isto é, de ser emasculado) constituiu o delírio primário, que ele no início encarava esse ato como grave injúria e perseguição, e que o mesmo só se relacionou com o papel de Redentor de maneira secundária. Não pode haver dúvida, além disso, de que ele originalmente acreditava que a transformação deveria ser efetuada com a finalidade de abusos sexuais e não para servir a altos desígnios. Pode-se formular a situação, dizendo-se que um delírio sexual de persegui-

## Introdução à Gestalt-terapia

ção foi posteriormente transformado, na mente do paciente, em delírio religioso de grandeza" (*FREUD* 1979c: 34).

Aqui ressaltamos mais alguns dos aspectos sobre os quais focalizaremos nossa crítica em relação ao reducionismo com o qual a situação é apresentada. Conforme exposto acima, fica claro que a interferência de uma teoria sexual filtra a percepção do caso como um todo, de modo que, mesmo considerando que Schreber já apresenta sinais de distúrbios anos antes (embora desta fase aparentemente haviam poucos dados), Freud considera como algo "primário" algo que acontece bem depois, mas somente porque ali algo eminentemente sexual pode ser percebido. Freud cita a ideia de Schreber tornar-se mulher como "delírio primário", discordando do psiquiatra que julgou como primária a ideia deste se ver como um "redentor da humanidade". É notório que a psicanálise considera a questão sexual como ponto principal de sua teoria: "[...] pois nós, psicanalistas, até o presente apoiamos a opinião de que as raízes de todo distúrbio nervoso e mental devem se encontrar principalmente na vida sexual do paciente" (FREUD, 1979c: 48). Daí, fica claro que há uma adaptação do indivíduo à teoria, uma redução de toda uma história a somente o que dela pode estar relacionado com a maneira de lidar com a pulsão sexual.

Freud segue então a análise da situação: "Se recordarmos agora o sonho que o paciente teve durante o período de incubação de sua enfermidade, antes de mudar-se para Dresden, tornar-se-á claro, acima de qualquer dúvida, que seu delírio de ser transformado em mulher nada mais era que a realização do conteúdo desse sonho. Naquela época, rebelou-se contra o sonho com máscula indignação e, da mesma maneira, começou a lutar contra a sua realização na enfermidade e encarou sua transformação em mulher como uma catástrofe porque era ameaçado com intenções hostis" (FREUD, 1979c: 51).

Freud estabelece outras interpretações mais pormenorizadas nas páginas seguintes do seu trabalho, entre as quais uma relação de um impulso homossexual de Schreber dirigido ao seu primeiro médico psiquiatra, que o havia atendido durante a eclosão da primeira doença. Segundo Freud: "A causa ativadora de sua doença, então, foi uma manifestação de libido homossexual; o objeto desta libido foi provavelmente, desde o início, o médico, Flechsig, e suas lutas contra o impulso libidinal produziram o conflito que deu origem aos sintomas" (FREUD, 1979c: 62). Seguindo então nossa argumentação anterior, temos aí "a causa ativadora", o porquê do indivíduo agir daquela forma.

Uma apresentação completa do caso Schreber, aqui, fugiria do nosso escopo principal, motivo pelo qual eu sugiro uma leitura direta deste capítulo da obra de Freud.

Voltando ao objetivo que estamos aqui levantando, o interesse é questionar os métodos empregados para trabalhar psicoterapicamente com o indivíduo que procura este tipo de auxílio. No caso acima exposto, nos questionemos: diante de tal interpretação de sua situação, podemos imaginar como se sentiria o indivíduo? Será que uma explicação de que na verdade seu comportamento nada mais era do que a realização de um sonho, cujo conteúdo foi reprimido por ele, o ajudaria a lidar com sua situação pre-

## Por onde começamos?

sente? Será que, ao entender a vinculação do sonho ao seu comportamento, poderia fazê-lo passar a agir de uma forma mais satisfatória para ele mesmo? Será que podemos ter completa segurança de que basta reconhecer os aspectos sexuais envolvidos num distúrbio mental para empreendermos com o cliente sua "cura"? Pode haver casos que sim, mas também pode haver os casos que não... No caso de Schreber, jamais poderemos saber o que poderia ter acontecido, uma vez que este faleceu antes de que Freud tivesse publicado a análise de seu caso.

Levando adiante nossa focalização crítica, vamos ver outro exemplo metodológico aplicado conforme uma abordagem comportamental.

A fonte do exemplo, que será dado a seguir, veio da obra do Dr. Joseph Wolpe, professor de Psiquiatria na Universidade de Temple e no Instituto de Psiquiatria da Pennsylvania, e editor da revista *Behavior Therapy and Experimental Psychiatry*. A obra é intitulada *Prática da terapia comportamental*. Neste livro, entre outros casos clínicos apresentados, Wolpe relata o seguinte tratamento do "Sr. T", um jovem de 18 anos, que apresentava um comportamento compulsivo de se lavar, devido a um grande temor de sujar-se com a própria urina, ou contaminar outros com ela. Segundo Wolpe: "quando começou o tratamento [...] o paciente [...] gastava até 45 minutos num ritual elaborado de limpeza em seus órgãos genitais, seguidos de cerca de duas horas lavando as mãos. Quando despertava pela manhã, sua primeira necessidade era a de um banho de chuveiro, que levava cerca de quatro horas [...] A essas 'necessidades básicas' de sua neurose eram somadas muitas outras ocasionadas pelas contaminações casuais inevitáveis em qualquer dia. É pouco surpreendente que o Sr. T. tenha concluído que se levantar não valia a pena, e durante dois meses passou a maior parte de seu tempo na cama" (WOLPE, 1976: 300).

Antes de iniciar a apresentação do tratamento efetuado, Wolpe já apresenta a argumentação que explica o comportamento do Sr. T.: "A neurose começou evidentemente numa situação doméstica incomum. Até que completou 15 anos de idade, os pais do Sr. T. o obrigavam a compartilhar a cama com sua irmã, dois anos mais velha, porque ela tinha medo de estar só. As respostas eróticas muito naturais provocadas por este tipo de aproximação à menina fizeram-no sentir-se muito culpado e envergonhado. A ira dirigida aos seus pais por lhe imporem isto levou-o a fantasias hostis e às vezes destrutivas quanto a eles. Horrorizado quanto a isto, passou a se considerar desprezível. Sua urina tinha subsequentemente se tornado o primeiro foco de sua 'repugnância'" (WOLPE, 1976: 300).

O tratamento efetuado com o Sr. T. ocorreu utilizando-se a técnica de "dessensibilização convencional", que é basicamente a "exposição a estímulos fracos de eliciação da ansiedade. A exposição é repetida até que o estímulo perca completamente a sua capacidade de eliciar ansiedade" (p. 112). Wolpe relata como começou o tratamento: "[...] a primeira cena que pedi que imaginasse foi a visão de um homem desconhecido mergulhando sua mão em 1.000dm cúbicos de água em que fora depositada uma gota de urina. Mesmo essa cena produziu alguma perturbação no Sr. T. no início, mas ela diminuiu e desapareceu no decurso de umas poucas apresentações. A concentração de urina foi então "aumentada" até que o homem foi imaginado mergulhando a sua mão

# Introdução à Gestalt-terapia

em urina pura. A cada estágio, uma determinada cena era repetida até que não eliciasse nenhuma ansiedade. Durante o decorrer destes procedimentos, que ocuparam cerca de cinco meses de sessões ocorrendo cerca de cinco vezes por semana e durando, em regra, por volta de vinte minutos, houve uma melhora considerável na condição clínica do Sr. T." (WOLPE, 1976: 301).

O tratamento, inicialmente apresentado com estímulos imaginados, posteriormente é substituído por estímulos concretos: "[...] o Sr. T., para começar, foi exposto à palavra 'urina' escrita em grandes letras de fôrma. Isso eliciou um pouco de ansiedade e lhe pedi que se relaxasse. O passo seguinte foi o de colocá-lo num extremo de uma sala comprida e uma garrafa fechada contendo urina noutro. Novamente, ele teve que se relaxar para afastar a ansiedade; então a garrafa de urina foi aproximada passo a passo até que eventualmente ele a manipulou com um mínimo de ansiedade que novamente afastou relaxando-se. Quando a garrafa contendo urina já não era capaz de eliciar ansiedade, foi iniciada a série seguinte de manobras. Primeiramente, uma solução muito diluída de urina (1 gota para 4,5 litros) foi aplicada ao dorso de sua mão e pedi-lhe que se relaxasse até que toda a ansiedade desapareceu; e, então, de sessão para sessão a concentração aumentou gradativamente. Quando foi capaz de suportar a urina pura passou a ser usada; sua própria urina; e finalmente fiz com que ele 'contaminasse' todos os tipos de objetos com suas mãos uriníferas: revistas, maçanetas, e as mãos das pessoas" (WOLPE, 1976: 301).

Ao final de um tempo de exposição a este tratamento, o Sr. T. fez progressos até apresentar um comportamento normal em relação a sua compulsão em lavar as mãos: "quando foi visto pela última vez em junho de 1962, seu tempo de lavagem das mãos caiu para 3 minutos e seu tempo ao chuveiro para vinte minutos [...] em fevereiro de 1965, informou que a lavagem das mãos demorava aproximadamente 10 segundos, e que 'não usava inclusive sabão'. Estava levando uma vida normal. Em setembro de 1967, um telefonema confirmou que a sua recuperação tinha sido mantida" (WOLPE, 1976: 302).

O método apresentado acima, rigorosamente datado, documentado e registrado, apresentou uma total eficácia. Entretanto, poderíamos levantar o seguinte questionamento: precisava tal tratamento da presença do terapeuta? Quando lemos o relato do atendimento acima, percebemos que a ideia básica é a exposição de um estímulo tido pela pessoa como algo aversivo, até que a pessoa passe a não reagir com ansiedade perante ele. Qualquer um poderia fazer um "tratamento" assim, sozinho. O Sr. T. não poderia receber até por escrito uma lista do que fazer e, sozinho, realizar as tarefas? Mas, ao invés disso, o Sr. T. se submete a tais procedimentos, indo ao encontro do Dr. Wolpe. Algo faz com que o Sr. T. volte ao encontro do Dr. Wolpe. O que será? O que o faz inclusive ligar para ele, anos depois, para dizer que a "recuperação tinha sido mantida"? Não poderíamos levantar a hipótese que a própria relação entre o Dr. Wolpe e o Sr. T. poderia ter feito diferença, ser um elemento que pudesse contribuir por si para o sucesso do tratamento? Isto porque podemos igualmente questionar o seguinte: somente a técnica que lida exclusivamente com comportamentos, "cura"? Certamente, aqui também não há

## Por onde começamos?

meios de se verificar tais questionamentos junto ao Sr. T., mas não seria algo bem razoável de se questionar? Considerando então como "possível" uma influência da relação terapêutica por si – e não exclusivamente as técnicas terapêuticas empregadas – para o sucesso de um tratamento psicoterápico, então por que deveria ser excluída a relação terapeuta/cliente deste tratamento? Por que não ampliar o método de maneira que a presença do terapeuta seja um fator assumidamente considerado; uma presença que participa e, de alguma maneira, influencia o tratamento?

Sobre o que foi comentado tanto no exemplo psicanalítico quanto no exemplo behaviorista acima, é importante ressaltar que uma comparação entre modelos psicoterápicos é algo que pode gerar muitos enganos. Isso se deve ao fato de "Gestalt-terapia", ou "Psicanálise" ou "Behaviorismo", ou outras abordagens quaisquer, literalmente não existem, não tem concretude que permitam uma comparação. São todas construções teóricas. O que existe de concreto é a prática de cada profissional, em cada abordagem. Assim, a única comparação que eu penso ser verdadeiramente útil, é quando uma mesma pessoa se submete aos vários tipos de psicoterapia durante um mesmo período de tempo e, ao final, julga em qual relação terapêutica se sentiu melhor. Concluímos por final que, na verdade, a pessoa julga a relação com o terapeuta, e não com a abordagem que o terapeuta escolheu, de modo que a pessoa pode sair de uma terapia porque não se deu bem com o terapeuta "Dr. Fulano", mas não porque não se deu bem com a "abordagem do Dr. Fulano". A abordagem tanto não é tão relevante, que uma pessoa pode tranquilamente ser atendida em uma abordagem e não gostar, e procurar outro terapeuta da mesma abordagem e se dar muito bem. Com isso, quero dizer que a relação terapêutica é a mais importante característica que está em jogo diante da decisão sobre a melhor terapia para cada um.

Desta forma, uma visão crítica em relação aos modelos psicoterápicos deve ser bem explícita, principalmente em relação a que tal crítica é direcionada, porque mesmo evitando comparações, por outro lado, é importante deixar claro quais são as diferenças entre tais abordagens. Aqui, minha proposta *é focalizar a crítica principalmente em relação aos métodos de trabalho psicoterápicos* – sejam quais forem – *que não levem em consideração a totalidade do que acontece durante um encontro terapêutico, onde o terapeuta se inclui e procura ver sua relação com o cliente de uma forma holística.* Isso significa que o objetivo dos outros métodos de trabalho diferentes da GT não estão sendo criticados.

Nos exemplos citados, as interpretações de Freud sobre o caso Schreber podem ter total pertinência, ser condizentes com a estrutura da situação patológica apresentada, assim como podem estar adequados o diagnóstico e tratamento aplicados pelo Dr. Wolpe ao paciente Sr. T., contudo, o que estou ressaltando aqui não é a adequação de uma interpretação ou de um diagnóstico. Não estou avaliando o conteúdo do trabalho, mas sim, os métodos aplicados e considerando apenas os aspectos destes métodos que nos interessam em relação à alternativa que é apresentada pelo trabalho da GT. Ou seja, muitas outras críticas poderiam ser aqui colocadas, mas fogem ao objetivo deste trabalho.

# Introdução à Gestalt-terapia

Com certeza, todas as abordagens psicoterápicas apresentam uma preocupação com o ser humano, com sua integridade, com seu bem-estar. Todas querem, dentro de sua particular forma de encarar o ser humano, contribuir para a saúde do indivíduo. É também óbvio que a própria existência de várias abordagens já, em si, comprova sua utilidade e eficácia de alguma forma, pois, se assim não fosse, provavelmente sequer surgiriam ou perdurariam.

Considerando então tais ressalvas, fica mais claro o sentido da argumentação crítica que estamos apresentando: a redução das possibilidades de trabalho com o ser humano. Por último, é necessário esclarecer os aspectos históricos envolvidos em relação à crítica que a GT apresenta à "Psicanálise" e ao "Behaviorismo". A GT focaliza suas críticas sobre estas abordagens na sua origem, ou seja, a Psicanálise e o Behaviorismo "ortodoxos".

Tais abordagens, hoje em dia, incluem muitas possibilidades de enfoques diferentes, porém tais possibilidades escapam ao objetivo deste trabalho, porque não há uma intenção de comparação extensa entre abordagens, mas, sim, ressaltar os aspectos principais sobre os quais a GT se diferencia das outras e propõe sua metodologia e visão particular do ser humano.

## Questionando um pouco mais os modelos explicativos

Os modelos explicativos fornecem uma razão para o comportamento dos indivíduos, um "porquê". O indivíduo que recebe tal informação poderá absorvê-la e esta *poderá contribuir para uma real melhora de suas aflições*, facilitando-o a perceber com outros olhos seu atual comportamento, mobilizando suas emoções, suas lembranças etc. Ou seja, a explicação, tanto advinda de um modelo psicodinâmico, de um modelo comportamental[9], ou outras abordagens reconhecidas quaisquer, pode sim produzir mudanças. Às vezes, um pequeno dado já pode contribuir para efetuar uma mudança em um sistema (BERTALANFFY, 1973, e também PRIGOGINE, 1992). Daí, o ser humano, em sua complexidade, tem essa possibilidade real de estabelecer mudanças em sua vida, eventualmente a partir até de mínimas experiências mobilizadoras; experiências estas que nem precisam ser psicoterapêuticas: às vezes um acidente que o faz repensar a vida; um falecimento de um parente próximo que o faz lembrar que a vida não é eterna e temos um tempo para fazer as coisas; o término de uma relação doentia, ou até mesmo um sonho.

Devemos considerar também os recursos que um trabalho explicativo, cientificista, apresenta em relação aos níveis genéricos, categóricos ou estatísticos (discutiremos sobre isso mais à frente). Tais categorizações são necessárias, e o profissional precisa ter pleno conhecimento delas, uma vez que realmente lidamos com aspectos nos

---

9. A título de exemplo, a terapia comportamental é conhecida e recomendada pela sua eficácia junto ao tratamento de pessoas com Transtorno Obsessivo-Compulsivo (TOC). Segundo a Sociedade Brasileira de Psiquiatria Clínica "[...] uma abordagem terapêutica comportamental, denominada 'exposição e prevenção da resposta', demonstrou ser eficaz em muitas pessoas com TOC" (tradução do original em inglês publicado pelo National Institute of Mental Health, nos EUA, e publicado em forma de livreto informativo pela Soc. Brasileira de Psiquiatria Clínica, 1995).

## Por onde começamos?

seres humanos que são muito semelhantes. *O problema é quando se limita a visão do ser humano ao que é genérico e se perde o específico.*

Ficando apenas dentro de um nível categórico – como no exemplo de Freud sobre Schreber: "os paranoicos" – o psicoterapeuta poderá até ter condições de tecer previsões sobre o indivíduo que o procura e, com isso, exercer aquilo que o modelo cientificista espera deste profissional: prever e controlar o que está acontecendo, dentro de uma ótica que Capra chamou de "psicologia newtoniana", falando especificamente do Behaviorismo e da Psicanálise (CAPRA, 1982: 156ss.).

Este controle parte desta possibilidade do estabelecimento de certos padrões (como os vários transtornos mentais), ou tipos[10], junto a observações sistemáticas e estatisticamente tratadas, chegando-se finalmente à possibilidade de previsão sobre o comportamento do paciente.

Consideremos, porém, que o psicoterapeuta que lida com o ser humano, ao nível da intelectualização, restringindo-se ao discurso verbal, ou limitando-se ao comportamento e se ausentando da relação terapeuta/cliente, ou ainda tratando-o conforme uma categorização qualquer, pode estar perdendo recursos que ampliariam suas possibilidades de contribuir para a eficácia do tratamento terapêutico.

Assim, quando é ressaltada a importância deste ser humano, ou melhor, quando é reconhecida e ratificada sua existência não como um objeto de estudo, ou como um "emissor de um comportamento", ou "paranoico" ou "neurótico" ou quaisquer outros enquadramentos, mas sim, como um "outro", nós deixamos de apenas olhar para o lugar onde está a GT e definitivamente já começamos a construir algo na direção dela. A partir deste ponto em que é considerado que o ser observado está vivo, reage e interage com este ser que observa e desta interação, ambos se influenciam, a ponte já começa a definir suas fundações...

Mas, não considerando ainda a abrangência e a eficácia da teoria que está em um lado da questão – o lado do observador – vamos nos voltar para "o outro lado"? E quanto ao "observado", o emissor do tal "comportamento previsto"? Será que ele se sente "no controle"? Será que ele é capaz de ter uma previsão própria do que irá desejar fazer?

Imagino, leitor, um possível comentário seu:

– Mas como um profissional vai atuar sem ter o controle da situação e uma capacidade de previsão? Não seria um caos não ter isso?

Sim, você tem toda razão! De onde a racionalidade mecanicista está – deste lugar onde apenas existe uma necessidade de controle – sim; deste lugar, só há isso para sair. Então, para que possamos obter outras respostas, é necessário literalmente "mudarmos de lugar"!! Ir para um lugar em que pudéssemos inverter as ordens das coisas, que tal?

– Inverter, espere aí... Como assim? Inverter o quê?

---

**10.** Há interessantes trabalhos realizados neste sentido, como o de Carl G. Jung em seu livro *Tipos Psicológicos*, e o de Eduard Spranger, que fala de um conjunto de 6 tipos: o homem Teórico, Econômico, Estético, Social, o homem do Poder e o homem Religioso (SPRANGER, 1976, Parte II). Quanto às categorizações relativas aos vários transtornos mentais, o "Manual Diagnóstico e Estatístico de Transtornos Mentais – DSM-IV" oferece um estudo completo – cf. bibliografia.

# Introdução à Gestalt-terapia

Vamos enumerar algumas possibilidades de inversões:

1) Se, ao invés de trabalhar com uma teoria psicológica que almeje ter o controle sobre o comportamento humano, ela se limita a explicar tal comportamento ou a considerá-lo dentro de categorizações, para que o terapeuta possa ter uma teoria que faça com que a pessoa encontre ela mesma as explicações sobre si própria? Que, além de "obter explicações", ela realmente possa "se compreender"[11] e atingir sua plena autonomia?

2) Se, ao invés de explicar o porquê do comportamento de um indivíduo, o terapeuta pudesse ajudá-lo a chegar às suas próprias conclusões sobre isso, e ajudá-lo exatamente a compreender o que o impede de alcançar o que almeja: voltar a ter uma vida satisfatória?

3) Se, no trabalho psicoterápico, o terapeuta pudesse contribuir para que o indivíduo se desse conta do que é que ele mesmo faz para se manter vinculado hoje aos problemas do passado distante, mas, de alguma maneira, ainda presentes, ao invés de considerar apenas o que o "passado" fez com ele?

4) Se o terapeuta pudesse propor um método de trabalho no qual ele mesmo se inclua na relação terapêutica e que, ao invés de afastar o indivíduo da situação atual, das emoções e confusões da vida, pudesse ajudá-lo a manter o contato consigo mesmo e com o seu mundo, em uma atitude não pré-julgativa, mas descritiva (atitude fenomenológica), de maneira que este pudesse apreciar o mundo que o cerca neste momento presente, e compreender como está sua relação com este mundo, o que ele percebe nele, o que precisa e os meios para obter isso?

Para resumir, *que tal dar mais importância ao ser humano e ao que ele precisa do que dar importância ao que eu acho dele* – das minhas hipóteses ou construções teóricas preexistentes a ele?

Vamos lembrar da ponte? Considero este aspecto acima como a fundação, o alicerce sobre o qual podemos construí-la.

Esta é a inversão que eu percebo como uma das propostas da GT: priorizar o ser humano e não uma teoria que o "explique". "Sempre que alguém tem um princípio explicativo, inventa um mecanismo para esconder aquilo que pretende explicar" (MATURANA, 1997: 53).

---

11. Karl Jasper (psiquiatra alemão que realizou um notável trabalho baseado em uma metodologia fenomenológica) trabalha com uma diferenciação conceitual entre os termos "explicação" e "compreensão": "A fim de evitar confusões, empregamos sempre a expressão 'compreender' para indicar a intuição do psíquico adquirida por dentro. O conhecimento de conexões causais objetivas, que sempre são vistas de fora, nunca chamaremos de compreensão mas sempre de explicação" (JASPERS, 1973: 42). Compreender poderá ser empregado em relação ao que se apresenta, ao descrito imediatamente (compreensão estática), como também poderá ser empregado em relação ao sentido de vivências, ao que surge ao longo de uma situação descrita (compreensão genética): "Dentro do sentido amplo de compreensão, distinguimos, inclusive terminologicamente, dois significados diversos, como compreensão estática e genética [...] compreensão estática [é] o apresentar-se de estados psíquicos, o dar-se de qualidades psíquicas. A compreensão genética [é] a empatia, a compreensão dos contextos psíquicos, do diferenciar-se psíquico..." (p. 41). Assim, a compreensão é um termo usado para algo bem mais amplo, quando um sentido, uma mensagem da situação vivida é percebida – como um todo – inserindo inclusive a mim mesmo dentro do contexto; enquanto que o entendimento é algo que apreende a lógica de uma situação, em relação às suas causas e consequências. Na terapia, sempre será visada a compreensão do indivíduo sobre si mesmo e sobre o próprio processo terapêutico.

## Por onde começamos?

Ao priorizar o ser humano, não significa que as outras teorias de cunho explicativo, científico ou estatístico devam ser de todo descartadas. Tais teorias servem para dar o apoio necessário para a qualidade da relação psicoterápica com eficácia e embasamento; mas como apoio – nunca como uma substituição.

Em resumo, nesta primeira etapa, meu objetivo foi dar uma noção geral da direção na qual a GT trabalha, sugerindo uma abordagem mais descritiva e priorizando o ser humano que procura pelo trabalho psicoterápico, ao invés de somente lidar com teorias sobre ele.

Estes – entre outros aspectos – tornam a GT uma das integrantes da chamada "terceira força" em psicologia, que é a psicologia Humanista (FAGAN & SHEPHERD, 1980: 11), sendo a primeira e segunda forças a Psicanálise e o Behaviorismo, respectivamente.

**– Muito bonito! Como funciona na prática o método descritivo?**

Nossa ponte já apresenta suas fundações, as sapatas que receberão todo o peso da estrutura montada, o que nos permite ir erigindo as suas vigas. Vamos continuar vendo como podemos dar continuidade à construção.

Temos em mente qual é o objetivo da GT: gerar uma forma de trabalhar que inclua a relação terapeuta/cliente e que priorize a conscientização ampla da pessoa sobre sua própria forma de ser ou agir, e que não se detenha apenas às explicações sobre tais formas.

Agora, pretendo mostrar paulatinamente meu ponto de vista de como a GT trabalha, de modo a não conflitar com esse objetivo principal. Ou seja, já temos o objetivo, mas nos falta agora apresentar uma forma coerente de alcançá-lo: o método de trabalho da GT.

Assim, como a GT faz para que, nesta relação terapeuta/cliente, possa ser alcançado tal objetivo?

Falamos anteriormente de como uma abordagem psicanalítica poderia atuar e também uma abordagem comportamental, com seus modelos explicativos, mas não apresentamos uma alternativa, que seria a própria intervenção gestáltica e seu modelo descritivo de atuar.

Vamos recorrer a um exemplo clínico de um rapaz cuja queixa é sua insatisfação com a forma de lidar com as mulheres, pois toda vez que ele se aproxima de uma mulher que o atrai sexualmente, ele se sente enrubescido. Para efeito de um diagnóstico diferencial, ele não apresenta nenhum indício de distúrbio orgânico; tem uma vida social e econômica boa; nível de instrução superior, sendo jovem e saudável; não tem histórico de problemas sexuais anteriores ou internações psiquiátricas. Vamos chamá-lo de "João".

## ATENDIMENTO 1[12]:

João: – Minha queixa é que toda vez que me aproximo de uma mulher que me interessa sexualmente, eu fico envergonhado, porque sempre fico com o rosto vermelho, como se fosse uma criança tímida e boboca!

O cliente mostra uma expressão facial, visivelmente emocionada.

Terapeuta: – O que você está sentindo neste momento, falando desse assunto?

João: – É como se voltassem os mesmos sentimentos...

Terapeuta: – Você está se sentindo uma criança tímida e boboca neste momento?

João: – Ao falar com você, eu me lembrei de uma situação em que eu me senti assim...

Terapeuta: – Perante uma mulher?

João: – Sim... Mas não é fácil para mim falar disso... Eu logo me perco, fico com vontade de mudar de assunto.

Terapeuta: – Bem, se consulte, veja se você quer mudar de assunto ou prefere continuar neste mesmo... Só me informe por qual escolha você se responsabiliza.

Após uma pausa, faz um sinal de concordância com a cabeça.

João: – Eu quero continuar neste tema, mas é difícil explicar como acontece...

Terapeuta: – Eu sugiro que você, ao invés de me explicar, pudesse demonstrar como acontece...Você poderia escolher neste momento uma imagem de uma mulher com a qual ou perante a qual você sentiu essa vergonha de modo mais intenso?

João: – Sim, isso já aconteceu várias vezes, mas houve uma em que isso me incomodou mais profundamente... Era uma mulher que eu desejava muito.

T: – Qual o nome dela?

J: – Maria.

T: – Como aconteceu esse encontro com a Maria?

J: – Ela estava em uma festa de um amigo. Quando cheguei lá, eu agia normalmente, como sempre ajo quando estou em situações sociais. Houve um momento em que eu olhei para ela pela primeira vez e fiquei maravilhado com aquela mulher, linda, charmosa... Porém eu estava no meu canto, e ainda me sentia como normalmente fico; estava encantado por ela, mas nem imaginava a hipótese de chegar até ela.

T: – Então, distante da possibilidade de falar com ela, você se sentia como "normalmente fica"?

J: – Sim. Até que chegou uma hora da festa que ela olhou para mim. Uau! Eu senti aquele olhar como um "ataque cardíaco"!! Meu coração disparou e eu fiquei completamente nervoso. Fiquei com vontade de me aproximar dela, tentei dar uns passos na

---

12. Esta é uma descrição de um atendimento hipotético onde foi condensada uma reunião de situações terapêuticas reais, que ocorreram com diferentes clientes, durante as quais as técnicas empregadas foram efetivamente utilizadas. Todos os outros atendimentos apresentados neste livro tiveram dados, como sexo, idade, etc., modificados para manter o sigilo sobre a identidade dos clientes.

direção dela, mas novamente senti aquela sensação de rubor no meu rosto e tive a certeza de que, naquele momento, eu estava completamente vermelho. Nem pensei duas vezes: virei-me e fui embora da festa na mesma hora!!

T: – Vamos imaginar que você está no mesmo local onde você a encontrou e onde você sentiu bem forte essa atração por ela, ao mesmo tempo em que você sentiu também bem forte esse rubor que o fez sentir uma criança tímida e boboca, pode ser?

J: – Sim.

T: – Gostaria que você imaginasse o seguinte... (o terapeuta anda até uma parte do consultório) – neste local aqui, está Maria (e coloca ali qualquer objeto que possa representar a Maria: uma almofada, uma cadeira etc.).

– No lado oposto deste local, fica sua fuga da Maria (o terapeuta anda até lá, e coloca um outro objeto para representar a situação da fuga).

– Agora eu gostaria que você imaginasse exatamente a meia distância entre esses dois pontos e se encaminhasse para lá, certo?

J: – Sim, acho que ficaria mais ou menos por aqui.

T: – É, acho que o meio seria por aí mesmo. Agora eu peço que você se coloque sobre esse ponto médio, porém dê alguns passos para trás.

J: – Para quê?

Na GT, há um apoio ao interesse genuíno do cliente em compreender seu próprio processo.

T: – Estou tentando concretizar aqui exatamente a situação que você me descreveu.

J: – Não estou entendendo...

T: – Neste ponto onde você está agora, a alguns passos atrás do ponto médio entre "Maria" e a "situação da fuga", há o que você classificou como "se sentir normal". Alguns passos à frente, surge algo que se diferencia deste "normal" e que se bifurca em duas estradas opostas, entre o desejo de ir até Maria... (Aí o terapeuta aponta para o objeto que representa Maria.) – e a decisão que você acabou tomando que foi se afastar dela. (Apontando agora para o segundo objeto.)

– Mas a questão é que antes dessa oposição acontecer, você está em um ponto anterior que você classifica como "se sentir normal". Acho que seria interessante você conhecer como esse ponto se diferencia para se transformar em "desejo pela Maria" ou "fugir da Maria".

J: – Entendi...

T: – Como é estar aí neste ponto, "entrando em uma festa", se sentindo "normal"? Sugiro que você feche um pouco os olhos e se imagine nesta situação.

J: – Me sinto bem, gosto de festas, e sempre há uma expectativa minha em encontrar uma mulher interessante nestas festas...

T: – Então você está me dizendo que "normal" para você significa estar na expectativa de conhecer uma mulher interessante?

J: – É... É isso mesmo... Eu normalmente fico na expectativa de conhecer uma mulher...

T: – Como você se sente com esta expectativa normalmente presente?

J: – Na verdade, eu fico nervoso...

T: – Então, neste caso, se sentir "normal" é ficar com expectativas que te fazem se sentir nervoso?

J: – Na verdade sim...

T: – Ok, acho que conhecemos então o que acontece quando você entra na festa: você entra nervoso, na expectativa de conhecer uma mulher interessante. O que significa para você "se sentir nervoso"?

J: – Bem, não sei... Me sentir nervoso, como todo mundo fica... não sou diferente...

T: – Eu sei que "todo mundo fica nervoso" mas, neste momento, eu quero saber como "você" fica nervoso...

J: – Não sei te responder...

T: – Tudo bem. Vamos de novo para a situação da festa. Você pode se imaginar lá, novamente? (O cliente consente.)

– Você pode olhar para o seu corpo e descrever o que você está sentindo?

Após um tempo de concentração, o cliente volta a fazer contato com as emoções da situação vivida...

J: – Eu percebo que estou com palpitações no coração, bem fortes... (o terapeuta sugere que ele coloque a mão sobre o coração) – Minha respiração está mais forte também...

O terapeuta observa neste momento que o cliente levanta parcialmente as partes internas dos pés, diminuindo a área de contato com o chão e, consequentemente, sua base de apoio.

T: – Você percebe como você está pisando?

O cliente, ao olhar para os próprios pés, faz um gesto de pisar com mais firmeza, respira mais fundo e continua em contato com a situação sugerida.

J: – Eu achei que meus pés estavam querendo fugir... É que eu fico imaginando o que vou falar, o que vou mostrar, se vou conseguir conquistá-la ou não, se vou falhar ou não...

T: – Então você parece que já está no ponto onde começa o conflito, não é?

O cliente confirma, afirmando que já se sente em conflito entre prosseguir ou fugir.

T: – Parece a mim, então, que você já pode dar um passo à frente, até o ponto do meio, até onde você percebe Maria, e seu conflito se instaura. Por favor... (O cliente dá um passo até o ponto solicitado) – Agora, o que você percebe?

## Por onde começamos?

J: – Percebo que, na verdade, aquilo que eu imaginava antes que tinha acontecido somente quando eu vi a Maria, já estava acontecendo desde o momento em que entrei na festa. Aliás, para ser franco, já estava acontecendo deste o início da semana, pois eu sabia que no sábado eu iria para aquela festa...

T: – Como fica a Maria nesta história?

J: – Ela é somente alguém que apareceu e que se encaixava naquilo que eu queria e que me deixava tão nervoso...

T: – Parece que poderia então acontecer de ser outra mulher...

J: – É, não dependia de ser Maria, não... Eu fico nervoso somente pela possibilidade.

T: – Possibilidade de que, exatamente?

J: – Possibilidade de encontrar uma mulher de verdade, e não uma da minha fantasia...

T: – "Mulher de verdade" ou "mulher de fantasia"... Vamos voltar ao momento da festa, e a linha que representamos aqui pelo extremo onde está Maria, e o outro extremo onde está sua fuga, podemos? (O cliente concorda) – Enquanto você esta aí, entre Maria e a fuga, enquanto isso está acontecendo, todas essas coisas na sua cabeça, você ainda não fugiu, não é? (O cliente concorda de novo) – Então, como é estar aí, neste ponto, sentindo tudo isso, antes de fugir? O que está acontecendo com você neste ponto?

J: – ...

Diante do silêncio do cliente, o terapeuta pode ou não oferecer ajuda, dependendo de seu *feeling* sobre a necessidade do cliente. Mas normalmente isso pode ser simplesmente checado junto a ele:

T: – Você precisa de ajuda?

J: – Na verdade, acho que sim... Me sinto apavorado, como se fosse enfrentar um monstro...

T: – Vamos acrescentar isso que você está percebendo, esse "monstro", ok? Me responda primeiro: que monstro é esse?

J: – O monstro não é a Maria, mas é o que ela pode me falar... ela pode me humilhar, me fazer sentir um lixo...

T: – Você pode imaginar o que seria a pior coisa que esse monstro poderia lhe dizer?

J: – O que seria pior... Isso é fácil, penso nisso toda hora... Seria algo assim: Quem você pensa que é, seu ser desprezível, para falar comigo?!

T: – Você pode tentar responder essa pergunta?

J: – Que pergunta?

# Introdução à Gestalt-terapia

T: – A pior fala imaginada por você, a fala "monstruosa", é uma pergunta. Ela está perguntando para você "quem você pensa que é"... Daí, proponho que você responda. Quem você pensa que é?

J: – Neste momento, sou um cara totalmente inseguro, achando que se uma mulher falasse algo ruim para mim, eu seria capaz de me matar, de me sentir realmente um ser desprezível...

T: – O que você quer dizer com "realmente desprezível"?

J: – Quero dizer que eu me sentiria realmente como ela pensa que eu sou...

T: – Mas você sabe o que ela pensa sobre você?

João fica inicialmente surpreso, pois constata que o que a outra pessoa pensa ou pensou era algo, até ali, totalmente inacessível para ele. Descobre então que o "ser desprezível" era um autoconceito, e não algo atribuído a ele pela Maria.

Após ter o *insight* que lhe permitiu um contato com algo óbvio, mas, até o momento, inacessível à sua consciência, a pessoa normalmente precisa de um tempo para metabolizar aquela informação. Embora óbvio, era algo que estava fora de seu campo de percepção, e o contato com algo novo pode gerar uma nova reorganização do seu próprio mundo, de seu próprio sistema de autorreferência. A pessoa então vê de forma diferente algo que via antes, tendo a possibilidade de estabelecer uma nova compreensão sobre tudo aquilo que está envolvido no momento em foco. Com isso a pessoa amplia sua capacidade de estar consciente de si e de sua relação no contexto que a envolve. A GT utiliza o conceito de *awareness*[13], para denominar tal capacidade de manter-se consciente. Falaremos mais sobre todos estes aspectos nos capítulos seguintes.

João fala com uma voz emocionada:

J: – Poxa, estou percebendo que essa coisa de me sentir um ser desprezível é algo bem antigo na minha vida... Que eu sinto desde o tempo da minha mãe... Eu sempre achava que tinha que fazer o que ela queria ou esperava de mim e, quando não conseguia, me sentia realmente o último dos seres... Como na maior parte das vezes eu não conseguia fazer tudo e-x-a-t-a-m-e-n-t-e como ela queria, na verdade, na maior parte das vezes, eu realmente me sentia um ser desprezível...

Com esta informação, o cliente começa a elaborar sozinho seu próprio sistema de autorreferência, compreendendo suas ações sob uma nova forma. Seu olhar fica distante, pensativo...

T: – Do que você precisa agora?

J: – Acho que preciso de um tempo para pensar nisso tudo...

T: – Você concorda com o fechamento do trabalho neste ponto?

J: – Sim.

Apresentamos, então, um exemplo de um atendimento na abordagem gestáltica. Este exemplo integra um importante conjunto de conceitos sobre o tema que estamos

---

13. Sobre *awareness* e também *insight*, cf. glossário.

## Por onde começamos?

nos propondo a olhar: o método. Vamos nos aprofundar em cada um destes conceitos para, a partir destes, depreendermos os fundamentos desta abordagem.

Neste aprofundamento, recorreremos frequentemente a nossa ponte, pois a ideia é verificar como seria uma visão da racionalidade mecanicista para cada um dos aspectos citados, exatamente para podermos discutir suas diferenças e estabelecermos argumentos comparativos que facilitem sua compreensão, caro leitor.

Considerando o exemplo do "Atendimento 1" e juntamente com outros exemplos práticos ao longo do livro, vamos conversar sobre os seguintes aspectos da teoria gestáltica:

• Fundamentação filosófica: filosofia para quê? – Introduzindo a fenomenologia.

• Pensamento linear x teoria de campo/holismo, ser-no-mundo, corpo e o tempo.

• Aqui e agora e contato, funções de contato, corpo e emoção, teoria organísmica.

• O experimento – e não apenas "falar sobre" – condição humana, responsabilidade e frustração, aspectos existencialistas.

• Trabalhando com as resistências – óbvio – mundo "entre parênteses" (redução fenomenológica).

• Indiferença criativa – polaridades – impasse.

• Psicologia da Gestalt – figura/fundo, comportamento recursivo.

• Ciclo consciência-excitação-contato – mecanismos de evitação do contato.

• Trabalho dentro das fronteiras do eu – respeito ao cliente – qualidade de contato – ampliando fronteiras.

• A semântica geral – relação eu/tu – gramática pessoal.

• A pessoa do terapeuta na relação psicoterápica.

• Vazio fértil.

• As relações em processo.

Esses são alguns dos conceitos principais que julgo permitirem a compreensão da mensagem que a GT se propõe a transmitir. Vamos lançar um olhar por sobre cada um deles, estabelecendo uma correlação com a nossa ponte e dando uma orientação bibliográfica de onde poderão ser obtidos dados mais profundos.

# 2
# Fundamentação filosófica

## Filosofia para quê? Introduzindo a fenomenologia

Antes de mais nada, precisamos ter uma importante discussão sobre a necessidade ou não de termos uma compreensão dos pressupostos filosóficos do trabalho que será efetuado.

Infelizmente, devido a nossa cultura da pressa, onde tudo é "para ontem", nos vemos envolvidos em situações que precisam de respostas rápidas: o "trabalho para ser entregue ao professor na faculdade"; a "dúvida sobre um atendimento psicoterápico que precisa ser logo esclarecida"; "terminar de ler um livro" – sem compreendê-lo – já para pegar outro... Daí, partimos logo para o "fazer", mas quase nunca partimos para o "pensar sobre o fazer"...

Você, leitor, poderá estar concordando nesta hora:

– É verdade... Às vezes não dá tempo para pensar sobre as coisas... A gente precisa ir logo fazendo...

Mas a questão que levanto neste momento é que, quando "não pensamos", ou melhor, quando "vamos fazendo", inexoravelmente estamos agindo sob alguma base de pensamento, que é reconhecida, estudada e aprofundada pela filosofia, exatamente para que seus aspectos – os aspectos desta linha de ação – fiquem bem claros e acessíveis a nossa compreensão.

– Como assim? Você quis dizer que estamos sempre seguindo um princípio filosófico?

Quase isso... Na verdade, é a filosofia que nos ajuda a identificar e compreender melhor e mais profundamente as várias possibilidades de pensar sobre as coisas e, inclusive, pensar sobre como fazer as coisas. É percebido que, dentro de uma época e um lugar, sempre haverá uma forma de se pensar as coisas que será a forma vigente, a forma dominante – o espírito da época (MONIZ, 1984). Isso acontece pela questão anteriormente falada, em relação ao paradigma. Ou seja, quando não temos clareza sobre o paradigma no qual estamos inseridos, o empregaremos sem ter consciência disso, o que imputa dizer que estamos arcando com as soluções mas também com os problemas dessa linha de pensamento, sem sequer notarmos isso...

A filosofia é exatamente o campo de conhecimento que se debruça sobre o pensar e, nesta tarefa, produz o desmascaramento desse pensar, disso que é tido como óbvio,

## Fundamentação filosófica

normal ou natural. A cultura local, seus hábitos e histórias – o espírito do lugar – conjugam-se para influenciar este pensar[14].

Mas ainda não esclarecemos se é necessário ou não nos preocuparmos com tal base, não é? Afinal, gastar tempo com isso? Para quê?! Bem, na minha opinião, essa visão, esse conhecimento filosófico, é essencial para um real aprofundamento em relação não só ao trabalho que efetuamos, mas também para a vida como um todo.

Que tal um exemplo prático?

Digamos que você, leitor, foi convidado para dar uma aula sobre um assunto qualquer de seu interesse, que você gosta e conhece profundamente. Você aceita o convite e começa então a preparar sua aula. Organiza o material, levanta os principais aspectos daquilo que você vai transmitir, pode elaborar ou não algum recurso audiovisual para facilitar a fixação do conteúdo transmitido, seleciona bibliografia e, após um ou outro aspecto a mais verificado, vai até a sala e inicia sua aula para os alunos.

Você começa a aula introduzindo o que será abordado, já iniciando com os aspectos principais, dando as informações necessárias para o entendimento do conteúdo que vai sendo apresentado. As pessoas começam a tomar notas e, na medida em que vão tendo dúvidas, elas perguntam e você responde. Ao final, a aula foi transmitida, e cabe uma última verificação com a turma para o caso de alguém ter ficado com alguma dúvida. Certo? Trabalho feito!

Agora veja uma outra forma:

Você chega na sala de aula e a primeira coisa que você faz é perguntar para a turma se há alguém ali que conheça o tema de sua aula. Alguém já leu sobre aquilo? Alguém já estudou? Caso positivo, o que a pessoa sabe sobre aquilo? E, mesmo em caso negativo – ninguém nunca viu – quando se lhes apresenta o tema, o que acham daquilo? O que acham que quer dizer aquilo? Na medida que a turma vai respondendo, dando uma contribuição em um sentido ou outro, você – sempre baseado no que as pessoas da turma vão apresentando – vai acrescentando os dados que você trouxe, orientando a partir das conclusões que eles estão chegando, até apresentar uma noção geral daquilo que você veio falar. Trabalho feito!

O que aconteceu na primeira aula e o que aconteceu na segunda? Os conteúdos foram apresentados, não foram? Mas qual a diferença? O que causou tal diferença? Pois é... Foram empregadas metodologias diferentes, mas qual você acha que pode ser a mais eficiente? Independentemente ainda de ser eficiente ou não, qual metodologia

---

**14.** Um interessante exemplo da influência de uma cultura local sobre uma linha de pensamento pode ser encontrado na obra de Bettelheim, ao analisar a obra de Freud, quando este escreveu sobre a correlação entre a pulsão de morte e a sexualidade, justamente na cidade de Viena, local este marcado por trágicas histórias de amor e morte na corte imperial, como foi o caso do pacto de amor e suicídio do príncipe Rudolf, com sua amante (1889): "O clima psicológico de Viena durante a decadência do Império e os sentimentos mórbidos que permeavam a cidade em consequência desse período são o pano de fundo digno, e até necessário, para um exemplo extremo de grave conflito edipiano com o pai – neurose, sexo, homicídio e suicídio. Uma demonstração vívida e chocante das tendências destrutivas inerentes ao homem, que Freud iria investigar e descrever anos depois. Refletia também a íntima ligação entre pulsão sexual e pulsão de morte – uma relação que Freud procurou estabelecer nas suas explorações dos aspectos mais obscuros da psiquê humana" (BETTELHEIM, 1991: 9ss.).

## Introdução à Gestalt-terapia

você quer? Qual você gosta ou se identifica mais? Estas escolhas só podem ser feitas uma vez reconhecidas as possibilidades...

Estas são algumas das justificativas para "perder tempo" com o "pensar sobre"... Porque, na verdade, não perdemos tempo nenhum; muito pelo contrário, quando temos essa preocupação prévia, podemos escolher quais as possibilidades de lidar com o que temos de lidar e da melhor forma possível.

E onde entra a filosofia? É que esta nos ajuda a compreender melhor os vários afazeres e identificar o que está implícito em cada um deles, reconhecendo suas bases, limites, facilidades e dificuldades. A filosofia, enquanto campo de conhecimento, por outro lado, é algo amplo, englobando várias disciplinas, tais como a Estética, a Ética, a Metafísica, etc. Aqui, vamos nos limitar à "Teoria do conhecimento"(HESSEN, 1978), ou ao "como se conhece", para responder ao "como queremos fazer algo".

Vamos ilustrar melhor, referindo-nos aos exemplos das aulas.

No primeiro exemplo, lidamos com um tipo de aula em que a filosofia empirista é nitidamente utilizada. O empirismo tem a premissa que "o conhecimento se fundamenta na experiência" (MORA, 1982). Tal linha, por sua vez, tem uma grande aproximação da filosofia naturalista de Aristóteles (filósofo macedônio, 384/322 a.C.), que acreditava que o conhecimento se obtém na compreensão do mundo concreto, e não em ideias abstratas. Fundamentados nestas linhas, quando damos uma aula, necessariamente achamos que a pessoa para a qual a aula é dada não tem ainda uma experiência sobre aquilo – não aprendeu – e, consequentemente, nada sabe sobre aquilo. Assim, a pessoa é tida, a princípio, como uma "tábula rasa" (expressão usada pelo filósofo empirista inglês John Locke, 1632/1704), sendo que o conhecimento vai sendo "impresso" nesta tábua na medida em que a pessoa vai tendo suas experiências pela vida (MORENTE, 1980).

No segundo exemplo, já lidamos com uma linha filosófica completamente diferente. Poderíamos remontá-la até Platão (filósofo grego, cujo verdadeiro nome era Arístocles – "Platão" era apelido... – 428 ou 427/347 a.C.) e seu Idealismo. Essa linha filosófica já preconizava que o conhecimento é inato e que, na verdade, teríamos reminiscências das ideias perfeitas, das essências das coisas, de modo que bastaria uma reflexão interior para acharmos dentro de nós mesmos a verdade sobre elas (MORENTE, 1980). Com esse pensamento, um professor que dá uma aula já considera primeiramente o que a pessoa sabe, o que ela pensa sobre aquilo, e sua aula será orientada para buscar da pessoa o que ela pode entender ou deduzir sobre o tema[15].

Daí, chegamos à conclusão que linhas de pensamento diferentes redundam em ações diferentes. Assim, para diferentes formas de se fazer alguma coisa, podemos depreender diferentes bases filosóficas que pensaram sobre como fazer esta coisa. Na medida em que temos o conhecimento deste pensar, teremos muito mais condições de aprofundar nossos questionamentos sobre o fazer.

---

15. Para um entendimento introdutório mais profundo sobre as linhas filosóficas, suas origens e contexto, sugiro MARCONDES, 1998; VERGEZ & HUISMAN, 1988; e ARANHA & MARTINS, 1986.

## Fundamentação filosófica

Considerando o acima exposto, acho que é justificável um aprofundamento no que é uma das principais bases filosóficas sobre a qual a GT se apoia e de onde emergem suas formas de "fazer": a fenomenologia.

### Alguns aspectos históricos da fenomenologia husserliana

Vamos fazer uma breve apresentação desta linha filosófica, enfocando-a em sua origem, segundo o pensamento do seu principal autor: Edmund Husserl.

Husserl (1859/1938) foi matemático, filósofo austríaco, aluno do filósofo Franz Brentano (1830/1917) – do qual recebeu grande influência. Husserl fez de seu trabalho uma crítica à tendência da sua época em reduzir a verdade ao empirismo e ao psicologismo, duas importantes linhas filosóficas da época.

Quanto ao empirismo, este tinha como máxima a crença de que "todo conhecimento advinha da prática" (na esteira filosófica do Naturalismo, desde Aristóteles, conforme mencionado anteriormente). Ou seja, a princípio, o ser humano não detém nenhum conhecimento prévio, obtendo rigorosamente todo seu conhecimento a partir das experiências que vive ao longo de sua vida. Husserl, porém, questiona junto aos defensores desta linha filosófica qual era o conhecimento "prático" que me faria concluir que "todo conhecimento advinha da prática"?

A rigor, seguindo o próprio raciocínio deles, eu deveria primeiramente experimentar "todo o conhecimento" possível, para somente depois concluir que estes somente advêm da prática. Mas sabemos que isso é impossível. Ou seja, a própria máxima do empirismo já era uma espécie de conhecimento que não podia ser explicada por ela mesma. Uma máxima como esta contém um pensamento que foge ao imediatismo da situação presente e entra no campo da abstração (uma vez que é impossível inferir cada conhecimento e sua prática originária), e torna-se uma máxima universal, gerando a necessidade de uma outra filosofia, um outro campo de conhecimento que se preocupe com a universalidade das proposições.

Já o psicologismo foi um movimento do final do século XIX que impôs uma tendência naturalista à ciência. Devido a isto, tudo o que se conhecia poderia ser reduzido a um "fenômeno natural" e, desse modo, explicável através da física ou da fisiologia. O psicologismo tentou explicar o ato de conhecer através deste tipo de parâmetro – o fisiológico – confundindo "o que se conhecia" com "o ato de conhecer". Por exemplo, quando eu olhava para uma cadeira, eu reconhecia este objeto enquanto tal, pela possibilidade dos mecanismos neuronais do meu cérebro, em conjunto com o sistema ocular na transmissão das informações, captando os estímulos visuais deste objeto e os decodificando. Daí, o conhecimento – a cadeira – era adquirido através destes mecanismos fisiológicos. Só que isto não explicava a cadeira, mas apenas como eu a via. O próprio sentido, o conceito do que é uma cadeira, é algo que transcendia tal explicação.

# Introdução à Gestalt-terapia

Este contexto histórico inicial nos dá uma dimensão do que Husserl vivia em sua época e como a fenomenologia criada por ele se apresenta como um método crítico a tais vertentes filosóficas[16].

## Alguns aspectos conceituais

Husserl, ao pensar sobre as críticas ao empirismo e ao psicologismo, quis atingir a verdade originária, algo que não pudesse gerar a menor margem de dúvida, um conhecimento certo, que não gerasse erro. Daí, Husserl pensa que, ao invés de buscar teorias que o afastassem da verdade, deveria, ao contrário, voltar-se para as coisas em si mesmas, para a realidade que se mostra: o fenômeno.

Assim, ele faz da fenomenologia um método para a busca da verdade, porém partindo de um questionamento básico, que é o "como podemos perceber a verdade?"

Ao responder a tal pergunta, Husserl percebeu que antes de perceber "a verdade" ou perceber "qualquer coisa", ele *percebeu que percebe* e que, ao assim fazê-lo, concluiu que o ato mais originário, mais prioritário na apreensão da verdade é o ato de "perceber o percebido": eu "percebo" algo que é percebido e só é possível para mim perceber algo simultaneamente ao fato de haver algo para que eu possa perceber. Assim, temos aqui uma estrutura elementar que não é passível de qualquer subdivisão, que é a estrutura formada pelo ato de perceber e o conteúdo percebido. Ou seja, a todo "pensar", haverá simultaneamente um "pensado"; a todo "imaginar", haverá um "imaginado"; a todo lembrar, haverá um lembrado e assim por diante. Ou seja, a consciência sempre será a "consciência de", uma consciência que visa algo, que intenciona algo (consciência intencional).

Em Husserl, esta unidade entre o pensar e o pensado transcende uma separação entre o mundo do observador – a mente – e o que é visado por esta observação – a realidade. O "eu" percebedor só existe em função recíproca (ou seja, uma existe em função da outra) com o "algo percebível". Mas, sendo este "algo percebível" uma função determinada pela consciência que percebe, logo teremos diferentes formas de perceber a realidade.

Com isso, o enfoque da discussão transcende a dicotomia "mundo externo" versus "mundo interno". Já que o enfoque são os processos da consciência, não é mais questão se discutir se existe ou não um mundo "lá fora" ou um mundo "aqui dentro". Do que adianta discutirmos sobre o que está ou não "lá" ou "aqui" já que, seja lá o que existir, eu só poderei apreendê-lo a partir dos processos da minha consciência?

Assim, ao voltar-se para estes processos da consciência, Husserl faz uma passagem deste mundo "natural" – este que nós chamamos de realidade, esse mundo com a "existência assegurada" – para um mundo posto em observação ou, conforme Husserl denominou, posto entre parênteses. Esta passagem foi denominada por Husserl de redução fenomenológica ou *epoché*. Mas como se dá tal redução?

---

**16.** Estes aspectos podem ser aprofundados com a leitura de Morente, 1980 e Lyotard, 1986.

## Fundamentação filosófica

Lembremos que estamos partindo para entender o mundo sem contudo termos a existência deste assegurada. Ou seja, percebo algo, seja lá o que for: mundo, sonho, fantasia, etc. Ao percebê-lo, tenho inferências sobre tais percepções. Pensando sobre tais inferências, atinjo a essência ou verdade de minha percepção. Esta é a redução fenomenológica: parto do que percebo, ou da região psicológica, onde residem minhas capacidades de percepção do mundo; faço uma redução fenomenológica para outra região – região das essências ou significados: onde reside a definição daquilo que percebo – e, por fim, atinjo a região transcendental, onde penso sobre a própria percepção[17].

Lembrando do exemplo anteriormente citado das duas qualidades de aula em função dos métodos filosóficos diferentes, aqui também queremos tecer a base (uma delas) do "fazer" gestáltico. Assim, através destas linhas gerais sobre a fenomenologia, quais são os aspectos principais que dela depreendemos, que poderão nos ajudar na compreensão sobre o trabalho da GT?

Primeiro, se a estrutura perceber/percebido não é passível de subdivisões, isto implica dizer que não há como separar "observador" e "objeto observado", conforme a ciência ortodoxa preconiza. Ou seja, aquilo que observo – o observado – forma uma unidade comigo, o observador.

Em segundo lugar, partindo desta unidade entre o perceber e o percebido, concluímos então que, quando nos detemos ao descrever o observado, na verdade estamos descrevendo a nossa relação com o observado; ou seja, descrevemos uma parte de nós mesmos, uma vez que o que observo é uno com a minha consciência observante... O que descrevo, diz um pouco de mim. O "como" descrevo, meu tom de voz, meu ritmo em expor; também o que escolho descrever, e do que abro mão, todas essas metaobservações sobre a relação observador/observado são extremamente ricas em desvelar o ser que descreve.

Terceiro, o tempo verbal possível para esta conjugação só se resume ao presente. Ou seja, só podemos "pensar pensamentos", ou "lembrar lembranças", "imaginar imaginações", no presente. Mesmo quando falamos de algo que fizemos (passado) ou algo que tencionamos fazer (futuro), temos que "falar do que se falou" ou "tencionar o que será tencionado". Esta estrutura "perceber o percebido" é irremediavelmente presente, acontecendo no agora.

Em quarto, em consonância com a questão temporal – só existe "perceber o percebido" no presente – temos a decorrência da questão espacial: só existe o "perceber o percebido" acontecendo no aqui.

Em quinto, quando constatamos que percebemos o percebido, aquilo que é conteúdo do percebido, seja lá o que for (desde um estímulo pontual como um alfinete que espeta a pele, até o significado de uma existência), só pode ser entendido em uma rela-

---

[17]. Para informações adicionais sobre Husserl e sua história, sugiro a leitura da coleção "Os Pensadores" sobre ele. Quanto à fenomenologia, sugiro Dartigues, 1973 e Lyotard, 1986 para uma leitura introdutória, e as obras de Husserl, Heidegger e Merleau-Ponty para uma mais aprofundada.

ção una comigo que percebo. Ou seja, o sentido não está nem "em mim" e nem está "no mundo", mas está exatamente nesta relação eu/mundo.

Em sexto, quando descrevo, o mundo lá fora não é tido como algo em comum com outras consciências, já que cada um descreverá de acordo com a relação eu/mundo ou observador/observado. O sentido das coisas não está nas coisas em si, mas no que sobressai em cada relação observador/observado. Assim, a lua que inspira poesia em um, poderá inspirar medo em outro. Precisamos saber o mundo de cada um, ou como cada um vê o mundo.

Em sétimo e último lugar, o sentido que brota na relação eu/mundo se dá na implicação do eu no mundo, e não em apenas uma parte do "eu", em uma parte do mundo. Eu por inteiro influencio e sou influenciado pelo contexto como um todo. Isso se contrapõe ao modelo reducionista dos experimentos ou testes científicos, que limita todas as possibilidades reais, para transformá-las em algumas possibilidades "controladas". Só que – de fato – as possibilidades reais não desaparecem, apenas não são naquele momento ou naquele experimento consideradas. Por exemplo, o rato que é condicionado a tocar em um botão para receber água, mesmo estando no mais estéril laboratório, ainda assim não estará recebendo apenas "um" estímulo, pois ele estará em um lugar e em um tempo onde uma profusão de outros aspectos estarão também acontecendo: o experimentador tocará no rato de alguma maneira, os cheiros em volta se modificam, os sons... Imagine-se o mesmo com as possibilidades humanas. Daí, o sentido para o homem brota nesta relação dele com seu "campo vivencial" como um todo, neste mundo real, cheio de estímulos, cheio de vida.

Sobre o termo "campo vivencial", falaremos neste próximo capítulo.

Outros aspectos poderiam ser levantados mas, no tocante ao objetivo presente deste livro introdutório, já temos bastante material para nos auxiliar na compreensão dos principais conceitos da GT.

Vamos a eles.

# 3
# Pensamento linear x teoria de campo, holismo e ser-no-mundo

Para entender melhor os conceitos de teoria de campo e holismo, vamos aplicar um questionamento sobre a nossa própria forma de comunicação presente, entre mim e você – meu caro leitor... Ou seja, a diferença entre a "coisa acontecendo" e a "coisa sendo explicada". Quando explicamos, como estamos fazendo agora, não é possível falarmos de "tudo" o que queremos falar, precisamos seguir alguma ordem de exposição dos dados, para que esse "todo" possa ser alcançado, ao longo do tempo.

Agora imagine você tentando "explicar" como é uma pintura para alguém... Bem diferente é quando a própria pessoa pode vê-la, quando então todos os eventos ligados àquela obra se apresentam – não só as cores, a beleza ou a mensagem que o pintor quis passar, mas também como a pessoa que a vê reagirá, como se emocionará. O quadro acontece, como uma percepção para ela.

Para a GT essa diferença é de extrema importância, uma vez que é difícil "explicar a pintura" (o todo) que é a GT...

A melhor maneira de conhecer a GT é ter uma experiência direta com esta abordagem; vivenciá-la, para que a ideia do todo possa ser experimentada. Mas, como não é possível isso através dos livros, vamos então fazer um esforço para "passar esse clima" do que é esse trabalho para você. Vamos partir exatamente desta dificuldade de lidarmos com eventos simultâneos – um sentido de conjunto que surge num dado momento – em oposição aos eventos progressivos, que acontecem em uma ordem, em primeiro lugar, em segundo, terceiro...

## Passado e futuro no presente

Estamos acostumados, dentro do nosso contexto da racionalidade mecanicista, a lidar com os porquês, e dentro de uma forma cronológica de entendimento. "Causa e efeito"; uma série escolar depois da outra; infância, adolescência, maturidade, morte... Sempre nos acostumamos a lidar com as coisas sob alguma espécie de ordem, e daí fincamos nossa consciência sobre um concreto chamado "tempo" dividido em três camadas: passado, presente e futuro. Isso é tão profundo em nossas almas, que não vemos a possibilidade de entender as coisas sem esse "filtro" temporal: só conseguimos agir e pensar em termos destes três planos: o que fomos, o que somos, o que seremos. Vamos entender melhor essa questão temporal na ótica da racionalidade mecanicista, para compreender a crítica que a GT faz sobre esta e introduzir a ideia da teoria de campo e do holismo – que são teorias que a GT apresenta em oposição a uma forma linear de pensar, baseada em uma noção de causa/efeito newtoniana.

# Introdução à Gestalt-terapia

Então, o que temos, dentro da ótica da racionalidade mecanicista? Temos uma forma extremamente forte de olharmos para o tempo, quase como um evento físico, algo concreto, que "passa", que "anda" como se fosse uma coisa. E aí, ouvimos frases tais como "o que passou, passou" ou ainda "águas passadas não movem moinhos"..., e estas soam como algo natural, como se as coisas fossem assim mesmo...

Bem, talvez precisemos olhar – ou melhor – "descrever" com mais acuidade esta maneira que temos de perceber a realidade, para constatar se as coisas são assim mesmo, ou não...

Vou pegar exatamente o exemplo do provérbio sobre o moinho dito acima, para ilustrar: "águas passadas não movem moinhos". Então, vejamos: quando você vê um moinho d'água, tendo suas pás tocadas pela correnteza de um rio, estas águas impõem ao moinho um movimento, de maneira que a água passa, mas a energia cinética da água é transmitida ao moinho, e este se movimenta. Daí, a "água passou", mas o moinho *ainda se movimenta* com aquela energia, que é renovada quando uma outra pá do moinho, a uma distância qualquer depois, induzida pelo giro, volta novamente a tocar a água e recebe dela um novo impulso. Quando vemos tal cena, a descrevemos da seguinte maneira: "as águas estão passando e o moinho está em movimento". Por isso a questão descritiva é tão importante para GT, como é para a vida de uma forma geral: ao descrever, nos detemos ao que vemos e ficamos com o que vemos, sem antecipar ou adiar conclusões.

Quando ouvimos alguém falar que "as águas passadas não movem moinhos" parece que o que aconteceu – o que passou – não atinge, não afeta o tempo presente. A água passada não move o moinho do presente. Mas, em nossa descrição do fato, vemos que, na verdade, a água passada deixa no moinho uma marca, que é o próprio movimento. O que passou deixa sua presença no presente[18] e, em nós, seres humanos, tal presença existe mesmo que esse passado tenha sido "esquecido" ou esteja remotamente "inconsciente". Enfim, seguindo nossa metáfora, o moinho está se movendo hoje graças às águas passadas.

Será que caberia um questionamento assim: – Ué, do jeito que você falou, parecia dizer que o moinho se movimenta por causa da água que passou... Mas você não estava agora mesmo criticando a ideia de causa-efeito e agora apresenta a mesma coisa, só que com outras palavras?

---

**18.** Tudo o que passou deixaria uma marca no presente? É um questionamento difícil de se discutir, devido sua enorme abrangência. Porém, para alimentar a polêmica, podemos considerar, a título de analogia, o trabalho do físico francês Jean E. Charon. Este autor lança uma teoria baseada em evidências matemáticas, que os elétrons teriam um comportamento semelhante a um infinitesimal buraco negro, sendo uma espécie de "dobra no espaço", de onde, eventualmente, fugiriam fótons que reproduzem um movimento (traduzido em matrizes matemáticas) que remontariam à origem do universo. Dada a indestrutibilidade deste elemento (os elétrons que vemos hoje, e que formam a tudo e a todos, seriam os mesmos formados junto com o início do universo), teríamos que cada fóton conteria informações armazenadas em cada elétron, e que remontariam ao big-bang... Assim, como os elétrons estão presentes em toda a matéria, logo, em cada coisa que existe, há informações de todo o universo, presente e passado... De alguma maneira, o que passou deixa uma marca no presente. Esta teoria, logicamente, é bem mais complexa do que estou expondo aqui (não é sem propósito que tem o nome de "Teoria Complexa da Relatividade", como se a própria Teoria da Relatividade já não fosse complexa...), mas não deixa de ser um argumento bem interessante... Cf. CHARON, 1986, bibliografia.

## Pensamento linear x teoria de campo...

Não, não é bem assim... Há uma diferença, embora possa se assemelhar muito uma construção da outra. Novamente, é uma sutil diferença que precisamos apontar para esclarecer a ótica da GT.

Veja, quando falamos de causa/efeito, falamos de "água que passou" e que causou o movimento do moinho. Momentos separados: um antes, e outro depois. Mas quando digo que o moinho se movimenta hoje graças às águas que passaram, estou dizendo que o movimento do moinho está acontecendo agora e que, de alguma maneira, o evento anterior está ainda presente. Mesmo não presente fisicamente, a água passada atua no moinho, pela troca de energia que foi realizada.

"– Isso está ficando difícil... Como você pode considerar presente algo que já não está mais lá? E aquela atitude descritiva que você falou? Se eu for descrever, vou ver que a água não está mais lá..." Aí está a sutileza! Quando pensamos em causa e efeito, pensamos em uma linha, não é? É o pensamento linear, que segue uma linha espaço-tempo contínuo, algo assim:

Causa ——————————— efeito

Ou em outras palavras:

Água em movimento ——————— toca as pás do moinho, gerando movimento

Mas, agora, para considerar o que descrevemos anteriormente, de uma maneira mais exata ainda, uma "linha" não cabe!

Descrevemos que a água passou, o moinho foi tocado por suas águas e ainda permanece em movimento. Com isso, a questão do que se passou com o moinho até o momento presente, na qual ele se encontra em movimento, precisa encontrar "espaço" conceitual para lidarmos com ele. A teoria precisa ampliar-se para açambarcar a realidade, e não reduzirmos a realidade para caber na teoria... Por isso, é necessário ampliar essa linha reducionista, pontual, da causa/efeito para um *continuum* espaço/tempo de um "campo" (LEWIN, 1965; também HAWKING, 1988) onde não só o que aconteceu possa ser considerado, mas tudo o que há ainda para ser observado no momento presente...

No caso do moinho mesmo, percebemos que não consideramos outros fatores que estão ali também, presentes. As águas que passaram mas ainda estão presentes, representadas pelas trocas de energia que movem o moinho, não estão sozinhas naquele evento. Onde está o moinho? Está em um campo aberto? Então não haveria vento? E – caso houvesse – esse vento também não estaria influenciando o movimento do moinho? A que temperatura esse evento está acontecendo? Mais calor ou menos calor pode estar dilatando ou comprimindo o eixo do moinho, em relação ao mancal que o sustenta? Qual o tamanho da roda do moinho? Qual a força centrífuga atuando em cada ponto das pás, ajudando a continuidade do movimento circular? Enfim, há muito o que descrever.

## Introdução à Gestalt-terapia

Devemos considerar também dados temporais, ligados aos materiais empregados: como o moinho foi montado, as ferramentas que foram usadas nele, a qualidade da madeira empregada e sua durabilidade etc.

Mas esses exemplos todos foram somente para sugerir que, ao invés de uma linha, na verdade todo evento, todo fenômeno ocorre em um contexto, em um lugar, em um momento, com uma enorme possibilidade de eventos simultâneos menores que se entrecruzam com o evento maior em observação. Daí, sugiro uma olhada no seguinte desenho:

Desenho 1

Em torno do evento principal focalizado para nossa descrição, abre-se um campo de possibilidades nas quais outros eventos menores que aconteceram e ainda acontecem podem atuar, mas que, mesmo sendo "menores", sua conjunção de forças pode influenciar de tal forma, que podem vir a alterar perceptualmente o evento maior.

E quando o assunto são as pessoas, e não moinhos? Como fica esse exemplo abrangido até ao que é o nosso interesse – nós, seres humanos? Percebemos que quando focalizamos um indivíduo, há uma série de perspectivas sobre as quais nossa atenção pode ser captada. Há os eventos de cunho filogenético (aquilo que é geneticamente transmitido, sua bagagem hereditária incluindo características como raça, propensão a doenças, etc.) os eventos socioculturais (religião, nível social, cultura, língua etc.), os eventos interpsíquicos (suas relações com as pessoas em sua volta, família, amigos, esposa ou marido, com o próprio terapeuta etc.) e, por fim, os eventos intrapsíquicos (sua relação consigo mesmo, sua autoimagem egoica e corporal, incluindo sua percepção sobre sua situação orgânica, seu estado de saúde). Ou seja, há muito em cada um.

Essa ideia de um "campo" onde estas forças atuam (e que se contrapõe a um reducionismo linear) foi trabalhada por Kurt Lewin, recebendo o título de "teoria de campo". Já em relação à aplicação desta teoria ao indivíduo e à sua percepção sobre sua totalidade da experiência psicológica vivida, Lewin desenvolveu o conceito de "espaço vital" (LEWIN, 1965 e 1975; FADIMAN & FRAGER, 1979; e também o interessante trabalho de RIBEIRO, 1985: 94ss.).

Você pode dizer: "– Mas também se eu for considerar em cada momento tudo o que está em jogo, eu acabo até ficando paralisado, porque não há como eu ter um controle sobre tudo!!"

Na verdade, eu até concordo com isso. Pessoalmente, eu acredito que esse é o motivo principal da existência das "especializações", que trabalham com visões parciais do homem. É virtualmente impossível lidar com todas as vertentes que transpassam a existência de um ser humano.

Não há como um profissional, seja de que área for, dominar todo o conhecimento envolvido, todas as possibilidades, todas as variáveis. Por outro lado, não é por isso que vamos negar a constatação de que a pessoa "é" um todo: ela mesma. Ou seja, por mais que a Oftalmologia se desenvolva e descubra mais e mais sobre os olhos, a pessoa não é apenas "olho"... Por mais que a Psiquiatria se desenvolva, e tenha mais e mais dados sobre as doenças mentais, a pessoa não é apenas uma "doente mental"...

Ninguém é apenas aquilo que um ângulo de visão traz dela: a pessoa não é um fígado doente, um câncer de próstata ou um demente ou vagabundo. Os olhos estão em uma pessoa, o fígado está em uma pessoa, a loucura se instaura em uma pessoa, uma pessoa, *uma* pessoa... A pessoa é maior do que as partes pelas quais as especializações tendem a vê-la, por mais que seja difícil lidar com essa totalidade ao mesmo tempo...

Um exemplo de prática que visa solucionar tal problema é a atuação multidisciplinar na área de saúde, com profissionais de áreas diferentes, em conjunto, trabalhando no atendimento dos pacientes. Esta atuação, que cada vez mais se desenvolve, talvez venha a ser a grande solução do nosso século para a saúde, porque somente com uma visão multidisciplinar poderá se chegar perto do que realmente é um ser humano, um "todo" com a infinidade de partes que o compõe.

Especificamente sobre as críticas referentes a como vemos parcialmente a questão da saúde, precisamos nos aprofundar então sobre qual seria a visão de saúde para a GT. Vamos nos deter brevemente sobre esta discussão...

**Um comentário sobre o conceito de "saúde" para a Gestalt-terapia**

Infelizmente, a palavra "saúde" vem recebendo uma significação que, penso, está muito longe de tudo o que ela poderia nos transmitir.

Quando consideramos que estamos "com saúde"? Quando podemos continuar fazendo tudo o que estamos acostumados a fazer: acordar para trabalhar ou estudar; praticarmos os esportes ou atividades que sempre fazemos; poder continuar a comer o que gostamos e o quanto gostamos; alcançar uma boa performance sexual sempre que desejarmos etc. Ou seja, a ideia de "saúde" está inextricavelmente ligada ao uso, à atividade do corpo, de maneira que em caso de qualquer interrupção destas atividades, aplicamos a palavra contrária: doença. Com isso, temos uma coisa mais ou menos assim: a doença é o que nos dificulta ou impossibilita de efetuarmos nossas atividades

## Introdução à Gestalt-terapia

normais. Sob tal enfoque, a Medicina direciona suas pesquisas e as consequentes intervenções farmacológicas ou cirúrgicas: fazer com que a pessoa retome suas atividades. Vendo apenas a parte doente daquilo que "funcionava".

Aqui, mais uma vez, estamos lidando com uma forma bem reducionista de enxergar a potencialidade do que é "saúde". O que está acontecendo no campo vivencial da pessoa dita "saudável"? Quando é percebido que ela tem suas atividades usuais mantidas – dorme, trabalha, estuda, ama, se alimenta, etc. – isso seria garantia de que ela está "saudável"? Somente poder agir, basta? Com certeza, por "saúde" é imprescindível que tenhamos um entendimento bem mais amplo...

Na GT, a saúde implica em um reconhecimento da capacidade do indivíduo em manter-se em contato com seu contexto, podendo – dentro de um processo de escolha espontâneo – optar sobre a melhor forma e o melhor momento de efetuar suas trocas com seu mundo. Emprego a palavra "reconhecimento" com um objetivo que precisa ser melhor esclarecido. Ao poder reconhecer que tem essa capacidade de manter-se em contato e efetuar escolhas – mesmo que ele ainda não utilize tais escolhas, quando opta em se recolher ou momentaneamente permanecer fechado para o mundo – somente ao reconhecer que há esta capacidade – que há o mundo e que ele tem escolhas – já há um sinal de que a saúde está presente.

O que vemos, porém, em nosso cotidiano, é algo bem diferente. As pessoas estão "agindo": trabalhando, estudando, se alimentando, amando... Mas percebo ser frequente elas fazerem tudo isso sem notar sua própria existência enquanto vivem. Não percebem as escolhas que fazem, não se responsabilizam por elas, não atentam para os seus próprios limites físicos, morais, espirituais e – por consequência – sequer vislumbram os mesmos limites correlatos à ótica ecológica: um desenvolvimento sustentável; uma utilização do ambiente de forma a conservá-lo e não uma forma predatória; uma comunhão com o sopro da vida que perpassa todo o universo bem além da nossa terceira pedra do Sol (que deveríamos chamar – mas não o fazemos – de "lar").

Saúde implica um movimento para a vida – não para o consumo, uso ou desperdício – mas para o contato, para as trocas, para o crescimento sistêmico, integrado não só entre "nós" – ah! Essa vaidade humana de só olhar para os seus iguais... – mas com o "Nós", que premia cada uma das singelas partes da existência com o reconhecimento de sua importância: o ar que respiramos, os animais e plantas com os quais compartilhamos o mesmo planeta, nossas águas, nosso futuro. Assim, uma ideia de um "corpo saudável" é muito louvável, mas para respirar que ar? Para se alimentar de quê? Para manter-se são às custas de estar insensível à miséria alheia, à ausência de ética e à violência? Como podemos viver alienados de tudo o que nos cerca?

Não nos enganemos por achar que ao pensar em um planeta inteiro, por "saúde" entendamos algo por demais abstrato, distante ou utópico. O planeta, caro leitor, é onde você está sentado agora, e "saúde" é a maneira com a qual você se relaciona com ele, quando visa o equilíbrio organísmico (discutiremos esse conceito posteriormente) – uma possibilidade de autorregulação satisfatória com o meio.

Retomando a discussão anterior, é importante perceber que todo evento acontece em um campo espaço/temporal, onde várias forças atuam simultaneamente, de maneira a – no presente – configurarem a realidade. Nesse campo, nesse contexto, é que a GT considera a existência do ser humano de uma maneira completa: não apenas sua doença, sua mente, ou seu discurso. Neste campo o ser humano está inteiro, com tudo o que foi, tudo o que é e toda potência em relação ao que poderá realizar no futuro.

Essa maneira de ver o ser humano como um todo é chamada de holismo (do grego "*holos*" = unidade, todo, cf. glossário). Não devemos, porém, pensar que a GT utiliza a ótica holística somente em relação ao cliente para o qual ela oferece seu trabalho psicoterápico. Pelo que já vimos até aqui, não é mais possível pensarmos em termos de "um cliente lá" e "um terapeuta aqui"... O que existe é a relação terapeuta/cliente, e o enfoque holístico necessariamente também será aqui aplicado. Com isso, a GT propõe uma abordagem na qual é essencial a participação do terapeuta. Ele também estará holisticamente presente na relação que trava com o cliente, sendo sua bagagem existencial – sua história, suas crenças etc. – fatores que contribuirão para o desenvolvimento da relação terapêutica. Sobre isso, discutiremos mais profundamente na sessão "a pessoa do terapeuta na relação psicoterápica".

Para uma visão adicional sobre a relação holismo e GT, há um interessante resumo em Ginger, 1995 e Yontef, 1998.

## O corpo enquanto concretização do passado no presente

Como trabalhar com esta ideia holística sugerida acima? Vamos pensar um pouco nisto...

O que fomos? Já fomos crianças, já fomos compromissados com alguém, já fomos de um time, já fomos de uma "turminha", já ficamos de castigo (você aprontou muito quando era criança?), solteiros, doentes, saudáveis... Muita coisa já fomos, não é? Mas "quem" foi isso tudo? Eu.

Daí, se esse "eu" que já "fui" tudo isso está aqui, de alguma maneira, tudo isso que "já fui" está presente comigo, não é? Quando fomos criança, algum machucadinho de uma brincadeira deixou alguma cicatriz, alguma marca? Essa marca está aqui, hoje. Quando fomos compromissados com alguém, sentimos alguma saudade ou alívio pela distância desta pessoa? Esse sentimento está aqui, hoje. Ao praticar algum esporte, participar de qualquer time, nossos músculos se desenvolveram e moldaram um perfil corporal adaptado àquela prática, propiciando um desenvolvimento corporal diferenciado. Essa diferença está aqui, hoje...

Daí que, em cada momento presente, temos conosco todas as marcas, tudo o que vivemos, todas as nossas experiências, sensações, tudo... Somos um registro vivo de nossa própria vida, desde nossa concepção (alguns poderão dizer até antes disso, conforme a teoria da consciência transpessoal de Grof, 1994 – mas isso é outra história...) até o momento presente. Nosso passado, seja fisicamente marcado em nossos corpos ou psicologicamente calcado em nossas mentes, está aqui. Para a GT, corpo e mente são duas palavras que, na verdade, representam o "eu" e não se diferenciam. Nós so-

# Introdução à Gestalt-terapia

mos: corpo-mente (esse aspecto é discutido em Perls, em quase todas as suas obras), no aqui-e-agora; conforme é apontado na riquíssima literatura falando sobre essa unidade: psico (alma, mente, consciência, *res cogitans* etc.) + soma (corpo, matéria, *res extensa* etc.) = psicossomática. Na sessão "corpo e emoção", aprofundaremos este tema.

Você poderá dizer: — Entendi... Mas, pensando no exemplo do moinho, o que adianta você me dizer que eu trago hoje tudo o que já fui se não me lembro de todas essas coisas? E as que estão inconscientes e que não me lembro? E quanto aos traumas que algumas pessoas vivem e que, de tão inconscientes, não conseguem se lembrar de jeito nenhum?

Este é um importante questionamento e, com certeza, uma etapa fundamental para a construção de nossa ponte ligando o contexto da racionalidade mecanicista até a GT. Sem essa etapa bem esclarecida, essa ponte com certeza vai abaixo com o primeiro veículo que passar por ela... Daí, vamos caprichar para deixar bem sólida nossa construção, certo?

## Conversando sobre o inconsciente

Bem, o que é "inconsciente"? Podemos supor esse termo, segundo a ótica psicanalítica freudiana, sob dois enfoques: o tópico, o lugar chamado inconsciente; e o processual, aquilo do qual não temos consciência. A questão tópica serve como uma justificativa para explicar como algo que vivemos (uma lembrança traumática por exemplo) pode não ser mais consciente. Essa lembrança não é consciente porque "fica lá" no inconsciente, que funcionaria como uma espécie de depósito das coisas que nossas defesas psíquicas, para evitar o sofrimento, não nos permitem lembrar. Isso se diferencia das coisas das quais não temos consciência simplesmente porque não sabemos delas[19].

Então, vai nos interessar aqui a discussão sobre algo que vivemos ou fantasiamos, mas da qual não temos mais consciência. Assim, focalizemos agora nossa atenção sobre o que sabemos, mas que, no momento, é provisoriamente inconsciente. Bem, como vamos saber que algo é "inconsciente"? Nos detendo ao significado do termo, a resposta é simples: nunca! Se é inconsciente, nunca saberemos, ou seja, nunca deste algo teremos consciência. Daí, o correto é falarmos de algo que "foi inconsciente", não é? Ou seja, a questão temporal é importantíssima nisso, pois só temos noção do que é inconsciente "depois" da tomada de consciência. Mas depois de que exatamente? Segundo a psicanálise de Freud, depois de ouvirmos uma interpretação. E como se chega à interpretação? Chega-se a ela através de algum comportamento que expresse ao psicanalista a existência de algum conflito psíquico inconsciente e, após a análise de tal conflito, o psicanalista fornece ao cliente a interpretação sobre tal comportamento, desvelando suas motivações inconscientes.

Então, chegamos ao cerne da diferença entre a psicanálise de Freud e a GT, quando se trata de inconsciente. Tudo se baseia em algum comportamento só que deste

---

**19.** Uma visão introdutória sobre a teoria psicanalítica pode ser obtida em Brenner, 1975.

comportamento Freud depreendeu uma teoria que o levou a uma construção conceitual chamada "Inconsciente", enfim uma hipótese (segundo Reich: "Para Freud, o inconsciente nunca tinha sido mais que uma hipótese indispensável... O fato de que, nos seus trabalhos teóricos, os psicanalistas não houvessem atribuído nenhum valor às diferenças, quaisquer que fossem, entre teoria, estrutura hipotética e fenômenos claramente visíveis e sujeitos à mudança e o fato de que se referissem ao inconsciente como se este fosse algo concreto contribuíram grandemente para a confusão". REICH, 1982: 126). Outros teóricos, baseando-se nos mesmos comportamentos, construíram conceitos que os levaram a outras conclusões diferentes. Lembremos aqui que "inconsciente" é um conceito usado em várias escolas psicológicas com definições diferentes. Exemplos: o inconsciente coletivo segundo Jung, 1991, o inconsciente transpessoal segundo Grof, 1994, sem mencionar os diferentes conceitos de inconsciente no campo da filosofia.

E a GT? *Esta se detém no comportamento para saber qual o sentido dele para a pessoa que revela tal comportamento.* Utilizaremos abaixo um "clássico" comportamento normalmente tido como um ato inconsciente: o ato falho. Através deste exemplo, vamos ressaltar o enfoque gestáltico.

## ATENDIMENTO 2

Cliente: – Antes de vir aqui, eu estava na casa da minha mãe, mas havia muito trânsito de lá para chegar até aqui. Por isso eu pedi a minha mulher, digo, minha mãe para ligar para você dizendo que eu iria me atrasar...

Gestalt-terapeuta: – Você percebeu alguma coisa diferente na sua fala?

Cliente: – É... (rindo), eu troquei... Falei minha mulher ao invés de dizer minha mãe...

Gestalt-terapeuta: – Há algo engraçado nisso?

Cliente: – A ideia absurda de trocar as palavras, falando "mulher" ao invés de mãe...

Gestalt-terapeuta: – O que o faz achar que é um absurdo?

Cliente: – Ora, a própria ideia de considerar minha mãe como minha mulher! (Neste momento, o cliente demonstra uma certa irritação.)

Gestalt-terapeuta: – Estou percebendo que há alguma coisa que parece lhe trazer um incômodo... Você está se sentindo incomodado?

Cliente: – Sim, estou irritado... com essas... perguntas.

GT: – Você poderia fazer uma frase inteira e dizê-la diretamente para mim?

C: (Espera uns instantes, respira e fala) – Fico muito irritado por sua insistência em querer saber por que eu troquei minha mãe por minha mulher.

GT: – Mas em momento nenhum perguntei o porquê de nada...

O cliente fica momentaneamente surpreso e, depois, em silêncio...

GT: – Você estaria disponível para fazer um trabalho sobre isso?

# Introdução à Gestalt-terapia

C: – Sim, acho que estou sim...

GT: – Proponho que você entre em contato com essa irritação, certo? O que o está deixando irritado agora?

C: – Estou irritado comigo mesmo e com essa história de ficar trocando os nomes...

GT: – Você poderia dizer a seguinte frase, para você mesmo: eu fico irritado comigo quando troco a minha mãe pela minha mulher! É possível?

O cliente concorda e, após repetir a frase algumas vezes, parece ainda muito distante e inexpressivo.

C: – Está difícil pensar na minha mãe agora...

O gestalt-terapeuta pergunta se o cliente deseja continuar o trabalho. A partir de sua concordância, sugere um outro experimento.

GT: "– Gostaria que você olhasse para essa cadeira, e imaginasse sua mãe sentada ali, olhando para você. (O cliente concorda.) – E agora você dirigirá a frase para ela: Eu fico irritado comigo quando troco você pela minha mulher".

Após algumas repetições, o cliente começa a mudar a expressão do seu rosto. Ao final, fica com uma expressão facial visivelmente triste.

GT: – O que está acontecendo?

C: – Estou percebendo que ainda não consegui sair do jugo da minha mãe... Mesmo já sendo casado e saído de casa há anos, ainda me sinto dependente dela...

A partir deste ponto, o gestalt-terapeuta continuaria trabalhando com a questão que está em foco *naquele momento*.

Para a psicanálise freudiana, um ato falho como este poderia gerar uma interpretação que apontasse uma fantasia de ter a mãe como esposa. A questão é que poderia sim até haver um desejo destes, ainda inconsciente, mas ir diretamente para este ponto seria uma viagem puramente verbal. A pessoa poderia "entender" a partir da interpretação de seu ato falho que ele realmente "deve ter" um sentimento, uma fantasia com sua mãe, gerando daí – causa/efeito – o ato falho. Mas a questão é que, recebendo esta interpretação do psicanalista, a pessoa não percebe como foi o caminho, como foi que se chegou até esta conclusão, além do que, o "efeito terapêutico da interpretação por si só pode não ser suficiente" (REICH, 1982b: 107ss.).

Daí, a pessoa não aprende por si só a lidar com seus sentimentos, pois não são compartilhadas com ela as informações necessárias para que ela mesma chegue até estes sentimentos futuramente, sozinha. Na GT, exatamente por lidarmos com o momento presente, todas as informações necessárias para se trilhar este caminho – da pessoa até a possibilidade de contato com seus conflitos – estão ali, disponíveis. A pessoa vai caminhando de acordo com sua própria medida, dentro do ritmo próprio e alcançando a segurança necessária para sua posterior autorreflexão e obtenção de sua autonomia holística, ou seja, autonomia sobre seus sentimentos, seus pensamentos, suas emoções; sua vida enfim.

O exemplo acima considerou o inconsciente tratado sob a ótica de um encontro, um episódio no qual um ato falho foi reconhecido e investigado. Mas, por outro lado, um processo psicoterápico é uma sucessão de encontros, durante os quais a própria relação terapêutica vai se apresentando com um sentido, com uma forma de ser. A qualidade de uma percepção sobre o que é inconsciente durante um processo mais longo merece mais alguns comentários.

Na medida em que duas pessoas se relacionam, com o tempo, ambas vão "se conhecendo". Neste "conhecendo", várias percepções que se repetem, que são comuns no comportamento expresso de uma pessoa, ajudam a outra a ter uma ideia geral daquela pessoa (estes aspectos serão discutidos mais profundamente no capítulo sobre "Processo"). Com a terapia não é diferente. Só que o olhar do terapeuta tenderá a observar aspectos mais profundos destes comportamentos que se repetem, buscando ali reconhecer – junto com o cliente – o que está acontecendo. Por exemplo, uma pessoa que apresenta um distúrbio neurótico obsessivo-compulsivo. Esta pessoa, na primeira sessão, pede ao terapeuta para lavar as mãos antes de começar. Este comportamento isolado, por si só, não tem nenhum significado específico. Porém, ao longo das sessões que transcorrem, quando o cliente sempre manifesta o mesmo tipo de comportamento, passa a haver uma outra mensagem nesta ação que se repete. A própria denominação mencionada (o "distúrbio neurótico obsessivo-compulsivo") é dada depois. Mesmo que a razão para que venha ocorrendo este comportamento obsessivo-compulsivo seja inconsciente para o cliente e, num primeiro momento, também para o terapeuta, quando este percebe uma situação que se repete, tais comportamentos propiciam mais dados para uma investigação fenomenológica. Daí, o comportamento originado por forças inconscientes e captado ao longo de um processo terapêutico ainda se mostrará como um comportamento, e passível de receber a mesma atitude descritiva, enfocado em um campo vivencial (seu "espaço vital", segundo Kurt Lewin), por parte do gestalt-terapeuta. Só que, na GT, ao enfocarmos tal comportamento, não nos limitamos a este. Há muito o que ver em volta do moinho... Simplesmente porque, no aqui e agora, não será apenas esse comportamento o que existirá. No exemplo citado, esta pessoa dita "obsessiva", que sente, que pensa, que tem um corpo, que se expressa, que chora, enfim aquela pessoa como um todo tem, entre várias características suas, um comportamento obsessivo. Enfocamos todos os aspectos que estão presentes e podem influenciar a relação terapêutica. Esta é a ótica holística sobre o campo vivencial dos indivíduos.

Respondendo a pergunta inicial sobre como fazer quando não lembramos de algo que nos ocorreu, ou quando não lembramos de jeito nenhum – por exemplo, as lembranças traumáticas – a questão aqui é voltada não para o que "está lá", ou seja, para o que está inconsciente. Ao invés de nos preocuparmos em "atingir um lugar" – onde nem sabemos ao certo onde é e nem se ele está lá mesmo... – voltamos nossa atenção para o que está aqui, para o "que lugar é este onde estou no mundo" e para o que sinto,

## Introdução à Gestalt-terapia

penso e preciso, enquanto caminho para onde o agora apontar, e não para uma direção preconcebida, orientada por teorias ou hipóteses quaisquer.

**Ser-no-mundo**

Este lugar onde estou no mundo, é o foco na descrição fenomenológica. Vamos discutir a questão do ser humano como um todo, estando implicado em seu contexto.

Você já deve ter ouvido com frequência pessoas dizerem frases como estas: – Esse mundo não é justo... ou então: – O mundo é assim mesmo, não adianta fazer nada... ou, mais pessoalmente: – As pessoas não merecem confiança... Isso é muito comum, especialmente vindo de pessoas que acham que tudo dá errado para elas, que o mundo conspira contra elas.

Qual é a ideia subjacente a este tipo de frase? Qual seria a forma de pensar que justifica tal opinião diante do mundo? Você concordaria que, para essas pessoas, estaria acontecendo um jogo chamado "Eu" *versus* "o Mundo" e que, neste jogo, a pessoa sente que está sendo derrotada?

Entrando um pouco mais neste raciocínio "eu x mundo", você, leitor, não concorda que parece estar imbutida aí uma linha do tipo causa/efeito? Pense desta forma: "eu" faço algo (*causa*) e tenho como *efeito* uma resposta negativa do "mundo". Um pensamento novamente linear, circunscrito a análise de uma situação, de uma ação, e sua consequência... Vamos a mais um exemplo concreto para ilustrar melhor:

Uma pessoa trabalha há 10 anos em uma empresa. Nunca se atrasou, nunca faltou, sempre cumpriu com suas responsabilidades. Sempre agiu com disciplina para merecer um almejado cargo de chefia. Um dia, há uma chance de promoção para um cargo que se enquadrava no que ela sonhava. Ela espera ser, então, finalmente reconhecida. A pessoa promovida, porém, não é ela, mas uma outra que está na empresa há bem menos tempo... Ela se sente tremendamente injustiçada e pede demissão.

O que temos? Uma causa (trabalhar direito, não se atrasar, não faltar) que, para aquela pessoa, necessariamente redundaria em um efeito (ser promovida). Na constatação de que isso não ocorreu, a pessoa se demite. Mas, como já conversamos antes, ao nos determos em descrever esse mundo em nossa volta, percebemos que esta "linearidade" de pensamento é extremamente simples, reduzindo a realidade de forma que até a distorce, uma vez que há "muito mais entre o céu e a terra do que jamais sonhou nossa vã filosofia..."

Daí, qual é o "espaço vital" no qual essa pessoa está aplicando sua percepção? O que está em jogo, quais as forças envolvidas? Dando asas a nossa imaginação, poderíamos elaborar uma lista enorme de razões pelas quais ela não foi promovida:

1) Ela, mesmo sendo disciplinada em relação a horários e faltas, não era, porém, uma pessoa de iniciativa, tendo uma postura passiva que não se enquadrava no perfil profissional de um líder, ou...

2) Ela não percebeu que a vaga para esta chefia foi solicitada por um diretor que não tinha um bom relacionamento com uma das pessoas do departamento onde ela traba-

lhava. Daí, esse diretor criou a vaga para colocar uma pessoa de seu relacionamento mais próximo, para – manipulando essa chefia – infernizar a vida do outro. Daí, a promoção ter sido de origem política, ou...

3) Para aquele cargo de chefia, seria necessário ter uma série de cursos para dominar um conhecimento em uma área técnica. Porém, acomodada em sua disciplina, achando que estava fazendo o que precisava para ser reconhecida, a pessoa não procurou aprender, não procurou se atualizar, enquanto que a outra pessoa que foi promovida o fez.

E mais e mais coisas poderiam ser imaginadas. Mas para que estamos vendo isso? Qual a relação deste tema com o que estávamos vendo em relação à GT? É uma questão simples: o ser humano está inserido no mundo, está sempre em relação com o mundo e o mundo está sempre reagindo a ele. Daí, como estamos inseridos, engajados neste mar de possibilidades que é a existência, temos que lidar com ele como um todo, e não apenas considerando os aspectos que queremos dele.

No caso acima, a pessoa reduziu tremendamente as possibilidades de resposta da sua empresa em relação ao que ela almejava: ou promoção/reconhecimento, ou ela estava fora.

Pelo que podemos descrever em relação ao que acontece em nossa volta, por mais que planejemos nossas vidas, que tentemos antecipar e prever tudo o que nos cerca, que achemos que estamos no "domínio", que estamos no "controle", sempre haverá algo que perpassará nossas vidas, nos chamando para a realidade da imprevisibilidade e nos convocando para reagir diante do novo. Ao mesmo tempo, nós também estamos de alguma maneira atuando no mundo, por ação ou omissão e, com tais atuações, gerando uma relação de mútua influência. Ou seja, no caso acima, a pessoa agiu, no sentido de fazer uma ação consciente: procurou manter uma rígida disciplina para mostrar, com isso, sua capacidade para liderar. Mas ao assim fazê-lo também se omitiu, não procurando saber o que mais era necessário para sua promoção: ter conhecimentos técnicos a dominar, melhorar sua capacidade de liderança etc.

Esta inserção no mundo é algo com a qual todos temos que lidar, pois não temos a escolha de prescindir dele. Não há como conceber a possibilidade de alguma coisa existir, sem um meio, um contexto.

Cada ser humano está em constante relação com seu meio, em vários níveis, sendo que, na ausência destas relações, sua integridade física ou psicológica pode até se comprometer. De imediato, podemos considerar um nível biosférico: precisamos de uma mistura de gases dentro de uma determinada proporção, sem a qual não conseguimos respirar; precisamos de uma determinada faixa de pressão atmosférica, acima ou abaixo da qual não sobrevivemos; precisamos de calor e dentro de um gradiente de maneira que muito acima ou muito abaixo não vivemos. O mais isolado dos seres humanos ainda estará, sob alguma forma, em relação imediata com seu meio.

Da mesma maneira, temos uma esfera psicossocial que nos envolve, da qual fazemos parte e interferimos e recebemos dela sua influência.

# Introdução à Gestalt-terapia

Daí, ao invés de "eu x mundo", na GT constatamos que o mais preciso, que o que está mais coerente com o que é perceptível, é que cada ser humano é um "ser-no-mundo" (HEIDEGGER, 1988), não havendo como conceber esse "ser" sem o "mundo".

Essa questão é fundamental para a GT, uma vez que ela critica a forma de ver o ser humano de maneira isolável. Na psicanálise freudiana clássica, por exemplo, o cliente é isolado em um divã, ficando totalmente restrito ao seu próprio discurso, sendo o tratamento exclusivamente voltado – e reduzido – a este discurso: como resolveu ou não seu complexo de Édipo (Cf. glossário), como pode atingir ou não uma maior consciência sobre seus conteúdos recalcados, etc. Como se ignorar o potencial de propor ao cliente experimentos que apontem o sentido das suas relações com o mundo? O próprio complexo de Édipo não seria algo que aponta para uma relação do indivíduo com o mundo, já que é óbvio reconhecermos que o complexo de Édipo se originaria com a própria paranoia do pai, como nos lembra Deleuze e Guattari (1976)? E como então trabalhar com a presença do pai ali? Como fica a percepção de como a pessoa atua neste mundo no qual vive, que poderia ser identificado nos trabalhos experimentais e que se evita no solipsismo do divã? E a própria relação entre o terapeuta e o cliente? Ou ainda, segundo o que Perls critica em seu livro *Yo, Hambre y Agresion*, como tratar fatos psicológicos como se existissem isolados do organismo?

Vamos voltar à ponte? Estamos construindo um caminho de uma visão mecanicista/racionalista para a GT, e já construímos os seguintes alicerces:

*Visão da racionalidade mecanicista*: o homem é um produto do meio que o atinge e o molda de forma passiva, numa relação de causa/efeito. Ou então é visto de forma isolada ou reducionista, ou em partes isoladas dele mesmo (a doença, o comportamento, a opção sexual, a cor etc.) como um "ratinho de laboratório", medindo-se suas respostas aos estímulos controlados, não se considerando o que está acontecendo em sua volta. As coisas são estáticas, dando uma ideia de imutabilidade, de que "as coisas são assim mesmo". Há uma perspectiva de dominar a realidade, pois esta "se repete", dando a possibilidade de previsibilidade. A explicação é o bastante, até para lidar com as emoções. Estas se opõem à...

*Visão gestáltica*: o homem é um ser-no-mundo, agindo ativamente sobre o mundo e o transformando e recebendo dele também influências, em uma relação recíproca. O indivíduo não pode ser concebido isoladamente; estará sempre em um contexto onde há um conjunto de forças atuando e sempre o atingindo de uma forma inteira, como um todo. Na medida em que se detém ao que se descreve, percebe-se que a realidade é mutável, processual, fluindo continuamente em novas situações que nunca se repetem. Não há controle e, sim, acompanhamento, "estar junto", reagindo adequadamente ao que se apresenta, na medida em que se apresenta. Atua-se sobre o que está consciente, óbvio e passível de compreensão.

Vistos estes aspectos, podemos nos voltar ao exemplo do "Atendimento 1" da página 29 e apontar como a GT trabalha com eles.

## Pensamento linear x teoria de campo...

A GT trabalha psicoterapicamente com este ser-no-mundo, percebendo-o como um todo (dentro da medida do possível ) em seu contexto, com uma atitude descritiva voltada para o momento do encontro – o aqui-e-agora.

No início do "Atendimento 1", ao ouvir do cliente sua demanda – sua queixa, ou motivo pelo qual procurou a terapia – o terapeuta procura perceber o que está presente, daquele discurso apresentado, no momento em que o discurso é proferido. Essa orientação visa perceber como o cliente lida com suas necessidades presentes e prioritárias. Visa verificar como ele está lidando – por ação ou omissão – para atender a tais necessidades (discutiremos mais sobre isso na sessão sobre "Contato").

Quando o terapeuta percebe que não só o discurso do cliente, mas seus sentimentos também estão energizados e suas lembranças e pensamentos estão focados no mesmo ponto (perspectiva holística), procurará ampliar a visão tanto do cliente como a dele próprio sobre o contexto no qual a situação apresentada se instaura: enxergar o "campo".

No "Atendimento 1", o terapeuta sugere que, ao trazer a lembrança da situação vivida, o cliente narre o que aconteceu, enfatizando como ele entrou na festa, como se sentiu a cada passo na direção da mulher desejada e a cada passo posterior na direção da fuga. Com isso, o terapeuta reconstrói o campo no qual as forças intrapsíquicas do cliente – sua autopercepção de sentir-se uma criança tímida e boboca – em conjunto com as forças interpsíquicas – o olhar convidativo da mulher, a presença dos amigos e o medo de que eles percebessem sua vergonha etc. – atuaram. Em consequência, esse campo fica mais nítido, mais concreto e passível de melhor compartilhamento com o terapeuta, tornando a ferramenta descritiva mais eficiente.

Para concluir, outro benefício de se atuar desta forma, é que o conhecimento que brota em lidar com o presente, é um conhecimento compartilhado, que não é só do terapeuta e nem só do cliente. Ambos vão aprendendo na medida em que vivem aquele momento do encontro. Assim, o próprio cliente, na medida em que se percebe neste compartilhar, adquire com o tempo os próprios recursos para lidar com suas questões. Ele aprende como suas ações, suas omissões, seus gestos, sua fala, seu corpo, enfim, como tudo pode ser usado como formas de compreender sua própria forma de ser-no-mundo, conforme o segundo princípio, que depreendemos na sessão sobre a fenomenologia ("aquilo que descrevo, diz de mim").

## 4
# Aqui e agora e contato

Quando a GT utiliza-se do "aqui e agora", desta estratégia de trabalho enfocada no presente, e aplica sobre este presente uma atitude fenomenológica, para que este possa proporcionar um contato mais satisfatório, será necessário "ficar nele" entendido não somente no sentido do "estar no aqui-agora", mas também em relação à questão de "perdurar-se no aqui-agora": ser generoso em relação a "dar tempo", apreciando suficientemente o que há para ser visto e realmente se permitindo enxergar o que está "aqui" – e não nos afastando para lidar parcialmente com os aspectos envolvidos na situação em foco.

Tal estratégia visa evitar o problema ocasionado quando *pensamos* que vivemos, e não *vivemos* de fato; quando tendemos a substituir *nossa experiência* por *explicações da experiência*, trocamos fatos vividos por discursos proferidos (POLSTER, 1979). Com isso, saímos da situação real presente, saímos do "jogo" que está acontecendo e nos mudamos para a "arquibancada" e passamos a discursar sobre o jogo que está "lá", e do qual passamos a nos manter afastados.

Estas substituições da experiência pela explicação é algo que ocorre de maneira tão natural que nem percebemos. Vamos discutir um pouco sobre isso.

Lembremos que antes, quando utilizamos o exemplo explicativo do fóton, o fizemos a partir de duas construções diferentes. Em uma, o "porquê" estava alojado, de uma maneira tão natural quanto possível e quase não percebemos que ele estava ali, como um artifício, um "prego" juntando dois fatos e tornando-os concatenados, "pregados um no outro" para o nosso entendimento. Não notamos que é um "artifício" porque, em nossa visão mecanicista/racionalista, o porquê das coisas quase que já faz parte delas, como um significado imanente, algo que estivesse lá, no mundo, na realidade. Na segunda construção, apenas descrevemos o que foi visto.

É importante esclarecer que não estamos desprezando o porquê das coisas, ou fazendo qualquer apologia sobre seu não uso. Simplesmente a explicação é um dos aspectos sob os quais algo pode ser visto, mas não é o único. Precisamos olhar para as coisas e discriminar o que é "a coisa" e o que é "o porquê da coisa". Porém, como vemos a coisa e o seu porquê tão "pregados" um no outro, podemos tender a achar que as coisas já nasceram pregadas, que "já são assim mesmo...", quando na realidade não é desta forma e, sim, *foram construídas deste jeito*.

Nós – cada um de nós – realizamos tal construção e a mantemos seja por ratificação ou por alienação. Porém – me permita ressaltar mais uma vez, leitor – o problema é quando estendemos tal concepção do mundo para nós mesmos e colocamos significados para o que acontece conosco sem termos dado tempo, sem termos experimentado

## Aqui e agora e contato

ou vivenciado suficientemente tal acontecimento até para ter certeza de que o significado dado pelo nosso "porquê" realmente está harmônico com o acontecimento.

Permita-me um exemplo bem simples, banal mesmo do nosso dia a dia, para ressaltar esta questão. Alguém pergunta para outra pessoa:

– Você está com uma expressão estranha no rosto, o que se passa com você?

A resposta vem de imediato:

– É porque fiquei preso no trânsito e isso me irrita profundamente!

Pronto! Dois acontecimentos estão pregados um no outro, por um prego chamado "porque".

O que aconteceu? Aconteceu que uma pessoa ouviu de outra que sua própria expressão estava "estranha". Ao ouvir, percebeu que acabou de sair de um trânsito horrível e lembrou que não gosta de passar por tal situação. Reconheço que é quase compulsório associarmos uma coisa a outra. Mas, e se fosse dado um pouco mais de tempo, para que a pessoa se detivesse em descrever um pouco mais detalhadamente o que estava sentindo? Digamos que, ao invés de explicar, a pessoa quisesse entrar em contato com o "como ela se sente". Como seria?

– Minha expressão está estranha? Sim, realmente me sinto estranho.

E:

– Sei que me sinto irritado com o trânsito, mas quando lembro de mim mesmo, no carro, antes de chegar aqui, sinto que já estava me sentindo estranho antes mesmo de pegar o trânsito.

Talvez aqui um espelho pudesse ajudar:

– Olhando meu rosto no espelho, o que percebo é outra coisa. Não tem nada a ver com o trânsito. O que percebo em mim, agora, é na verdade um pouco de tristeza... É, eu estou triste. Estou me sentindo triste com....

E daí para frente, a história é outra....

Enquanto estamos descrevendo, estamos irremediavelmente ligados ao momento presente no qual os eventos ocorrem. Não estamos nem antes (e buscando as causas) e nem depois (antecipando consequências). Para isso, é necessário permanecermos nesse presente, darmos um tempo nele para verificarmos o que de fato acontece.

É importante também salientar a importância do passado e do futuro. Todos nós temos nossos desejos, os sonhos, as coisas que queremos realizar, assim como todas as lembranças do que já vivemos. Nossa noção interna de um passado e com tudo o que está aí incluído, juntamente com nossa noção de futuro com todas as possibilidades que queremos realizar, nos mobiliza tremendamente. Mas, na medida em que ficamos fiéis à noção descritiva, é inevitável chegarmos à conclusão que todo o passado e todo o futuro se redundam a um e somente um momento: o presente. Não temos como agir no passado – mas somente nos ressentir ou nos vangloriar no presente. Não temos como agir no futuro – mas somente esperar ou nos prepararmos no presente. Assim, embora tanto o passado como o futuro tenham uma importância relevante, não pode-

## Introdução à Gestalt-terapia

mos nos dispersar neles. Não vivemos no passado e não vivemos no futuro. Por isso, a importância de permanecermos onde e quando efetivamente estamos: no aqui e agora, descrevendo nosso modo de ser ou agir e, com isso, possibilitando um contato com o que é isto chamado de "presente" e suas necessidades.

Em alguns debates dos quais já participei, uma das dificuldades das pessoas que partem de um mecanicismo para entender a GT, e também as pessoas que são profissionais das outras áreas que discutimos aqui, está relacionada a estes aspectos das técnicas focalizadas no aqui e agora. Por causa disso, a GT já foi taxada de "só trabalhar na superfície e não aprofundar nada", ou de ser uma terapia-show, com muitos efeitos catárticos e/ou dramáticos, mas propiciando pouco amadurecimento.

Por que tais críticas? Eu acredito que tais críticas advêm do referencial teórico de cada abordagem psicoterápica, comparando seus próprios referenciais com os da GT. Por exemplo, para a ótica freudiana ortodoxa, que trabalha a partir da universalidade do complexo de Édipo – que nos diz que, independentemente de qualquer coisa, todo indivíduo terá passado por tal complexo, cabendo ao psicanalista reconhecer os traços de como foi bem ou malsucedida esta passagem – é difícil compreender um trabalho descritivo ao invés de um analítico. Sob tal ótica psicanalítica ortodoxa, a escuta já terá uma expectativa, pois já sabe o que quer escutar: os conflitos que convergem para a questão sexual, devido à psicanálise freudiana considerar exclusivamente a pulsão sexual como básica para a constituição da personalidade do indivíduo, conforme já falado anteriormente. A ótica psicanalítica ortodoxa buscará então a energia libidinal reprimida – que é expressa através de sintomas, sonhos e pelos atos falhos – e trabalhará isso, por exemplo, com a técnica da associação livre, que almeja fazer com que a pessoa, associando seus pensamentos e os expressando ao psicanalista, possa ir conduzindo-o aos conteúdos inconscientes recalcados, que serão então interpretados para o cliente.

Já com a GT não há como ter uma metodologia rígida que dê um conhecimento que deixe o profissional certo do que vai acontecer e como vai agir – exatamente assim como acontece no mundo, na vida, onde não sabemos o que vai acontecer, mas podemos aprender a lidar com o que acontece. O gestalt-terapeuta atua em consonância ao aqui e agora, ao que o mobiliza a trabalhar: a própria pessoa do cliente como um todo, com seu sofrimento, ou sua alegria, com a falta de contato, ou um contato que não focalize a situação emergente. Mesmo quando a pessoa está caminhando sozinha, se descobrindo, percebendo na sua própria forma de viver como ela age para se boicotar ou se impedir, então ao gestalt-terapeuta cabe a atitude solidária, humana, de estar junto à pessoa nesta, muitas vezes difícil, empreitada.

É importante também salientar que, mesmo abrindo-se para o novo, para o imprevisível que é cada contato humano, não tenhamos a ingenuidade de achar que "tudo" se descobre ali ou, em outras palavras, que tanto terapeuta como cliente não entram com "nada"... Não é bem assim. Mesmo não sabendo totalmente o que poderá acontecer, a relação terapeuta/cliente que brota, nunca estará, por outro lado, isenta de informações prévias ao encontro. Muitas coisas já são sabidas, tanto para o cliente, como para o terapeuta, e este conhecimento faz parte do momento do encontro, enquanto

Aqui e agora e contato

base, enquanto fundamento sobre o qual o encontro terapêutico acontece. Retomaremos essa discussão posteriormente, na sessão sobre "Figura e fundo".

**Vamos abrir um parêntese? Breve comentário sobre o processo de compreensão**

Observe que, ao falar acima que o trabalho enfoca o "novo", não quis dizer que abre mão do "velho"; ou quando falei que não é "tudo" que se descobre ali, não quis dizer que então entramos com "nada". Precisamos tomar cuidado com uma forma maniqueísta de entender os argumentos que estão sendo apresentados.

Vamos recorrer novamente à construção da nossa ponte? Enquanto estamos construindo o modelo novo de pensar, este ainda não está totalmente incorporado. Ou seja, enquanto falo sobre o "pensar gestáltico", é o "pensar da racionalidade mecanicista" que escuta e o avalia. Por isso, é necessário eventualmente este "nos voltarmos à ponte", para ter ideia de onde estamos. Com isso, vamos tendo um olhar fenomenológico sobre o nosso próprio processo de compreender o pensamento gestáltico.

No mecanicismo, há implícita uma visão reducionista (reduzindo a máquina às suas engrenagens para entender seu funcionamento), que tende a ver as coisas pela base do "funciona" ou "não funciona"; maniqueisticamente "sim" ou "não".

Já na GT, há uma visão que considera o processo, como as coisas vão acontecendo, como os eventos formam uma Gestalt, um conjunto que empreende isso que chamamos de presente.

**Mais sobre o aqui e agora**

Na Gestalt, o "aqui e agora" é incorporado na terapia como uma espécie de estratégia de enfoque, ou seja, todo o trabalho terapêutico estará centrado no que o cliente traz, naquilo que neste momento ele vive – seus pensamentos, sensações, sentimentos e intuições – e não descartando qualquer tipo de informação que seja percebida e que seja relevante para o processo terapêutico. Isto quer dizer que todas as informações serão consideradas: não só o que ele diz (não apenas seu discurso verbal), mas também seus gestos, sua expressão facial, sua respiração, seu modo de olhar, o ato de desviar o olhar, enfim, todas as coisas que estão acontecendo no "aqui-e-agora". Como "relevante" deve ser entendida toda informação que tanto o terapeuta como o cliente achem que deva ser checada junto ao outro para juntos avaliarem o seu sentido.

Talvez caiba aqui um exemplo para ilustrar.

Um cliente fala para seu terapeuta sobre seu sentimento de inferioridade e de quanto isto o deixa infeliz, porém faz tal narração olhando para baixo, não fitando o terapeuta, ao mesmo tempo em que esboça um leve sorriso. O terapeuta atento, ao olhar tal situação aparentemente paradoxal – a "infelicidade" e o "sorriso" –, perguntará ao cliente se ele se deu conta daquele sorriso. Caso a resposta seja negativa, o terapeuta poderá expor ao cliente a situação percebida e verificar com ele o interesse em investigá-la, propondo, por exemplo, algum experimento para isso. Um trabalho possível para ser empregado neste caso poderia ser a utilização da técnica psicodramática de personificar o objeto enfocado: poderia ser dado voz a tal sorriso, pedindo-se ao clien-

# Introdução à Gestalt-terapia

te que ele falasse como se fosse tal sorriso, respondendo – Se esse sorriso tivesse voz, o que ele falaria? Como o sorriso se sente ao estar ali, no momento em que se falava da infelicidade?

Agora, caso a resposta fosse positiva – o cliente teve consciência de ter sorrido – o terapeuta poderia perguntar, dentro do contexto como um todo (o sorriso no momento de uma narrativa sobre algo que o deixava infeliz), qual seria o sentido daquele sorriso para ele.

Ressalto aqui que a técnica da GT não é predominantemente interpretativa (alguns autores da GT dirão até que esta nunca será interpretativa) exatamente por causa disto: ao invés de se dizer ao cliente que o seu sorriso significa "isto ou aquilo" – e dando uma interpretação para o cliente sobre estes possíveis significados – na GT procura-se deixar claro o campo vivencial no qual a situação ocorreu, para que o próprio cliente possa conscientizar-se do seu sentido. Quem poderá ter certeza sobre o sentido de seus atos é o próprio cliente, mesmo que ainda não tenha percebido isto.

Sobre o significado do termo "interpretação", está disponível na sessão glossário; sobre a questão relativa aos conceitos de "significado" e "sentido", sugiro uma rápida leitura do final da sessão "a doença como expressão do ser" à frente, especificamente sobre a diferença entre tais termos.

Retomando, ao preferir tal estratégia descritiva, não significa, por outro lado, que um gestalt-terapeuta não interprete nunca (YONTEF, 1998: 287ss., discute sobre isso). Conforme já falamos antes, a ideia é não descartar nada que – em coerência com o método gestáltico – colabore para que a pessoa possa obter uma maior possi- bilidade de contato consigo e com o mundo. Caso os recursos empregados em uma situação terapêutica qualquer não estejam propiciando tal possibilidade, penso que uma eventual interpretação *desde que empregada de acordo com a coerência da fundamentação filosófica da GT* poderá ocorrer.

No exemplo acima, do cliente que sorri enquanto fala de sua infelicidade, caso uma resposta tanto negativa ou positiva do cliente não estivessem contribuindo para que este fizesse contato consigo mesmo, o terapeuta poderia compartilhar com ele sua interpretação sobre tal comportamento. As interpretações poderiam ser várias: o cliente poderia estar evitando de entrar em contato com sua tristeza; o sorriso poderia ser uma forma mascarada de esconder sua raiva; ou ainda – ao contrário do que estamos supondo – o sorriso ser uma expressão genuína de um sentimento de felicidade e o discurso sim ser uma expressão inadequada, etc.

Ao compartilhar uma interpretação, a ideia é facilitar o processo de descrição, e não se fugir dele. Assim, digamos que o terapeuta tenha interpretado que o sorriso sugeria a ele que o cliente estava evitando entrar em contato com sua tristeza. Ao ouvir, o cliente poderia concordar e tentar descobrir por que ele faz isso; porque ele estava evitando a tristeza. Mas, nos mantendo dentro da coerência da abordagem gestáltica, vamos trabalhar não sobre o porquê evita, mas nos mantemos sobre o que realmente está acontecendo: o próprio evitar. A ideia da interpretação em GT vem então como um complemento para se deixar mais claro o que é o aqui e agora vivido pelo cliente, como uma experiência, e não como um "vamos falar sobre..."

## Aqui e agora e contato

Assim, lembremos mais uma vez que o trabalho centrado no "aqui e agora" é uma estratégia de enfoque, não significando, por um outro lado, que seja imposta qualquer radicalidade de não se permitir falar do passado ou do futuro. Tudo que é exposto pelo cliente é passível de trabalho, porém sempre se procurará fazer com que este perceba como seu discurso – o relato sobre o passado ou sobre o futuro – o está atingindo no presente.

Concluindo, o gestalt-terapeuta trabalhará com o que estiver ali, no campo vivencial da relação terapêutica. Não é descartado nada, inclusive o passado que, de alguma forma, se faz presente.

Aí, levantamos outra questão interessante, que já foi brilhantemente apontada no livro "O Paciente Psiquiátrico" de Berg (1981). Quando dizemos que "trabalhamos sobre o passado que, de alguma forma, se faz presente" fica claro que é uma outra inversão na forma com a qual o mecanicismo normalmente lida com estas coisas, não é? Veja:

No mecanicismo: a pessoa tem um problema, no presente, *e busca-se no passado as origens de tal situação*, o "porquê" das coisas hoje estarem ocorrendo assim. A força motriz está no passado.

Na GT: a pessoa apresenta um problema, no presente, *e busca-se no presente como tal problema é mantido*. A força motriz está na necessidade presente de trazer para a vivência atual a situação passada, ou perceber o que no presente impede o passado de ter um fechamento, uma conclusão. Nisto é enfocada também a responsabilidade da pessoa em manter-se vinculada, presa a isto que a perturba. Sendo que, para perceber isso, é focalizado todo o campo vivencial da pessoa, incluindo seu passado, seu contexto, família, amigos, a própria relação terapêutica e tudo o que for relevante. Com isto, o foco do trabalho volta-se para onde é possível fazer alguma coisa – aqui e agora – já que não é possível voltar no tempo para fazer algo concretamente "lá".

"O passado desempenha um papel, *tem que preencher uma tarefa atual,* para melhor ou para pior. Se o passado não tem tarefa alguma a cumprir, absolutamente nenhuma, então ele não está aí; então recordação alguma desse passado é possível" (BERG, 1981: 83).

### Contato e funções de contato

Lembremos mais uma vez que, quando consideramos uma atitude descritiva, que não se restringe a uma ótica exclusivamente racionalista, isso significa que estaremos considerando dados que até então eram descartados, como, por exemplo, as informações advindas das nossas sensações. Dissemos que tais informações são descartadas pela racionalidade mecanicista, porque, por exemplo, para raciocinar sobre algo, você precisa sentir o paladar? Ou seja, nosso contexto mecanicista não reservou um espaço condigno para as nossas sensações... Afinal, como as "engrenagens mecânicas" lidam com sensações? E quanto a você, leitor? Como você incorpora seu corpo e suas sensações sobre o que você percebe do mundo? Como você usa seus sentidos?

# Introdução à Gestalt-terapia

Sendo rigorosos com nossa noção de descrição, concluímos que há muito mais do que o "visual" para utilizarmos como material para nossa descoberta do que há no aqui e agora. Nossos sentidos de olfato, tato, paladar e audição são recursos que temos disponíveis para o contato com o mundo. Estes recursos são nossas "funções de contato", segundo a terminologia empregada pelo casal de gestalt-terapeutas americanos Polster e Polster (cf. bibliografia, POLSTER, 1979); sendo que estes autores ainda consideram o movimento do corpo – espreguiçar-se, caminhar, gritar etc. – e falar – a voz e sua musicalidade, expressividade, a linguagem, e sua diretividade e vigor – também como funções de contato.

Daí, estamos neste mundo, abrindo novas possibilidades de relação e uso para nossos sentidos, e percebendo que podemos esbarrar com limites para nossas funções de contato. Você, leitor, poderá pensar:

– Quais limites você se refere? Você está falando de pessoas cujos sentidos não funcionam, como o cego que não vê, o surdo que não escuta...?

Não. Estas pessoas compensam normalmente sua privação de capacidade sensorial com uma superespecialização das outras capacidades disponíveis. Daí, embora não se compare uma falta de visão com um tato muito refinado, de qualquer maneira a pessoa buscará um equilíbrio. A questão que estou levantando não é quanto a privação ou diminuição fisiológica da capacidade de entrar em contato com o mundo. Estou levantando a questão de que, eventualmente, dentro da descrição do campo vivencial da pessoa, é possível perceber que uma ou algumas possibilidades de contato ou não são utilizadas, ou o são restritamente, ou, ainda, são usadas de maneira equivocada.

Vamos ilustrar este argumento que estamos levantando com um exemplo também bem comum do nosso dia a dia: você já andou com um amigo, amiga, parente, enfim... alguém que simplesmente não consegue enxergar as coisas?

João: – Poxa, José! Parabéns pelo notão que você tirou naquela prova...

José: – Do que você está falando? Eu tirei uma nota baixíssima...

João: – Ué?! Mas as notas das provas estavam penduradas no quadro de aviso. Eu vi que você tirou 10 em Química..

José: – Tirei?! Vou ver...

Após alguns minutos, José retorna, confirmando que realmente tinha tirado a nota máxima na prova de Química...

José: – Você acredita que eu nem vi esta nota...

João: – Como assim você não viu?

José: – É que eu só consegui enxergar a nota baixa que tirei em Física...

Vamos a um outro exemplo, mais próximo de uma experiência clínica para que, considerando ambos os exemplos, possamos conversar mais profundamente sobre esta questão.

## Aqui e agora e contato

Em um trabalho de grupo, uma cliente expõe, bastante emocionada, como se sente só, e que, naquele momento, isto a estava deixando muito mal. Ao expressar seu sentimento de forma tão intensa, acabou por despertar em uma outra cliente que estava ao lado um grande sentimento de solidariedade e comiseração. Esta cliente então, num gesto bem delicado, coloca as mãos sobre as pernas da outra, enquanto expressa um sorriso. A cliente que recebeu tal carinho, porém, continua expressando ao grupo e a mim sua profunda solidão e tristeza, já incluindo outros comentários sobre a necessidade que ela estava percebendo de ter que se cuidar sozinha, já que não havia ninguém naquele momento da vida dela com a qual ela pudesse contar etc.

Ao ver aquela situação, propus a esta cliente que percebesse o que estava em volta dela. Ela parou, sorriu para as pessoas, e voltou os olhos para mim – não entrando em contato com a outra cliente que ainda estava com as mãos sobre a perna dela. Perguntei se ela estava se sentindo completamente só, naquele momento, como ela estava dizendo. O que ela falou foi completamente coerente com a situação ali vivida: – Não me sinto só, mas me sinto como se as pessoas estivessem longe de mim...

Quando perguntei se ela percebia deste modo – se todas as pessoas estavam longe dela – somente aí ela percebeu que não, que a outra cliente estava próxima. Pedi então que ela, por um minutinho apenas, fechasse os olhos, e sentisse seu corpo. Foi somente neste momento, com os olhos fechados, que as mãos dela se dirigiram para as mãos da outra cliente, a seguraram bem forte, e houve uma troca de olhar seguido de um abraço que deixou a todos emocionados.

O que havia com a cliente? Naquele momento, ela não considerava sua pele! Poderíamos supor uma interpretação sobre a situação, julgando que – num momento de isolamento em sua vida – ela queria, na verdade, é se afastar das pessoas, e estava projetando tal sentimento para os outros, de modo a achar que eram as pessoas que não se aproximavam dela. Porém, ao momentaneamente retirar do seu controle sua até então "exclusiva" forma de contato: o visual (sendo que, mesmo esse, ainda estava parcialmente utilizado, na medida em que ela não viu a pessoa próxima dela), ao pedir que ela fechasse os olhos, ela pôde perceber que "algo estava em sua pele", sentindo o carinho e finalmente percebendo que havia sim alguém que estava próximo dela e que ela mesma não o estava considerando. Seu comentário final foi a síntese de toda aquela situação: – É... eu acho que eu mesma não estou facilitando muito, não é?

Na GT se considera que a pessoa se expressa holisticamente, o que significa que ela expressa por si[20] tudo o que ela é, inclusive sua forma distorcida de se relacionar com o mundo. Para uma pessoa que se sente sozinha, sua pele precisa estar coerente com tal atitude de isolamento, não sendo então um meio de contato e, sim, mais um meio de concretizar tal isolamento, tornando-se momentaneamente insensível ao tato.

---

20. Segundo a fenomenologia de Heidegger, é mais preciso considerarmos que o ser se expressa "por si" e não "através de...", uma vez que a expressão do ser não é mediada, sendo uma expressão direta de si e por si. Mesmo quando tal expressão não é autêntica, quando então o ser se expressa como aparência, no modo "como se...", esta ainda é uma expressão direta do ser, mostrando-se em uma de suas várias possibilidades, que é a possibilidade que lhe vela.

# Introdução à Gestalt-terapia

Através de suas funções de contato, a pessoa se expressa ao mundo, inclusive quanto às dificuldades ou impossibilidades momentâneas de fazer contato com ele e com o que há de novo nele.

Vamos comentar um pouco mais essa correlação entre "contato" e "o novo".

Pelo que estamos apresentando e fazendo uma referência ao nosso fundamento filosófico – o método fenomenológico – quando falávamos que para "perceber o percebido" só podemos fazê-lo no presente, logo, "contato" é o que fazemos no aqui-e-agora sempre. Mesmo quando me refiro ao passado ou ao futuro, percebemos que fazemos contato com o que sinto no aqui-e-agora em relação às minhas lembranças, ou faço contato no aqui-e-agora com o que sinto sobre meus sonhos de futuro.

Em consequência, temos que o "contato" só pode ser compreendido enquanto algo novo, como o episódio através do qual nascem as possibilidades. Se lidamos com coisas já conhecidas, não há contato, posto que já é algo com o qual tivemos contato antes – já faz parte de nosso acervo. Isto se torna óbvio quando pensando em termos do tempo: sendo contato algo que ocorre somente no aqui-e-agora e sendo este algo que nunca se repete, logo, o contato é a nossa conexão com o livre fluir, com este rio de Heráclito ("Nunca nos banhamos duas vezes no mesmo rio" – HERÁCLITO apud MORENTE, 1980: 71).

De uma maneira geral, as formas pelas quais uma pessoa entra em contato com o meio, proporcionam amplos recursos para se inferir sobre sua existência e a qualidade de tal existência. Nisto, vemos como faz para traduzir neste contato com o externo sua coerência interna, motivo pelo qual a GT – e considerando ainda nossa base fenomenológica já discutida – considera que o que acontece com a pessoa em seu mundo interno será expresso de alguma maneira para o mundo externo, devido a unidade ser-no-mundo já comentada.

Retomando ao exemplo do "Atendimento 1", João apresenta um interessante comportamento quando, ao vivenciar a situação de "entrar na festa" durante o trabalho proposto pelo terapeuta, seu nervosismo até então não reconhecido e tido como "normal" se concretiza e pode ser experimentado. Uma forma pela qual o próprio João poderia não estar percebendo como se sentia antes, seria pela diminuição de seu contato com a situação presente da entrada da festa, literalmente tocando menos o chão, afastando os próprios pés daquele contato através do ato de levantá-los parcialmente. João diminui a área de contato entre ele e o chão, propiciando também um menor equilíbrio que dificulta mais ainda sua estabilidade naquela situação. Na medida em que o terapeuta sugere um contato do João com a maneira pela qual ele estava pisando, sua atitude se modifica, ficando mais inteira e mais firme, permitindo uma melhor experienciação da situação proposta, e reconhecendo como estava se concretizando no presente seu desejo de fugir.

Mas, como uma pessoa responde desta forma, não utilizando recursos tão ricos como seus próprios sentidos? Vamos novamente pensar sobre o nosso cotidiano, para compreendermos como a GT encara tal questão...

## Aqui e agora e contato

Vamos pensar, leitor, no dia a dia da grande maioria das pessoas... Vivemos todos nós em uma cultura estritamente visual, com padrões estéticos que impõem uma forma pela qual as coisas são "consumíveis" – ou melhor seria dizer: "comercializáveis"? Os hábitos vão se modificando em função deste fortíssimo apelo visual, com investimentos cada vez maiores em trabalhos, pesquisa e empresas que lidam com tais formas de comunicação: tv, vídeo, e a recentíssima Internet. Tudo visual, de preferência rápido – lembra da pressa comentada na sessão sobre filosofia?...

Considerando nossa influência mecanicista/racionalista, e embutida nisso, a forma reducionista que tende a especializações onde vemos cada vez mais em cada vez menos, acabamos por desenvolver uma visão restrita do mundo. Segundo a terapeuta corporal Thérèse Bertherat: "Interessamo-nos tanto pela especialização, que nosso campo visual se tornou estreito" (BERTHERAT, 1977: 146).

Nossa cultura acaba por valorizar este aspecto – o visual – mesmo que tal aspecto represente algo que não seja verdadeiramente aquilo que vemos. É a questão da aparência das coisas, ao invés de "às coisas". Assim, qual é a aparência da comida? Se está com uma cor ideal, um cheiro ideal, um preço ideal e dentro do prazo de validade, atendidos estão os requisitos de consumo – e nós comemos. Mas "comemos o quê"? É espantoso olhar para os itens que compõem um alimento hoje em dia, para além do que poderíamos esperar estar ali. Por curiosidade, cheque você mesmo...

Essa prevalência visual, então, não prima para que seja verdadeiro aquilo que se mostra como real. Basta aparentar! Ou seja, atendendo aos requisitos de consumo visuais, já está vendendo. Com isso, há uma inversão dos valores, que poderiam render só por isso uma outra discussão – e enorme. Neste momento estou levantando aqui apenas o aspecto de que, por conta desta aparência, a poderosa indústria química investe em estímulos padronizados "coloridos e aromatizados artificialmente", e o corpo fica privado de uma série de outras possibilidades de utilização em termos de suas capacidades sensoriais. Daí, o paladar fica condicionado, restrito aos gostos-padrão que a indústria já sintetizou, o olfato fica condicionado, restrito aos cheiros-padrão, a audição fica prejudicada cada vez mais por um barulho ensurdecedor e contínuo das grandes metrópoles. Mas e, em especial, o que acontece ao nosso tato? Pense na seguinte analogia: como ficariam nossos olhos, se passassem a maior parte do dia tampados? Fazemos isso com o nosso corpo, diariamente, tampando nosso órgão sensorial maior, que é a nossa pele, deixando descobertas partes mínimas, e tendo por hábito cada vez tocar menos e menos se permitir ser tocado.

Antes que você, leitor, me julgue mal, não quero aqui contrapor nenhum outro comportamento. Não estou sugerindo que todos andem por aí sem roupa... Estou apenas descrevendo algo que é perceptível por todos, e que gera a subutilização de nossos recursos sensoriais: cheiramos menos – ou temos menor capacidade de cheirar o que é diferente do que normalmente cheiramos – ouvimos menos, com uma população de pessoas com perdas auditivas aumentando significativamente; temos um paladar que se torna viciado e um tato restrito.

# Introdução à Gestalt-terapia

Considerando, por outro lado, que esses são os nossos "sentidos", o que acontece quando "sentimos" menos? Esta é a conclusão que pretendia chegar. Utilizamos pouco um recurso natural que temos para entrar em contato com o mundo. Essa restrição, porém, não fica impune, uma vez que se sentimos menos, é menor também nossa capacidade de depreender do mundo qual é a sua mensagem, na relação que tecemos com ele.

Esta questão é importante pela naturalidade com que nos invade. Naturalidade esta que não é por acaso. Pessoalmente, acredito em uma hipótese que nos faz refletir mais profundamente sobre esta negação do corpo – tornado "produto", artigo de consumo, enfim, reificado e negado em sua potencialidade – com suas "emoções baixas", sensações confusas, em detrimento de uma "mente elevada", e suas "racionalidades precisas". O que será que este modo de pensar da racionalidade mecanicista teme tanto, em relação ao corpo, para confiar tão pouco nele?

Penso o seguinte: no lado do corpo, há a temporalidade finita, os limites, o nascimento, o crescimento, mas também inexoravelmente a decrepitude e a morte. No lado da mente, há a contemplação da infinitude, da eternidade. Haveria então uma escolha de permanecer com a eternidade, negando-se o corpo presente e, por consequência, sua finitude, a morte? Por isso, o "eu" não se identifica com o "corpo" mas com – e somente com – a mente, tentando com isso não lidar com sua própria ideia de morte? Para mais detalhes sobre essa argumentação, há a interessante obra de Zaidhaft (1990/).

A morte, seguindo nossa orientação filosófica de descrever fenomenologicamente o campo vivencial que se apresenta, é algo que necessariamente faz parte deste campo. A morte é um limite, que não isenta ninguém. Todos nós temos tal informação; esta faz parte da nossa vida de modo que só podemos excluí-la em fantasia ou nos alienando.

– Eu? Eu vou ficar pensando na morte?! Eu quero é viver!!

Certamente, a vida é algo desejável por todos, mas não ignorar a morte é exatamente a maior reverência que podemos fazer à vida, pois sabendo que ela tem limite, que a morte chegará, nos voltamos com mais responsabilidade para o tempo que temos. Falo de escolhas. Falo da consciência de que não temos como viver todas as possibilidades, porque não haverá tempo para isso. Logo, ao nos voltarmos para as escolhas que temos, é imprescindível obtermos "um conselho", uma orientação da consciência do limite da vida. Em outras palavras, a cada escolha que nós fazemos, precisamos nos responsabilizar se é aquilo mesmo que desejamos, se é aquilo mesmo que queremos construir; se tal escolha realmente representa aquilo que decidimos que faça parte da nossa vida, em nossa história, para que possamos olhar para trás e dizer: esta é a vida que eu quis! Ao escolhermos uma coisa, outras diferentes não serão escolhidas e, dependendo do que tratam tais escolhas e do tempo que precisaríamos para vivê-las, talvez possam nunca virem a ser escolhidas futuramente.

A morte, embora seja algo que acontecerá no futuro – e o quanto mais distante melhor, diga-se de passagem... – termos consciência deste limite é algo que acontece no presente. Precisamos lidar com isso aqui-e-agora: a vida que a morte está nos permitindo usufruir, até que ela mude de ideia...

Voltando à questão do corpo, apresentamos algumas considerações – lembrando a construção da nossa ponte – desta racionalidade mecanicista nos atingindo e criando possíveis entendimentos para a reificação do corpo, tornado objeto, peça, ferramenta e com uma consequente diminuição e/ou desvalorização dos sentidos[21], e vivido em um antagonismo entre mente e corpo. A ótica da GT, conforme já mencionado antes, não é do "eu" x "um corpo", mas identificamos o "eu/corpo". "Nosso corpo somos nós" (BERTHERAT, 1977: 13). Partindo desta não divisão, ou seja, considerando a unidade "eu/corpo" ou "mente/corpo" ou "alma/matéria", vamos trabalhar para depreendermos formas de enfoques psicoterápicos nas quais tal pressuposto seja colocado como orientação para nosso método.

**Corpo e emoção**

Concluímos, pelo que vimos até agora, que temos uma forma de atuar no mundo que pode conter limitações, diminuindo nossas possibilidades de contato. Mas, por uma questão de coerência em relação aos fundamentos filosóficos que estamos apresentando, podemos depreender que, considerando o ser humano holisticamente, quando descrevemos fenomenologicamente as relações que trava com o mundo neste campo que o cerca e do qual ele não está ausente, percebemos que em tais relações ele se vê parcialmente, não usando todos os recursos que dispõem. Logo, tal limitação em viver e contatar o mundo, necessariamente se manifesta também em seu corpo. Ou seja, o corpo que sou eu não poderá agir ou se expressar de forma diferente daquela que transparece nas relações travadas com o mundo, até porque a forma com a qual eu limito tais relações necessariamente se dá através do corpo.

Mas como será que nos limitamos corporalmente em nossas relações com o mundo? Como os aspectos que discutimos na sessão anterior se concretizam em mim? A GT utiliza do trabalho de Wilhelm Reich para ajudar a responder esta pergunta. Vamos compreender esta importante influência sobre a GT, através de um exemplo de atendimento terapêutico:

Carlos, um homem de mais ou menos 30 anos, saudável, busca a terapia porque não está conseguindo resolver um problema que vem acontecendo com ele recentemente, que ele inicialmente não apresenta, mas que ao longo do trabalho psicoterá-

---

**21.** Um interessantíssimo exemplo histórico da argumentação que apresentamos sobre a desvalorização dos sentidos: na época de Galileu, quando ainda se pensava na Terra como centro do universo e plana, ao demonstrar através do seu recém-inventado telescópio aos representantes da Igreja Católica que eles poderiam olhar e verificar por si mesmos suas descobertas – que contrariavam o que se pensava na época: ou seja, que não somos o centro do Universo e que o planeta é redondo – estes representantes refutaram a observação de Galileu, dizendo que sendo os sentidos falíveis e a razão algo superior, logo, se a razão estipulava algo, isto não poderia ser contrariado por argumentos inferiores, tais como aquilo que nossos olhos veem... (MARCONDES, 1998: 152).

# Introdução à Gestalt-terapia

pico foi revelado como impotência sexual. Apesar de todos os tratamentos farmacológicos não terem dado certo, ele achou que não caberia em sua vida já utilizar-se tão cedo de próteses ou coisas assim. Finalmente, após a recomendação de quase todos os médicos pelos quais passou de procurar uma psicoterapia, ele resolveu tentar, porém, segundo ele: "mais por desencargo de consciência, porque, afinal de contas, isso tudo é uma bobagem e só serve para quem é um fraco... Mas como os médicos recomendaram..."

Segue-se um resumo das primeiras sessões:

## ATENDIMENTO 3a

Carlos: – Bom, eu vim aqui porque os médicos mandaram, sabe como é, né? Eu estou com um problema, mas, você sabe... Eu acho que não é caso de psicólogo, mas eu não posso, quero dizer, acho que é um problema qualquer de organismo mesmo, sabe? Quando achar a medicação certa, tudo vai se resolver e aí acaba sendo perda de tempo mesmo, porque eu, eu estou legal, não tenho nenhum problema de saúde, sempre fiz bastante exercício, como de tudo, não tenho nenhuma frescura com alimentação, sei me cuidar, e desde pequeno sempre cuidei bastante da minha saúde... Por isso acho que está tudo bem, tudo vai se resolver, mas, bem, vai se resolver com certeza, mais cedo ou mais tarde, com certeza, bem, embora eu preferisse que fosse resolvido mais rápido, afinal de contas, sabe como é, a gente tem necessidades, um homem precisa, digo, ele sente falta de... você sabe, não é? É uma coisa da natureza da gente, e...

Após cerca de cinco minutos de um discurso ininterrupto, o terapeuta, ao mesmo tempo que o escuta, vai ampliando sua percepção sobre o corpo do Carlos. Enquanto falava, foi nítida a contração de sua musculatura torácica, de maneira que sua respiração era demasiadamente curta, com espaços longos entre um ciclo inspiração/expiração e outro, sendo que nos intervalos ele falava mais intensamente. Durante todo o seu discurso, por nenhum momento olhou diretamente para o terapeuta, permanecendo quase todo o tempo de cabeça baixa, olhando para o cigarro aceso em sua mão, que era tragado compulsivamente. Finalmente, houve um momento no qual o Carlos pela primeira vez faz uma pergunta para o terapeuta, porém sem colocar uma resposta própria logo em seguida:

Carlos: – Você não acha que é apenas um problema orgânico?

Terapeuta: – Embora você não tenha deixado claro qual é o seu problema, eu gostaria que você me dissesse primeiro, se você realmente está decidido a ficar aqui e conversar comigo ou não.

Carlos: – Eu vim aqui, não vim?

Terapeuta: – Mas quem é o responsável por você ter vindo aqui?

C: – Meu médico.

T: – Aqui nós começamos a estabelecer uma situação na qual precisamos compreender o que está acontecendo... Se o seu médico é responsável por você estar aqui, onde está ele?

## Aqui e agora e contato

C: – Ué, está no consultório dele. Não estou entendendo onde você quer chegar?

T: – Quem tem o problema para ser resolvido: você ou o médico?

C: – Sou eu!

T: – Então você tem alguma responsabilidade nisto?

Carlos fica um instante em silêncio, e parece momentaneamente confuso. Tendo sempre colocado a responsabilidade de seus problemas nos outros, não conseguiu naquela situação perpetuar tal estratégia perante ao terapeuta, que o frustra e o questiona sobre essa decisão básica de querer, ele mesmo, estar ali ou não. Sobre "responsabilidade" e "frustração", falaremos posteriormente.

Carlos não soube realmente assumir que a responsabilidade em querer lidar com o problema e resolvê-lo só podia vir dele. Permanecendo ainda em silêncio, o terapeuta volta a estabelecer contato:

T: – O que está acontecendo?

C: – Não sei, estou me sentindo estranho...

T: – Estranho, como?

C: – É... são sensações corporais que estou sentindo, como se fosse um formigamento, algo que está aqui no meu peito, mas sei que na verdade, já já isso vai passar, deve ser alguma besteira que eu comi, sabe – de vez em quando eu vou em um botequim e como cada coisa lá que você nem acredita – sabe outro dia...

T: – O que você está fazendo agora?

C: – Como assim? Eu estou somente conversando com você...

T: – Eu gostaria de apresentar para você uma escolha: você estava falando há pouco sobre sensações de formigamento em seu corpo, mas agora começou a falar para mim sobre o que vem comendo em algum lugar... Sobre qual destes dois assuntos você pretende investir o resto do seu tempo aqui, comigo?

Aqui, novamente, Carlos sente que houve uma "quebra" em alguma coisa que ele estava acostumado a fazer, mas que – de alguma maneira – parece não conseguir repetir diante do terapeuta... Após um silêncio, ele olha para o terapeuta e faz um sinal, em silêncio, como se estivesse sentindo algo no peito. Sem palavras, Carlos expressa sua escolha. Nas sessões seguintes, o terapeuta já focaliza mais intensamente o trabalho sobre tais sensações que ele sente em seu corpo.

T: – Eu gostaria de propor um experimento com você. Gostaria que focalizássemos o trabalho de hoje, não em sua fala, mas em seu corpo. Pode ser?

C: – Mas meu corpo está legal, tenho uma saúde de ferro, sabe? Eu sei que não tenho nenhum problema, quero dizer, acho que não deve ser por aí, afinal acho que...

Carlos novamente aciona sua verborreia compulsiva, enquanto respira de forma bem rápida e curta. O terapeuta fica em silêncio, mantendo o contato visual com ele. Este, momentaneamente, olha para o terapeuta e pergunta:

C: – O que foi?

# Introdução à Gestalt-terapia

T: – O que está acontecendo agora?

C: – Estou explicando para você entender...

T: – Me diga o que está acontecendo com seu corpo.

C: – Nada, meu corpo está aqui...

T: – Tente de novo. Sugiro que você se deite na poltrona. Feche os olhos, não fale nada, permaneça um momento em silêncio, e perceba seu corpo, como se você pudesse olhar para ele de dentro, como se seus olhos pudessem ver por dentro cada parte do seu corpo...

Carlos segue a sugestão recebida, mas seu corpo expressa uma grande rigidez, de modo que ele não consegue se adaptar à poltrona, ficando "duro", e intensificando sua respiração, que se torna mais rápida e mais curta ainda.

T: – Perceba sua respiração...

Carlos momentaneamente desacelera sua respiração, faz uma inspiração mais funda e prolongada, mas após dois ou três ciclos de inspiração/expiração com este ritmo, volta ao ritmo respiratório anterior. Neste momento o terapeuta novamente aponta tal situação:

T: – O que está acontecendo com sua respiração?

C: – Eu não consigo manter uma respiração calma.

T: – Gostaria de propor uma coisa para você. Eu vou dizer uma frase, e gostaria que você a repetisse, para ver como se sente ao repeti-la, pode ser?

C: – Sim, qual é a frase?

T: – Eu não quero respirar calmamente.

C: – Eu não quero respirar calmamente...

Após a repetição desta frase algumas vezes, Carlos faz um profundo silêncio. Deitado, de olhos ainda fechados. O terapeuta observa que, durante tal breve período de silêncio, sua respiração apresenta um ritmo mais lento, mais profundo, com uma expansão torácica bem ampla. Porém, tal respiração foi imediatamente cortada quando ele abre os olhos e começa novamente a falar:

C: – Não é isso não, eu não consigo mesmo respirar mais calmamente! Estou falando para você, não adianta. Eu sou um sujeito muito tenso, é de minha natureza. Eu sempre fui assim, desde que eu me entendo por gente, por que você acha que eu mudaria agora? Eu sempre fiz tudo com pressa, minhas coisas sempre são para ontem, e na vida a gente tem mesmo que correr, senão somos atropelados por quem vem atrás. A vida é muito competitiva e se a gente não lutar, acaba sendo derrotado.

T: – Peço que você perceba como está sua respiração enquanto você fala...

C: – É minha respiração normal...

T: – Você lembra como você estava respirando antes, no momento em que você ficou em silêncio, deitado?

C: – Sim, eu percebi que estava respirando diferente...

T: – Como assim "diferente"?

C: – Não sei, não sei... mas senti que estava diferente...

T: – Acho que poderíamos tentar fazer algo para que você perceba melhor esta diferença entre um tipo de respiração e outro... Vamos fazer um trabalho sobre isso?

C: – Sim, sim. Tudo bem.

T: – Peço que você novamente feche os olhos, e tente repetir aquele movimento anterior de sua respiração... (após alguns minutos, o cliente consegue respirar num ritmo próximo ao anterior, de maneira mais profunda e calma).

T: – Como você chamaria essa respiração? Como você a qualificaria?

C: – Eu a chamaria de respiração boa.

T: – Peço agora que você escolha uma parte do seu corpo na qual você perceba que essa respiração boa, que este movimento de ir e vir, mas longamente, possa ser melhor sentido... Onde no corpo você respira mais?

C: – Eu sinto no meu peito, como se ele ficasse maior...

T: – Ok. Então eu peço que você registre isso: a respiração boa que você sente mais no seu peito. Sinta um pouco mais...

Carlos então permanece um momento de olhos fechados, conseguindo respirar da maneira que ele classificou como "boa". Mas, logo a seguir, começa a falar novamente e a respirar rapidamente.

T: – Eu peço agora que você mantenha os olhos fechados, e continue respirando da mesma forma que você está respirando agora. Você pode perceber como está sua respiração agora?

C: – É uma respiração apressada, e ao mesmo tempo muito apertada, quase sufocante, como se me estrangulasse para o ar não passar...

T: – E onde no corpo você sente que essa respiração estrangula mais?

Carlos fica um momento em silêncio, e seu rosto esboça um movimento, contido, mas presente, de um sentimento, que o deixou com feições tristes.

C: – Eu... eu sinto essa respiração estrangulando meu pênis...

O motivo que tinha mobilizado Carlos a procurar o trabalho psicoterápico surge na relação com o terapeuta, porém chegando-se nele não pelo caminho do discurso, mas percebendo como no corpo dele estava marcada sua impotência. Daqui para frente, o trabalho terapêutico pode encontrar um caminho possível para o Carlos acompanhar seu próprio processo, já que antes ele não estava falando e nem assumindo sua impotência sexual. No corpo, foi possível encontrar um paralelo entre sua respiração "estrangulada", proveniente de um estado emocional de tensão constante, e sua falta de ereção, que também é um outro estrangulamento, já que a ereção não é conseguida quando o sangue não encontra suficiente passagem e pressão para inundar o corpo cavernoso do pênis.

## Introdução à Gestalt-terapia

– Mas, como se dá tal correlação entre meu estado emocional e o corpo? Você, leitor, poderá se perguntar. Para responder, vamos conversar um pouco sobre Wilhelm Reich e sua influência na GT.

Wilhelm Reich (1897/1957) foi psicanalista, em 1924 chegou a tornar-se diretor do Seminário para Terapia Psicanalítica, "o primeiro instituto de treinamento para psicanalistas" em Viena (FADIMAN & FRAGER, 1979: 89); foi analista de Perls e sobre ele exerceu uma grande influência. Reich se interessou pela questão corporal na manutenção dos sintomas que, mesmo com o processo analítico tendo sucesso, não desapareciam (GINGER, 1995: 51). Através de suas pesquisas, Reich percebeu que as emoções são reprimidas corporalmente através de contrações musculares que, uma vez cronificadas, tornam-se "couraças do caráter", que impediriam a energia vital básica de circular, energia esta que Reich chamou de *orgon* (FADIMAN & FRAGER, 1979: 90).

Sobre tais couraças, Reich nos fala que "o mundo total da experiência passada incorpora-se ao presente sob a forma de atitudes de caráter. O caráter de uma pessoa é a soma total funcional de todas as experiências passadas" (REICH, 1982: 129). Mas qual é a função desse caráter? Reich nos explica que "a sua função em todos os casos era proteger o indivíduo contra experiências desagradáveis". Para sentir menos dor, para sofrer menos no passado, o indivíduo acaba dessensibilizando-se mas, para isso, acaba por utilizar-se de um mecanismo que não encontra, posteriormente, senso de discriminação: ao protegê-lo da dor, acaba por protegê-lo de tudo, inclusive "acarretava também uma redução da capacidade do organismo para o prazer" (REICH, 1982: 130).

Com isso, o corpo, ao ser trabalhado psicoterapicamente, tanto na GT como em outras abordagens, sempre manifestará conjuntamente uma emoção reprimida. A emoção é algo que acontece no corpo, produzindo descargas hormonais, alterando nossos batimentos cardíacos, insuflando nossos pulmões. Ao reprimi-la, um grande esforço é necessário para impedir que a respiração não se expanda tanto, que o batimento cardíaco seja controlado, que os músculos faciais não se alterem etc. Nosso contexto da racionalidade mecanicista valoriza o controle emocional, de modo que quando você diz que alguém está "descontrolado", entende-se notoriamente como algo pejorativo: – Vamos, se acalme, você está nervoso demais!... Tudo é feito para que o "controle" seja restabelecido. Mas, na GT, utilizamos esse conhecimento que o "descontrole" traz como mais um elemento para ampliar a *awareness* do indivíduo, pois – descontrolado – o que ele dirá? O que seu corpo expressa? Quais ideias, lembranças, pedidos, enfim, o que surge? E, finalmente, o que ele sente? Qual o sentimento que está presente e nunca foi permitido ser expresso pelo controle?

No exemplo do atendimento acima, focalizando a respiração – como uma das possibilidades de se descrever melhor a autorrepressão – e colocando-a em evidência para uma descrição fenomenológica, é possível que o cliente perceba muito de sua própria contenção muscular: "A maioria das pessoas respira de uma maneira tão reduzida que grandes partes do corpo não são tocadas pela onda da respiração e, assim, permanecem 'subnutridas'. Muitas pessoas respiram apenas o necessário para sobreviver. Portanto, com a maior parte de nossos pacientes, em primeiro lu-

## Aqui e agora e contato

gar, é preciso fazê-los respirar. Fazendo apenas isso, certamente a princípio não vai haver uma melhora duradoura ou um aprofundamento da respiração. Depois da sessão a respiração logo volta para o antigo padrão. Fazemos com que a respiração se intensifique porque assim a estrutura da couraça muscular se mostra mais claramente e pode ser trabalhada com mais facilidade" (NEIDHOEFER, 1994: 77). Reprimindo a emoção, novamente algo é perdido: o que era esta emoção que foi reprimida? Qual seria sua mensagem?

A importância da expressão das emoções é tão grande e seus aspectos curativos tão pregnantes, que acabam, em minha opinião, por propiciar uma grande ilusão sobre sua eficácia terapêutica, estimulando pessoas despreparadas a cuidar de algo tão delicado. Em minha experiência profissional, lamentavelmente já me deparei com trabalhos ditos "de crescimento", ou "laboratórios", cuja metodologia se baseava (se é que se tinha consciência de que estavam empregando um método...) na expressão emocional, induzindo as pessoas através de técnicas teatrais encenadas em situações fictícias de grande apelo emocional, a "se soltarem", e "colocar para fora", ficando a mensagem implícita que ao atingir tal catarse, tudo se resolvia, de forma rápida, um pouco "mágica" e mostrando – para um ego vaidoso... – como o profissional encarregado era um bom terapeuta... Segundo o psicoterapeuta reichiano Neidhoefer: "Crescimento é um processo lento, escreveu o velho Fritz Perls em resposta aos viciados em transformação, que entendiam crescimento somente como troca de conceitos... Tenho trabalhado com várias pessoas que sofreram em *workshops* 'modernosos' desses tecnocratas da transformação e fomentadores de falsas introjeções. Depois de três a cinco inspirações profundas o novo autoconceito, normalmente adquirido a peso de ouro, desfaz-se: silenciosamente ou com muitos gritos e gemidos – a antiga e neurótica desventura irrompe como uma detestável avalanche de lama. Assim, o processo pode levar anos" (NEIDHOEFER, 1994: 16). Qualquer psicoterapeuta sério, mesmo com pouca experiência, já percebe que um método exclusivamente catártico é uma grande falácia, perigosa e irresponsável.

Vamos justificar tal afirmação recorrendo novamente ao nosso método fenomenológico. Ao focalizarmos no aqui-e-agora um campo vivencial, é compreensível que muitas das forças que atuam e influenciam a pessoa a agir de uma forma para ela mesma insatisfatória, sejam de caráter emocional e ainda inconscientes para a pessoa (falaremos mais sobre isso na sessão: Não apenas "falar sobre"). Mas, conforme já dito, não devemos descartar nada que seja relevante para qualidade da relação terapêutica. Assim sendo, a expressão emocional, normalmente reprimida, quando encontra condições seguras em um ambiente terapêutico e, enfim, "liberta-se", isto não substitui ou faz desaparecer todas as outras forças que continuam atuando no campo vivencial da pessoa: ainda estarão lá suas racionalizações, suas requisições familiares, profissionais e todos os outros problemas que influenciaram no surgimento da repressão da emoção.

Logo, aqui novamente precisamos lidar com o campo como um todo, onde a emoção pode tornar-se eventualmente o foco principal, a figura a ser trabalhada, mas que não deixa de ter um fundo sobre o qual se distingue.

# Introdução à Gestalt-terapia

Para exemplificar a importância da emoção, vamos retornar ao atendimento do Carlos, em uma etapa mais evoluída do trabalho psicoterápico:

## ATENDIMENTO 3b

Carlos: – Eu acredito que tenho feito progressos, lidando mais com a minha respiração, percebendo que eu não tenho que fazer coisa nenhuma "para ontem", e que posso levar o tempo que for necessário para produzir as coisas do meu trabalho, embora às vezes eu nem sempre consiga ter calma para isso, de vez em quando o trabalho fica muito pesado, sabe? Mas há uma coisa que realmente eu não entendo e que não sei por que acontece – não faço ideia mesmo – e que, por causa da terapia, eu passei a notar mais. Não sei se é bom ou ruim, mas eu passei a notar mais mesmo... É, pensando bem, acho que esse trabalho aqui está servindo para alguma coisa, quando eu tinha certeza, digo, eu imaginava que na verdade era tudo enrolação, e que não serviria para nada, mas....

O terapeuta, já conhecendo Carlos um pouco mais, percebe sua necessidade inicial de falar. Após um tempo, Carlos chega ao ponto que quis mostrar ao terapeuta...

C: – Eu tenho observado mais, que, bem, eu tenho a impressão que, quando eu respiro daquela maneira mais rápida, eu fico sempre pensando em alguma coisa para fazer, um trabalho, algo que preciso cobrar de alguém, ou uma conta que tenho para pagar... É sempre alguma espécie de compromisso... Mas, ao contrário, quando eu percebo minha respiração, e tento acalmar-me, digo, respirar mais agradavelmente, eu tenho sempre a mesma impressão, digo, sempre me vem à mente um sentimento estranho, não sei bem...

T: – Você está me dizendo que quando você respira de maneira rápida você percebe que está pensando em coisas para fazer; mas quando respira mais calmamente você percebe algum tipo de sentimento... É isso?

C: – É isso mesmo... não é esquisito?... O que tem uma coisa a ver com outra, não é? Isso é estranho, mas tem acontecido com certa frequência, daí achei que precisava conversar sobre isso...

T: – Eu sugiro que você, ao invés de "conversar sobre", pudesse me demonstrar o que acontece. Seria possível?

C: – Mas como vou fazer isso?

T: – Sugiro que você se deite, feche os olhos um pouco, e se concentre em sua respiração... Deixe então as coisas acontecerem naturalmente...

Carlos vai respirando de um modo cada vez mais profundo, coincidindo com um ritmo cada vez mais pousado, ampliando seus movimentos torácicos gradativamente. Chega um momento em que suas feições, até então serenas, começam a produzir contrações: sua testa fica franzida, sua boca apertada juntamente com seus olhos. Ao invés do terapeuta utilizar-se de uma "leitura corporal", ou seja, dar a este conjunto de expressões um significado qualquer – "o cliente está reprimindo sua tristeza" ou "o cliente está contendo sua raiva" etc. – na GT, o terapeuta busca a compreensão do indi-

## Aqui e agora e contato

víduo sobre seu próprio processo. Assim, o que é que está percebendo fazer naquele momento? Qual o sentido de suas ações?

T: – Seu rosto está se modificando, você percebeu?

C: – Sim, eu acho que aquele sentimento está vindo de novo...

T: – Você percebe tal aproximação como algo agradável ou desagradável para você?

C: – É um sentimento desagradável, como um aperto no peito... Eu acho que deveria ser alguma coisa que eu comi, mas... Ah! Não adianta eu me enganar com esse papo de novo... Não é coisa nenhuma que eu comi, é algo que eu sinto, que me deixa triste, mas é uma tristeza sem mais nem menos... Eu não tenho razão nenhuma para estar triste agora...

T: – Eu proponho a você que apenas deixe o sentimento estar aí, com você... Neste momento, não é necessário descobrir "qual a razão", mas apenas descrevê-lo, conhecê-lo, para ver o que ele lhe diz...

C: – Estou sentindo essa tristeza bem próxima agora.

O terapeuta apenas observa, já que neste momento há uma possibilidade de um encontro que pode ocorrer de forma natural, sem ajuda externa, da pessoa com seus próprios sentimentos. Tal contato, porém, é algo que afeta as estruturas que a pessoa vem até então utilizando-se para evitá-lo. É muito comum surgir em situações de conflito, de embate entre o sentimento que requer uma solução e os mecanismos que a pessoa se utiliza para se dessensibilizar.

C: – Eu não sei como lidar com isso... É só um sentimento forte, mas não consigo entender por que isso acontece...

T: – Você pode descrever para mim o que você está sentindo, o que é isso que você está chamando de "sentimento forte"?

C: – É como se fosse uma coisa muito dura, como uma parede muito grossa, que não me deixa passar, fica no meu caminho...

T: – Gostaria que você desse um nome para essa parede, qual a palavra que você escolhe para ela...?

C: – Essa parede é sufocante... para mim é isso, essa parede é "sufoco".

T: – Para que essa parede está aí, sufocando você?

C: – Eu não sei...

T: – Que tal se você pudesse perguntar a ela?

C: – Perguntar para a parede?!

T: – Sugiro que você imaginasse que essa parede tem uma capacidade mágica de se comunicar com você. É uma parede que fala... Você poderia imaginar o que ela diria para você?

C: – Onde já se viu uma parede falar? Isso é coisa de maluco! Eu não quero sair daqui mais maluco que já entrei, sabia?

T: – Sabia. Mas seu rosto olhando para mim, ao falar tudo isso que você falou, ficou rígido como uma parede...

C: – Eu acho que o que eu falei tem a ver mesmo com uma parede. Mas uma parede serve para isso mesmo, não é?

T: – Para que, exatamente?

C: – Para falar com as pessoas assim, de um jeito duro...

T: – Eu gostaria de continuar correndo o risco de ser considerado maluco pela sua parede, e fazer uma pergunta para ela... Será que a parede quer me responder?

C: – Qual é a pergunta?

T: – Parede: como você está lidando com a tristeza que estava agora mesmo aqui tão perto de você?

Neste momento, o terapeuta traz ao campo vivencial da relação terapêutica uma das forças que estava atuando para ajudar a compor a descrição da situação vivida como um todo. Carlos permanece um momento em silêncio. Corporalmente, entretanto, começa a expressar um movimento que parecia buscar o terapeuta, olhando para ele carregado de emoção, enquanto sua respiração se torna mais irregular, ocorrendo leves espasmos no pescoço e no peito... O terapeuta se aproxima e, olhando para ele, expõe sua disponibilidade:

T: – Eu estou aqui com você!

C: – Eu não podia aguentar toda aquela briga... Eu precisava sair de lá... Eu não podia ficar ali e ver toda aquela discussão todo dia, todo dia, todo dia, a mesma coisa... Eu me sentia muito triste, muito triste...

Aqui, muito mais importante do que esclarecer fatos, obter detalhes de "quando" ou "onde" ou "sobre o quê" o cliente está se referindo, é propiciar as condições da emoção, até então tanto tempo contida, se expressar, manifestando sua mensagem. O terapeuta encaminha o encontro desta maneira, numa relação eu/tu, onde o humano que se revela encontra no outro o que precisa: a presença também de sua humanidade.

T: – Eu sinto agora como sua tristeza deve ter sido tão sufocante... E como ela também está tão presente.

Carlos recebe o calor humano, a empatia do terapeuta em relação a sua própria dor. Sua tristeza se expressa com um choro intenso.

C: – É impressionante como uma coisa que aconteceu há tanto tempo ainda pode ter tanta força dentro de mim...

T: – O que ela lhe pede?

C: – Minha tristeza?

T: – Sim, o que ela precisa?

Carlos, ainda bastante emocionado, faz agora um contato mais profundo com o que está sentindo, escutando dentro de si o que a sua tristeza tinha a lhe dizer... Olha mais uma vez para o terapeuta e encontra nele um olhar confiante, solidário. O movimento da expressão do sentimento é algo muito importante, mas a catarse, como todas as outras forças existentes em um campo vivencial, só tem sentido dentro de um contexto que não pode ser desconsiderado. Aqui, o terapeuta convida Carlos para um contato com sua forte emoção dentro deste contexto:

T: – Sinta o que a tristeza precisa, o que ela está aqui, te pedindo.

Após um breve silêncio...

C: – Me pede que eu pare de ignorar totalmente meus pais. Apesar de tudo, eu estou agora reconhecendo que eu sinto uma tremenda falta deles...

A tristeza, até então inacessível, encontra sua expressividade a partir exatamente daquilo que, aparentemente, a escondia. A "parede", que poderia ser considerada simbolicamente como um empecilho, ou uma resistência, é colocada no campo vivencial que se apresenta, e ali é encontrado, através da descrição fenomenológica, seu sentido.

O trabalho terapêutico na GT, conforme eu entendo, não tem como objetivo uma catarse ou um contato com emoções reprimidas. Considerando nossa fundamentação filosófica, ficar apenas com isto é uma redução como qualquer outra já apresentada aqui: lidar apenas com o discurso, apenas com comportamento ou com o corpo. Daí, não lidamos apenas com as emoções, mas são construídas na relação terapêutica com o cliente as condições para que a emoção, junto com as outras forças que atuam em seu campo vivencial, possam encontrar as melhores condições de descrição, as melhores condições de clareza, para que o indivíduo possa encontrar, enfim, o sentido de sua mensagem existencial, a maneira mais satisfatória possível, que atenda às necessidades organísmicas do indivíduo como um todo.

Concluindo, o corpo é então a concretude de tudo o que fomos e somos hoje, estando nele – através das tensões musculares, conforme nos apontou Reich – também registrados nossas emoções, nossas dores e prazeres, nossas alegrias e tristezas. Seguindo também a orientação que estamos apresentando, em relação a nossa fundamentação fenomenológica, o corpo é a primeira visão que temos do indivíduo: o corpo é o óbvio, aquilo que se mostra ao mundo. Por que descartá-lo? Para que não considerar sua mensagem? O corpo também é expressão, e acho que muito se perde quando, por questões teóricas ou metodológicas, se impõe ao corpo um imobilismo, uma inexpressividade, como aconteceu no caso da psicanálise freudiana, quando qualquer movimento do corpo no divã era considerado um "sinal de resistência". Sobre isso, Reich nos relata que até se o cliente se virasse no divã, era algo proibido: "...olhar para trás, para o analista, considerava-se como uma resistência" (REICH, 1982b: 37).

Vamos continuar ampliando nossa visão corporal e mostrando sua importância para a GT, incluindo outras influências conceituais, como foi o trabalho de Goldstein, chamado de "teoria organísmica".

**Teoria organísmica**

Até aqui, temos argumentado a importância da unidade mente-corpo, em contraste com uma forma mecanicista de opor "mente" ao "corpo". Mas esta unidade pode ser entendida para além desta velha questão mente x corpo, mas alcançando também a visão do corpo considerado como um todo: não como uma soma de órgãos, membros, ossos e outras coisas embrulhadas para presente por um papel chamado pele. O corpo também é algo que está no "campo" e, como tal, também é considerado holisticamente.

Você, leitor, poderia se questionar: – Mas é claro que meu corpo é uma coisa só: é o meu corpo...

Sim, todos nós temos essa constatação da unidade do nosso corpo, que não se confunde com outras unidades: o corpo das outras pessoas. Mas essa unidade, considerada aqui pelo aspecto numérico – um corpo: o meu – implica em outras visões que não chegamos a amadurecer devidamente, quando consideramos a visão da racionalidade mecanicista ao lidar com ele. Pela ótica da GT, enfocamos o "eu" em cada parte do corpo. Cada parte do corpo não é algo que pertence a mim ("o meu fígado", "a minha perna", etc.) mas, sim, "sou eu".

Vamos a um exemplo bem comum, para esclarecer esta ideia.

Você, leitor, já deve ter visto alguma propaganda destas que anunciam "remédios" (será que são?) que você toma ou antes ou depois de uma festa, e que garantem que você poderá beber e comer à vontade? Ou outros remédios que garantem que você pode comer a comida mais gordurosa que for, mas que porém, ao tomar o remédio, você não sente nada?

Na verdade, a maioria deles são baseados em agentes químicos que atuam combatendo o excesso da acidez, diminuindo o enjôo e a dor de cabeça. Ou seja, atuam em todos os sistemas de alarme natural que o organismo tem para sinalizar que você passou das medidas. Funciona mais ou menos como se, ao ser chamado para um incêndio, o corpo de bombeiros chegasse e, ao invés de apagar o fogo, inutilizasse o alarme contra incêndio e fosse embora dizendo: – Já está tudo bem, o alarme parou de tocar...

Qual é a forma de pensar que está por trás disso? Veja se esta frase está condizente: – Eu? Eu estou bem! Meus rins é que estão mal... ou – Eu bebo sim, não tenho problema com isso não... Quem tem problema com a bebida é o meu fígado...

Estou criticando aqui uma tendência de encarar o corpo como uma soma de partes, mas pela própria pessoa que vê a si mesma assim. Quando doente, ela não trata "de si", mas vai tratar o "seu fígado"...

Aí, leitor, você poderá argumentar: – Mas, espere aí! O "eu" não pode ser o meu rim, por exemplo, porque eu posso doar um, e eu ainda serei eu mesmo sem o eu-rim que você está falando... Ou você quer dizer que se eu perder um braço, por exemplo, eu vou ser menos "eu"?

Esta pergunta é interessante, e reflete bastante a forma mecanicista/racionalista de lidar com as coisas, inclusive até a forma de lidar conosco mesmo. Ou seja, a forma quantitativa de avaliar. A questão aqui não é o quanto mais ou menos eu sou eu, de maneira que se eu estou inteiro, eu sou "100% eu", mas se perco um braço, já me torno "95% eu" e por aí adiante. Não é a questão quantitativa que aqui levanto, mas a questão qualitativa, holisticamente falando. Como eu me responsabilizo pelo eu que sou como um todo: corpo, mente, espírito, cidadão, eleitor, contribuinte, humano etc.

## Aqui e agora e contato

Com o mesmo pensamento, como cuido deste eu-corpo que sou, como me trato, respeitando ou não meus limites, contribuindo ou não para a minha saúde, bem-estar e sentimento de harmonia interior.

A bebida ou a comida que é ingerida tem uma consequência; ela não "some lá dentro", não desaparece. Pelo contrário, ela será metabolizada e fará parte de mim. Quando bebemos ou comemos, estamos fazendo escolhas do que fará parte de nós, do que será o "eu". Não será um estômago que cuidará, não será uma barriga que crescerá e ficará mais gorda. Não é apenas uma parte de mim mas, sim, eu todo que estarei arcando com as consequências do que eu mesmo faço ou me trato. Assim, tais consequências não atuam nunca sobre apenas o local onde está o problema: "O organismo é uma só unidade; o que ocorre em uma parte, afeta o todo" (GOLDSTEIN apud RIBEIRO, 1985: 107).

Ou seja, o estômago com problema de acidez devido ao excesso de comida, certamente trará uma dor de cabeça. Aí vem a racionalidade mecanicista e receita um remédio para esta "parte" com mal funcionamento. Mas também trará problemas intestinais, e a necessidade de remédios para diarreia ou para evacuar. Considerando os hábitos alimentares e o excesso de gordura, poderá também trazer problemas circulatórios e os remédios para o sangue. Ou também problemas cardíacos, e os remédios para o coração. Ao final, ocasiona um mal desconhecido que fará você ir a médicos e mais médicos e ninguém descobrirá do que se trata: o mal ocasionado pela interação de tantos remédios com suas diversas substâncias químicas atuando no corpo, ao mesmo tempo... Em suma: não há problemas isolados em nosso corpo, de maneira que não deveria haver também tratamentos isolados.

— Espere aí, nesta você exagerou! Se uma farpa entra em meu pé, eu tenho um problema localizado, não precisando de nenhum outro tratamento... Só bastará tirar a farpa dali!

Novamente, uma visão reducionista! Reduzimos nossa visão do problema ao momento da cura ou ao momento no qual vamos a um médico para que ele nos cure, e não notamos como lidamos com o tal problema "só do pé" antes! Considerando este mesmo exemplo: a farpa no pé me impedirá de andar normalmente, já causando uma forma de caminhar que precisará ser reequilibrada para compensar a ausência daquele pé de apoio. Ao pisar diferente, estarei redistribuindo o peso do meu corpo de outra forma, o que poderá forçar o uso de músculos que normalmente não utilizamos para aqueles fins, gerando dores musculares diversas. O mesmo para a coluna vertebral. Com isso tudo acontecendo, vou andar mais devagar, o que já me fará redimensionar o tempo que vou gastar para fazer as coisas que normalmente faço para evitar de chegar atrasado. Enfim, o "eu que sou meu corpo" é afetado como um todo pelo que lhe atinge.

Analogamente aos exemplos que estamos aqui focalizando em relação ao corpo, ao alimento, à bebida, temos também que não é só o que ingerimos fisicamente que nos atinge. Sendo uma unidade, e esta unidade afetada como um todo, o corpo que sou eu sofre pelo que não é concreto apenas: o corpo que sou eu dói por sentir saudades, o corpo que sou eu dói quando me sinto injustiçado, sofro por acreditar em alguém e ter esperança e descobrir depois que era tudo uma farsa. Igualmente o corpo que sou sorri quando vejo meus filhos sorrindo para mim; o corpo que sou escuta – não apenas com os ouvidos – uma música e me emociono todo. Isso significa que, ao mesmo tempo que escolhemos qual a comida ou bebida que será ingerida e que nos construirá, temos a mesma responsabilidade diante do que escolhemos "ingerir" e que nos construirá em relação a nossas crenças, nossas ideologias etc. O que lemos? O que escutamos? A quem confiamos a chance de nos informar sobre o mundo? Você já experimentou comparar em um mesmo dia ler três jornais diferentes falando sobre o mesmo assunto? Não há "a verdade dos fatos", mas somente interpretações sobre os fatos. Mas será que a quem você confia a interpretação dos fatos está agindo de acordo com seus interesses?

Assumindo, por fim, a responsabilidade que temos sobre nós mesmos, podemos mais integralmente nos sentirmos autocentrados, para alcançar nossa satisfação, ou, segundo Goldstein, exercermos nossa capacidade de autorrealização. "A satisfação de qualquer necessidade específica está em primeiro plano quando é um pré-requisito para a autorrealização do organismo total. A autorrealização é a tendência criativa da natureza humana" (GOLDSTEIN apud HALL, 2000 e também PERLS, 1979: 16 ss.). Esta visão do organismo como um todo, dentro da GT, é uma influência do trabalho de Kurt Goldstein, chamado "teoria organísmica".

O organismo reage simultaneamente, como um todo, às situações vivenciadas em seu meio, sendo de enorme importância tal informação no caso da psicoterapia. Ou seja, uma situação emocional não será "colocada de fora" do corpo, embora em muitas psicopatologias graves os pacientes tenham a impressão fantasiosa de eventos do seu mundo interno acontecerem "do lado de fora". Nossa tristeza estará presente em nosso corpo de alguma maneira, mesmo quando não a expressamos ou tentamos esquecê-la, ignorando-a. Todas as emoções que sentimos rompem o estado normal do corpo (discutiremos mais sobre isso na sessão sobre o "ciclo de consciência-excitação-contato") ao produzirem substâncias que reagirão em nosso sistema nervoso, em nossos músculos etc., produzindo uma excitação que visará algum tipo de conclusão: seja a expressão – como chorar, gargalhar, xingar – ou a busca do que se está carente.

Desta forma, segundo Perls, não devemos tratar "os fatos psicológicos como se existissem isolados do organismo" (PERLS, *Yo, hambre y agresión*, p. 16). Uma situação psicológica que produz uma excitação do organismo tenderá a se tornar algo prioritário, uma "figura", com a mesma pregnância de atenção com a tentativa de fechar a situação inacabada – sobre isso, falaremos adiante, na sessão sobre psicologia da Gestalt. Ou seja, o organismo procurará uma conclusão para tal excitação, uma autorregulação para dar como resolvido o evento que se tornou prioritário. Segundo Goldstein, esta é a "autorregulação organísmica".

Buscamos o tempo todo tal possibilidade de autorregulação organísmica, equilibrando da maneira que nos for possível as forças existentes no meio do qual fazemos parte. Esta autorregulação organísmica contrasta, então, com uma adaptação ao meio por meio de coação, por hábitos morais etc. "...a ação da autorregulação orgânica,

## Aqui e agora e contato

como W. Reich a indicou, é muito diferente da regulação de instintos pela moral ou autocontrole. A regulação moral deve conduzir a acumulação de sintomas inconclusos em nosso sistema e a interrupção do ciclo orgânico. Se logra esta interrupção por meio da contração muscular e a produção de insensibilidade. Uma pessoa que tenha perdido o sentimento de si mesma, que, por exemplo, tenha diminuído seu paladar, não pode sentir se tem fome ou não. Por ele, não pode esperar que sua autorregulação (apetite) funcione apropriadamente, e estimulará artificialmente seu paladar" (PERLS, in *Yo, hambre y agresión*, p. 58).

Retomando o exemplo do "Atendimento 1", esse fundamento da teoria organísmica também auxilia o trabalho psicoterápico realizado com o João, na seguinte passagem:

Terapeuta: – Ok, acho que conhecemos então o que acontece com você quando você entra na festa: você entra nervoso, na expectativa de conhecer uma mulher interessante. O que significa para você "se sentir nervoso"?

J: – Bem, não sei... Me sentir nervoso, como todo mundo fica... não sou diferente...

T: – Eu sei que "todo mundo fica nervoso" mas, neste momento, eu quero saber como "você" fica nervoso...

J: – Não sei te responder...

T: – Tudo bem. Vamos de novo para a situação da festa. Você pode se imaginar lá, novamente? (O cliente consente). Você pode olhar para o seu corpo e descrever o que você está sentindo?

J: – Eu percebo que estou com palpitações no coração, bem fortes... (o terapeuta sugere que ele coloque a mão sobre o coração). Minha respiração está mais forte também...

O que aconteceu? Considerando que nem tudo o que é falado é imediatamente claro a todos os que escutam, podendo haver muitas interpretações possíveis dentro de cada palavra ou expressão (discutiremos isso na sessão sobre "semântica geral"), temos que "ficar nervoso" é algo que poderia conter várias informações diferentes. Ao questionar sobre o sentido desta expressão, João responde que não sabia como respondê-la. Daí, havia então um evento psicológico (o nervosismo) que, diante da falta de uma percepção mais clara, buscou-se na simultaneidade orgânica mais informações para tal evento. O nervosismo era *do João*, "estava nele", organicamente também. Como, então, João sentia seu corpo naquele momento? A partir destes dados corporais que o organismo dá, o indivíduo pode ampliar sua compreensão sobre as forças que atuam no seu campo vivencial.

Concluindo, ao considerar os eventos psicológicos, simultâneos aos orgânicos, ocorrendo em um campo vivencial compartilhado momentaneamente entre cliente e terapeuta, a GT nos proporciona a evidência de como tem uma proposta de "integração", ao invés de "dividir as partes"; como busca uma "síntese", ao invés de buscar uma "análise". Esta busca pela síntese é muito auxiliada pela expressão do corpo como um todo e os dados que o organismo nos fornece ficam mais claros quando vistos em um trabalho experimental. Vamos falar sobre isso no capítulo seguinte.

## 5
# O experimento: a postura fenomenológica

O que é um "experimento", segundo o que estamos aqui discutindo? Bem, seguindo a lógica da nossa argumentação, vemos que o experimento é um convite à pessoa para, trazendo um tema que deseja trabalhar psicoterapicamente, descrever tal situação, "reconstituí-la". Nesta reconstituição, a pessoa participa, não apenas falando, mas agindo e estimulando todos os seus recursos: lembranças, pensamentos, sentimentos, emoções, expressão corporal, respiração, percepção atual do contexto etc. Desta forma, a pessoa traz ao campo vivencial presente o maior número de dados, de "forças" que – segundo a visão própria da pessoa – atuaram naquela situação vivida (ZINKER, 1979). Com isso, as "águas passadas que moveram o moinho" (conforme argumentado antes) são percebidas novamente, e podem ser exploradas com maior profundidade, segundo a ótica presente e contando com as ferramentas disponíveis na situação terapêutica.

Vamos novamente utilizarmo-nos da construção da ponte para ajudar no esclarecimento deste recurso terapêutico...

**Primeira questão: não apenas "falar sobre"**

Quando um amigo nosso tem um problema, normalmente nos colocamos ao dispor, solidários, para ouvir o que a pessoa tem a dizer, não é? Existe até uma expressão na nossa língua que expressa muito bem isso: – Desembucha, vai!!...

O poder da fala é inquestionável. Na medida em que a pessoa vai falando, expressa seus sentimentos, chora, se alivia. Esta catarse é muitas vezes benéfica, saudável, além de propiciar um bom momento entre amigos. Mas você já deve também ter tido a experiência, caro leitor, de se colocar como amigo de alguém, que lhe conta "aquele problemão", sendo que no final da conversa chega a importantes decisões em relação às mudanças em sua vida mas que, porém, algum tempo depois, você o encontra de novo e, conversando com ele, percebe que a pessoa está passando pelo mesmo tipo de problema? Isso já aconteceu também com você mesmo?

Você já percebeu se quis realizar mudanças, agir de formas diferentes em determinadas situações, mas que – sem que você se desse conta – acabava fazendo a mesma coisa, ou tomando o mesmo tipo de atitude anterior, que você não queria tomar? Mesmo quando você já conversou bastante sobre aquilo e teve "plena consciência" do problema mas, mesmo assim, não conseguiu mudar? Já demonstramos um exemplo similar, no "Atendimento 1": João e sua situação de se sentir envergonhado perante as mulheres, coisa da qual já tinha consciência mas não conseguia evitar.

## O experimento: a postura fenomenológica

Novamente, considerando a construção da ponte, para a direção da GT, vemos que pela ótica racionalista a fala é uma comunicação privilegiada, tendendo ser a forma escolhida para que solucionemos nossos problemas. O convite "você quer falar sobre isso?" traduz bastante esse pensamento. Porém, quando falamos sobre um problema, onde é que o tal problema está? Quando "falamos sobre", não parece a você que o problema que narramos está em algum lugar "lá" e "eu" – o sujeito que fala – estou "aqui"?

Preste atenção a este exemplo:

– Eu não consigo terminar essa relação com a minha noiva. Sei que toda vez que penso em terminar, eu fico nervoso, acabo voltando atrás. Deve ser porque eu não gosto da ideia de ficar sozinho... é, deve ser isso mesmo... Ela também é uma pessoa muito legal, acho que dificilmente encontrarei alguém assim... Depois, temos tantas coisas em comum, tantas afinidades. E sei que, se eu terminar, vou acabar voltando como tantas vezes já aconteceu... Se eu terminasse agora, por que seria diferente das outras vezes? etc., etc.

Vamos usar nossa ferramenta descritiva. Na medida em que ouvimos, a pessoa vai mencionando os motivos pelos quais ela *não* termina, através de razões, justificativas, e tudo o mais. Mas acaba não dando atenção ao seu desejo de terminar, que é o seu real motivo de questionar tudo, pois é o desejo de terminar que existe, mesmo tendo tantas "razões", tantas "justificativas" para não terminar. Percebemos que a pessoa fala de todos os outros assuntos: que "deve ser" medo de ficar sozinho, que a noiva é muito legal, que há tantas afinidades entre eles... Mas não entra em contato com o lugar onde está, que é o lugar de alguém que deseja um término. O problema fica "lá", distante, afastado por um discurso racional que dispersa o contato da pessoa com ela mesma.

Mas você, leitor, poderia levantar uma questão assim: – Mas não faz parte desta decisão sobre terminar ou não, pesar os prós e contras? O que me pareceu foi que ele estava só avaliando o que representava para ele a relação que ele tinha...

Exatamente isso. O que a pessoa faz é "avaliar", mas sob que ponto de vista? Emitir um juízo de valor, após uma apreciação, sobre o que vale para ele o seu relacionamento, pode ajudá-lo na sua decisão final. Mas tal juízo – quando nos distanciamos de tudo o que sentimos – somente nos trará uma avaliação parcial da situação enfocada. Quais são os "valores" mencionados desta relação? A noiva é legal e há afinidades. Mas isso não é suficiente para a pessoa pois, mesmo percebendo o que ele avalia como algo "bom", ainda assim, seu desejo de terminar perdura. Ou seja, ao enfocar parcialmente a situação, perdemos de vista o que realmente "é".

O que acontece? A pessoa não está focalizando seus recursos para o campo onde realmente sua necessidade chama. Já caminhando na direção da GT, ao invés de "falar sobre" – o que dispersa a pessoa com justificativas, avaliações, hábitos etc. – propomos o "passar através" (*acting through* – PERLS, 1977 b), ou seja, ficar na situação vivencial e descrever daquele ponto de vista, o que é que acontece com a pessoa, mantendo o foco sobre o tema prioritário, na medida em que este se demonstra. Esse é o sentido do experimento. O experimento visa aumentar a capacidade do indivíduo de

## Introdução à Gestalt-terapia

estar cônscio do seu momento existencial e emocional (estar *aware*), fazendo contato com seu contexto de forma ampla, buscando novas escolhas, novas chances de reequilibrar-se[22].

No exemplo acima, talvez coubesse um trabalho com uma técnica psicodramática, montando um experimento que focalizasse a "despedida" – o término da relação. Uma possibilidade seria sugerir à pessoa que ficasse em frente a um espelho e se despedisse da noiva, falando como se ela estivesse ali e procurando, a cada passo, perceber o que acontecia.

Conforme mencionado acima, não permanecendo no presente, não mantendo o contato com todas as forças que atuam sobre o que é a demanda (a situação crítica, o problema que clama por solução), a pessoa acaba por considerar apenas as "razões", e não encara a situação como um todo. Ao não considerar as forças atuantes no seu campo vivencial, as decisões tomadas só alcançam algumas das forças do campo, mas não todas. Com isso, não considerando suas forças conflitantes como um todo, uma decisão é sempre parcial. O restante das forças que atuam no campo e que não tiveram suas necessidades atendidas continuarão atuando, ocasionando de alguma maneira a aparente "repetição da cena", ou seja, a impressão de que as coisas estão se repetindo. Falaremos um pouco mais sobre a ocorrência da repetição de coisas em nossas vidas, na sessão sobre "comportamento recursivo".

**Segunda questão: concretizando a situação vivencial**

O experimento então dá condições para que a pessoa amplie sua capacidade de visualizar, sentir, se envolver o mais completamente possível em sua situação presente. Em outras palavras, permite que a pessoa tenha uma compreensão maior de onde ela realmente está: "aqui".

Alguém até poderá dar um pulo da cadeira, nesse momento: – Mas eu sei onde estou!!

Sim, sabemos – normalmente – onde estamos: sabemos o nome da rua, o número da casa ou apartamento, bairro etc. Podemos saber como estamos nos sentindo, se estamos tristes, angustiados, felizes, nervosos etc. Mas esse lugar onde estamos, ao qual a GT se refere, é bem mais amplo. Lembre que nosso raciocínio, na medida em que nos afastamos da racionalidade mecanicista (olha aí a ponte funcionando!...) passa a ser não mais "linear", mas sim, "de um campo". Dentro deste campo, há o que sabemos, o que temos consciência. Mas dentro do campo podem existir forças que nem sempre estão acessíveis ao nosso conhecimento. Por curiosidade, lembremos que a palavra original alemã para designar "inconsciente" (e sobre a qual Freud construiu uma parte fundamental de sua teoria) é *unbewusst*, que quer dizer literalmente "desconhecido" ou "não sabido"... Daí, ampliamos, através do experimento, as possibilidades de contato com tais forças – conhecidas ou não – e, uma vez em contato, a pessoa pode reconhecer o que estas demandam.

---

22. Segundo a teoria organísmica de Kurt Goldstein, a chance de "autorregular-se" – cf. Goldstein, 1961.

## O experimento: a postura fenomenológica

O experimento que funciona como uma concretização, no aqui-agora, das forças atuantes no campo vivencial da pessoa, vista sob uma ótica holística, considera que é necessário começarmos qualquer caminhada exatamente de onde estamos. Partir de onde estamos, além de permitir a escolha até "para onde se vai", permite também a escolha sobre "se quer ir ou ficar".

Voltando ao relato do "Atendimento 1", o experimento foi montado exatamente respeitando o momento presente do João. Não adiantaria uma interpretação que focalizasse sua ligação com sua mãe, sem que ele mesmo tivesse trilhado o caminho para chegar a tal conclusão. Na medida em que se permanece onde está (focalizando a atenção nas forças do campo – o que está "em volta do moinho", no desenho 1) obtém-se uma maior possibilidade de mudança real, dentro do tempo possível para cada um. Ao invés de se falar sobre seus sentimentos em relação a ver a si mesmo como uma criança tímida e boboca, o gestalt-terapeuta propôs um experimento que propiciasse o contato com o maior número possível de forças que atuavam naquele campo. Com isso, o cliente fica onde está, no momento presente, e "passa através" do problema vivido, entrando em contato com tudo o que é possível para ele enxergar naquele momento, o que é óbvio para ele (sobre o conceito de óbvio, discutiremos posteriormente), como também aquilo que lhe desvia a atenção. O desvio da atenção, ou aquilo que faz com que a pessoa resista a enxergar algo que é dela própria, também faz parte do campo e precisa receber o mesmo tratamento: atenção, foco, descrição.

Quando o terapeuta propõe o experimento, reconstituindo a situação, ao fazê-lo já terá interesse de propiciar a melhor condição de descrição para o cliente. No "Atendimento 1", o terapeuta organiza as forças mais emergentes que estão em conflito (se aproximar de Maria x fugir dela), sempre tendo como referência o momento no qual estas forças em conflito passam a se diferenciar (o ponto na qual João se achava normal). Mas, ainda no exemplo do atendimento do João, por que não se enfocaram outros aspectos, como, por exemplo, a vergonha que ele mencionou? Ou então seu lado infantilizado "tímido e bobo"?

A questão da identificação da situação emergente é uma condição natural para a eficiência do experimento. Um experimento será tão válido, quanto ele propiciar condições do indivíduo se envolver completamente (ou o máximo possível) nele, para permitir o melhor contato com suas necessidades prioritárias. Obviamente, tal eleição é algo que não nasce do terapeuta; é a própria relação terapêutica que apresenta a ambos, cliente e terapeuta, o que é que está surgindo como foco, como "figura" para um experimento. Por outro lado, este envolvimento no experimento, é lógico, não é algo dado pelo terapeuta para o cliente. Daí, é de responsabilidade do cliente mobilizar sua própria capacidade de envolvimento, inclusive sinalizando quando o que está sendo proposto não é para ele o foco principal. O cliente também escolhe ou recusa o que é proposto, simplesmente porque não há como fazer de outra forma: não temos como nos envolver pelo outro, no que ele quer ou não.

Esse contato que esperamos que possa ocorrer quando o cliente se responsabiliza pelas suas escolhas merece alguns comentários adicionais.

## Condição humana e responsabilidade: aspectos existencialistas

Na medida em que crescemos e vamos entrando em contato com o mundo, com a cultura, com os hábitos, com os "certos" e "errados" que ora aceitamos, ora nos são impostos, acabamos por perder uma grande parte de nossa espontaneidade. A gargalhada natural vai sendo trocada pelo riso comedido; a agressividade natural vai sendo trocada pelo sarcasmo; a sensibilidade perante o sofrimento de outros seres humanos vai sendo trocada pela indiferença egoísta e assim por diante. Com isso, ao precisar se adaptar ao mundo que o envolve, eventualmente o indivíduo faz escolhas, assume posturas, edifica um caráter que – ao valorizar tais atitudes adaptativas – o dificulta ou provisoriamente até o impede de efetuar contato com outras partes de si que foram desconsideradas.

Assim, embora inserido em um mundo com o qual vivencia relações de mútua influência, na verdade a questão fundamental que torna cada um ser humano diferente do outro não é a história que viveu, mas sim o que ele próprio faz com a história que viveu: quais são as suas escolhas, como age ou como se omite diante das situações de sua própria vida[23]. A partir do reconhecimento de sua "bagagem" – sua história pessoal, sua história familiar, a herança genética, cultural, social, etc. – o que ele faz com isso? Enfim, qual é a condição de vida que ele constrói para si, dentro das possibilidades que o contexto oferece?

Eu percebo que a abordagem gestáltica valoriza muito e ratifica a possibilidade de contato, de comunicação, de trocas entre o ser humano e o seu mundo, de maneira saudável, satisfatória e autorreguladora, de acordo com as necessidades emergentes do seu organismo. Ao fazer isso, o ser humano exerce suas escolhas e constrói aquilo que o existencialismo conceitua como "condição humana": aquilo que faz de cada homem o que ele é, "estar no mundo, trabalhar, conviver com os outros e ser mortal" (SARTRE, 1987: 16). "Condição humana" é um termo mais preciso dentro da filosofia da GT, ao invés de "natureza humana", uma vez que o mais importante é aquilo que cada homem pode escolher para si, construindo por si, em seus atos, procurando a melhor condição de vida que puder – ou não (ORTEGA apud KAUFMANN, 1989, capítulo 7).

Isso se opõe à ideia de uma natureza que é determinante sobre a vida. A partir do evento da consciência de si, o ser humano se habilita a ter muito mais escolhas que a natureza poderia lhe oferecer e, consequentemente, mais se torna responsável pelo que faz. Quando falamos de uma "natureza humana", a responsabilidade sai do indivíduo e cai totalmente sobre a natureza, propiciando as tradicionais "desculpas": "sou assim mesmo, não vou agir diferente", ou "sou assim por causa dos meus pais", ou ainda como o provérbio brasileiro "pau que nasce torto, morre torto". Em resumo, o ser humano pode se esconder atrás do dito: "Agi de acordo com minha natureza, não sou responsável..."

---

**23.** Esse tema, de fundamentação filosófico-existencialista, e que muito influenciou a GT, pode ser encontrado em Sartre, 1987.

## O experimento: a postura fenomenológica

Na GT, a influência existencialista foi algo marcante em relação à forma de pensar sobre tais argumentações. Vamos conversar um pouco sobre o existencialismo e entender como é sua conexão com a GT.

Conforme falado anteriormente, a partir do momento que apontamos a ideia da responsabilidade do indivíduo sobre suas próprias escolhas, ao invés de lidar com uma natureza determinante, estamos dizendo então que o homem se faz, ele se realiza em sua existência, e sua essência estará sendo uma consequência das realizações de sua existência. Logo, a existência precede a essência: ao agir, ao escolher, é que o homem "se torna". Este é o enfoque do movimento filosófico existencialista. Ao valorizar a existência em primeiro plano, o existencialismo focaliza o homem em ação, vivendo, agindo, fazendo escolhas. Segundo Sartre: "O que significa aqui, dizer que a existência precede a essência? Significa que, em primeira instância, o homem existe, encontra a si mesmo, surge no mundo e só posteriormente se define [...] O homem nada mais é do que aquilo que ele faz de si mesmo: é esse o primeiro princípio do existencialismo" (SARTRE, 1987: 6). Este homem em ação tem uma responsabilidade: se fazer. Logo, responsabilidade é um conceito central na filosofia existencialista: "[...] se realmente a existência precede a essência, o homem é responsável pelo que é. Desse modo, o primeiro passo do existencialismo é o de pôr todo homem na posse do que ele é, de submetê-lo à responsabilidade total de sua existência" (SARTRE, 1987: 6). Essa responsabilidade atinge não só o homem enquanto indivíduo, em suas escolhas, mas alcança um nível maior em relação a sua humanidade.

Fazendo uma ponte com a influência fenomenológica, entendemos que o homem imprescinde do mundo: só podemos entender o ser, no mundo. Logo, as escolhas que faço são escolhas que se apresentam, que aparecem no mundo, que eu, enquanto homem, construo numa relação simultânea de mútua influência. Com isso, minhas escolhas interferem, influenciam a própria construção da imagem do homem no mundo. Cada um de nós, enquanto ser-no-mundo, escolhe construir a "humanidade". Isso significa, mais profundamente, segundo Sartre: "Ao afirmarmos que o homem se escolhe a si mesmo, queremos dizer que cada um de nós se escolhe, mas queremos dizer também que, escolhendo-se, ele escolhe todos os homens" (1987: 6).

Na GT, enfocamos como cada um pode determinar sua vida, através de suas escolhas ou omissões (a responsabilidade recai sobre o indivíduo em sua relação com o mundo). Porém, salientemos que a responsabilidade, com a qual lidamos aqui, é sobre o que é possível, ou seja, a responsabilidade sobre as escolhas que estão disponíveis para a pessoa dentro do seu campo vivencial: o que ela quer ou não quer fazer com cada opção que ela dispõe, uma vez que escolhas que transcendem os limites do que é possível, na verdade não são escolhas, e podem estar cumprindo outro papel: dispersando uma energia vital para o que realmente poderia ser feito.

Enfim, a GT tem uma visão otimista do homem! Para ela, o ser humano tem condições de alcançar sua felicidade, de alcançar o que deseja, de viver em paz, sendo fundamental que ele se responsabilize por isso.

# Introdução à Gestalt-terapia

Voltando estes aspectos para o "Atendimento 1", podemos entender melhor a importância da atitude do gestalt-terapeuta em demonstrar a responsabilidade do cliente por suas próprias escolhas. Assim, no atendimento do João, esta postura do terapeuta em sugerir a ele que se responsabilize por suas escolhas surge logo nas primeiras trocas e – principalmente – já enfocando uma situação presente. João deixa bem claro o que deseja: "Minha queixa é que toda vez que me aproximo de uma mulher que me interessa sexualmente, eu fico envergonhado, porque sempre fico com o rosto vermelho, como se fosse uma criança tímida e boboca!" Mas quando o terapeuta começa o trabalho psicoterápico sobre o tema trazido, João manifesta uma dúvida: "Mas não é fácil para mim falar disso... Eu logo me perco, fico com vontade de mudar de assunto..."

Daí, o que João quer? O que ele deseja? Qual a sua necessidade? Todas essas respostas se tornam tão precisas quanto puderem se aproximar de quem as responde: o próprio João. Daí, o terapeuta deixa claro que ele próprio não fará essa escolha por ele; João precisará se responsabilizar pelo que deseja ou não trabalhar: – Veja se você quer mudar de assunto ou prefere continuar neste mesmo... Só me informe por qual escolha você se responsabiliza.

Além de, com esta atitude, facilitar em muito o contato da pessoa com suas próprias necessidades, já que o terapeuta não assume esta responsabilidade para si mesmo e a atribui à própria pessoa, deu para perceber que, se não fosse assim, *o terapeuta estaria também tratando do João como "uma criança tímida e boboca"*? Este é mais um exemplo que pode ajudar a compreensão da diferença entre uma terapia de base holística, para outras terapias que enfocam "partes" do ser: seja só verbal, seja só corporal ou comportamental. Não é necessário que seja falado tudo, pois a própria atitude, a forma com a qual o terapeuta trata o cliente é mais uma outra forma de comunicação entre eles. Isso já deixa uma marca, uma forte impressão, que permite ali mesmo – no momento do encontro terapêutico – e também, posteriormente, que o cliente sozinho possa ir sentindo como é não ser tratado como uma criança tímida e boboca, e *perceber como ele próprio se comporta hoje para ser tratado assim pelos outros*. E como ele faz? O faz se ausentando de assumir o que quer ou não quer, o que deixa a margem de atuação de uma pessoa que se sinta "pai" ou "mãe" de plantão, em assumir tal responsabilidade de "cuidar" dele, quando – na verdade – ele mesmo poderia exercer o "cuidar de si-no-mundo" (o contexto nunca é excluído).

## Outros aspectos sobre o conceito de responsabilidade: uso da frustração

Lembrando dos modelos explicativos anteriores, que apresentaram os "porquês" para os comportamentos dos casos clínicos apresentados, é possível reparar que em ambos os modelos cada "porquê" estava relacionado a um enfoque teórico, e sua explicação saía da situação presente do sujeito que se apresentava, para ir até o momento no qual a explicação residia: no passado.

Assim, os modelos explicativos viajam no tempo, elaborando para o passado do sujeito uma nova interpretação, que é então dada pelo psicólogo (o detentor da teoria, do conhecimento capaz de chegar a tais interpretações) ao indivíduo, e explicando para ele o "porquê dele ser assim".

> "Eu vou pagar a conta do analista,
> pra nunca mais ter que saber quem eu sou,
> pois aquele garoto que ia mudar o mundo,
> agora assiste a tudo em cima do muro..."
> (Trecho da música "Ideologia" de Frejat e Cazuza).

Logo, há nesta atitude de saída do momento presente para uma interpretação sobre o passado, uma delegação imediata de poder. O indivíduo transfere ao psicólogo a responsabilidade sobre o entendimento de si mesmo. Para o indivíduo, poderá ocorrer um pensamento assim: – O psicólogo deverá saber como me curar... O que implica dizer que: eu mesmo não tenho condições de me curar. Alguém precisa fazer isso por mim...

A teoria exercida através do psicólogo cumprirá então com esta expectativa. Mas na GT lidamos com essa expectativa do cliente de receber do terapeuta a "cura", sob dois importantes conceitos: responsabilidade (que já tratamos) e frustração.

Como poderíamos, então, lidar com a frustração? Vamos dar um exemplo deste recurso sendo aplicado terapeuticamente.

Numa sessão terapêutica individual, após expor o quanto a cliente estava sendo manipulativa, esta demonstra um grande aborrecimento com o que acabou de escutar do terapeuta. Daí, segue-se o diálogo:

Cliente: – Poxa, se as pessoas fossem mais compreensivas umas com as outras seria tão bom...

Terapeuta: (Após alguns minutos em silêncio ) – Escutei o que você falou...

C: – Então?

T: – Então o quê?

C: – Bem, eu te fiz um pedido...

T: – Olha, talvez, para você, um pedido tenha sido feito. Mas para mim, você apenas fez um comentário... Se há um pedido implícito no que você falou, você poderia deixá-lo mais claro para mim?

C: – Você não poderia ser mais compreensivo com seus clientes para ter um resultado melhor?

T: – Agora seu pedido está mais claro, mas eu gostaria de saber o que é que você quer. *Você* e não o que trará "um resultado melhor para mim"...

C: – Eu quero que você seja mais compreensivo comigo...

T: – Você reparou que só agora você usou a palavra "eu"?

C: – Foi?

T: – Foi... Que tal se você pudesse fazer o pedido para mim, falando o que você quer?

C: – Eu quero ser tratada com mais compreensão...

# Introdução à Gestalt-terapia

O exemplo acima não pode ser entendido, como tudo o que estamos argumentando – incluindo todos os exemplos de relatos de atendimentos – fora de um contexto. Assim como o João, no "Atendimento 1", diz se sentir uma criança tímida e boboca, depois insinua mas não assume seu desejo de mudar de assunto, fazendo com que o terapeuta deixasse claro que ele – o terapeuta – não assumiria esta escolha por ele, também neste brevíssimo diálogo acima, com certeza houve muita coisa antes e haverão coisas depois. Somente com o intuito pedagógico que trago tal diálogo assim, parcial, para demonstrar o uso da frustração.

De uma maneira geral, a frustração é um instrumento que impede a transmissão da responsabilidade do cliente para o terapeuta. Ou seja, nas situações nas quais o cliente adula, se faz de incapaz ou de coitadinho, se infantiliza para insinuar ao terapeuta que ele sim é que é capaz de lidar com os problemas dele; nestas situações a utilização da frustração para esta tentativa. O terapeuta então focaliza a própria tentativa do cliente em transmitir para outros tal responsabilidade, e põe-se a descrever o que está acontecendo.

Cada pessoa tem uma forma toda própria de ser, de se expressar. Ao longo da vida, cada um tenta conviver da melhor forma possível com as condições em que se encontra. Para uma mãe superprotetora, um filho precisará de algumas mentirinhas para cavar seu próprio espaço; para um pai agressivo, um filho talvez já precise sempre bancar o indefeso, o "fraquinho", para despertar a pena e não a violência (GAIARSA, 1984: 38ss.). E de tantas possibilidades de ser, todas em algum momento foram necessárias por uma questão bem simples: é a forma que permitiu que cada um sobrevivesse, para chegar até o momento presente. Daí, ocorre que nem sempre tais adaptações que fazemos conseguem se manter atualizadas em nossas vidas. Ao crescer, o filho continuará achando que precisa falar de suas necessidades através de mentirinhas, para não desagradar "mães protetoras" que não existem mais, ou para manter ou mesmo criar outras "mães protetoras" e não ter que se esforçar para deixar de ser um "filhinho". No outro exemplo, a pessoa pode se julgar sempre fraquinha, indefesa, diante de pessoas agressivas, sem ter sequer conferido se, em um confronto, ela não teria chance de sobrepor sua opinião, seu desejo ou necessidade. Acostumados então a tais características, acabamos por desempenhar papéis, ao invés de um viver autêntico; acabamos por viver em jogos, nos identificando com os personagens estereotipados que representamos, e que podem ser vários: o "Bebê chorão", o "Desamparado", o "Bom Menino" etc. (PERLS, 1977a: 55s.).

Estas formas desatualizadas de ser são utilizadas, até serem descobertas como tal – enquanto um mecanismo neurótico – quando então são abandonadas, tornando-se lembranças e não mais ações; partindo por fim para se encontrar outras formas de ser mais coerentes com o contexto presente. Mas, até serem reveladas e substituídas por formas mais atualizadas, muito provavelmente as desatualizadas também aparecerão na relação terapêutica. Nestes aspectos, a frustração ganha um grande espaço de utilização. Ao não dar prosseguimento à forma antiga, sendo frustrada pelo terapeuta, como a

## O experimento: a postura fenomenológica

pessoa age? Como é perceber que "sua estratégia (considerada aqui desatualizada e insatisfatória para ela mesma) não funciona"?

Por outro lado, a frustração não se aplica às situações nas quais a outra pessoa – provisoriamente – realmente não sabe ou não tem recursos para lidar com alguma coisa. Sentimentos verdadeiros de solidão, de desespero, de cisão interna, tornam a autonomia da pessoa algo débil, frágil e que precisa do reconhecimento do terapeuta para que sua empatia, seu apoio, possa suprir aquilo que a pessoa naquele momento não encontra sozinha.

Em um atendimento realizado durante uma maratona terapêutica, uma cliente demonstrou não saber como pedir. Na medida em que trabalhamos juntos, ela percebeu que precisava pedir, mas não sabia como. Naquele momento, ela não estava "pedindo que eu fizesse", o que poderia sugerir o uso da frustração. Ela realmente não sabia pedir. Aí sugeri a ela fazer pedidos de coisas bem simples, e que estavam ali disponíveis para que eu a desse: minha caneta, meu livro etc. Quando fizemos isso, começamos a juntos descrever melhor o que se passava, quando então ela se deparou com uma profunda necessidade de autonomia, de se sentir capaz de lidar sozinha com problemas que antes, ao confiar em outra pessoa, acabou sofrendo uma grande decepção. Fomos um pouco mais além, e conseguimos chegar até o ponto no qual ela percebeu que até sabia pedir, que tinha até para quem pedir, mas que – naquele momento – ela queria voltar suas expectativas todas para si mesma, até se sentir novamente com abertura de voltar a confiar em alguém.

No caso acima, apenas a utilização da frustração poderia ter sugerido uma situação de confronto e ratificação de algo que ele já havia encontrado em suas relações anteriores: que não dá para confiar em ninguém. Enfim, o contexto diz o que é necessário... Falaremos mais sobre o uso do conceito de responsabilidade e frustração na sessão sobre figura e fundo, no capítulo sobre psicologia da Gestalt.

## 6
# Trabalhando com as resistências, o óbvio, o mundo entre parênteses

Quanto ao método gestáltico de trabalhar, já estabelecemos anteriormente que este nos ajuda a reconhecer o que estaria acontecendo e o que não estaria ajudando o processo do cliente de lidar de maneira satisfatória com suas necessidades emergentes. Você, leitor, poderia então entender que, uma vez reconhecido aquilo que atrapalha o cliente, na GT agiríamos para retirar isto, deixando ali então somente o que precisa ser mantido em foco, para que a pessoa se mantenha em seu processo de tomar consciência de si. Bem, esse raciocínio seria bem plausível, mas ainda não é bem assim que a GT funciona...

Vamos novamente contar com a orientação da construção de nossa ponte, ligando o nosso contexto filosófico – a racionalidade mecanicista – à GT.

Através de uma visão mecanicista, poderíamos imaginar que algo que não funciona, a "peça defeituosa", deve ser retirada. Vamos a uma analogia médica: se tenho algo que não me faz bem, extirpa-se! "Corta-se fora"! Ou seja, na visão mecanicista, as coisas "funcionam" ou "não funcionam", não é? Por exemplo, se você tem uma dor de cabeça, você vai à farmácia e pede um remédio para tirar sua dor de cabeça. Extirpa-se a dor. Pois a sua cabeça "funciona" bem, ou "não funciona" com a dor de cabeça. A questão relativa ao "o que a dor de cabeça faz ali, afinal?" Ou "como ela chegou ali?" ou ainda "o que você faz para tê-la?" simplesmente não são consideradas...

Eu imagino você, leitor, nesta hora, indignado comigo:

"– Mas o que esse sujeito quer afinal? Que eu perca tempo batendo papo com a minha dor de cabeça?" Não tiro sua razão em pensar assim... Mas vamos lembrar que estou propondo a você uma nova forma de pensar, construindo uma ponte daí, desta racionalidade mecanicista, para o lugar onde a GT está.

Então, vimos que a direção que queremos tomar – nosso objetivo – nos aponta para a possibilidade da pessoa ter autonomia para alcançar sozinha sua satisfação, fazendo parte do trabalho terapêutico atuar quando isso não acontece. Daí, se tenho uma dor de cabeça, mas simplesmente a retiro e fico exclusivamente nisso – só me preocupo em retirar a dor de cabeça – não saberei o que fez com que ela surgisse. "De nada adianta sedar sintomas, sem entender a dinâmica que os determina. Tratar sintomas significa usar os anti sejam eles quais forem: anti-inflamatório, antiespasmódico, antibióticos... etc. Entender a dinâmica determinante de sintomas, de síndromes, significa ir mais profundo ao assunto, adquirir compreensão dele e lidar com sua provável etiologia (etiopatogenia)" (MELLO FILHO, 1992).

## Trabalhando com as resistências...

Eu, através do mal-estar que sinto na cabeça, se não fizer algo para compreender o que ocorreu, acabarei por me tornar dependente do remédio que a farmácia me venderá.

Voltando ao nosso exemplo, a ideia não é "retirar o que atrapalha" a conscientização da pessoa mas, sim, continuar aplicando o mesmo princípio também para isto que estamos chamando como "algo que atrapalha". Ou seja, nossa atitude descritiva também será aplicada sobre as coisas que poderiam sugerir ou ser entendidas como obstáculos, "resistências", "mecanismos de defesas" ou similares.

O método da GT não "retira" coisas. Simplesmente a GT procura colaborar em fazer com que a pessoa vá conhecendo, cada vez mais amplamente, a pessoa que ela é. Isso significa que se ela evita sentimentos, então o trabalho constará em conhecer "a pessoa que evita sentimentos" que ela mesma é. Se ela fica sempre rindo mesmo quando quer chorar, então vamos conhecer essa pessoa que "fica rindo mesmo quando quer chorar" que ela é.

Assim como a dor de cabeça é um sinal de que algo está acontecendo no nosso corpo, nossos hábitos de evitação, nossas fugas, nossas defesas também são um sinal de que algo está acontecendo. Se os retirarmos, não saberemos o que pretenderiam sinalizar.

Você poderia dizer:

"– Tenho que ficar com a dor de cabeça até compreender por que ela está ali?!" Não, para uma dor de cabeça... Você pode até tomar um remédio para eliminá-la, mas você poderia procurar um médico ou passar a se preocupar com o que você fez (abusou da comida, bebeu em excesso, não dormiu...) para a dor chegar.

Quanto aos nossos aspectos internos, a questão é um pouco semelhante. Na verdade, não há remédio que elimine, por exemplo, uma tristeza. Logo, não podemos nos desfazer de nossos sentimentos mas, ao invés de ignorá-los, podemos aprender com eles, através deles. Ou seja, para mudar algo, precisamos permanecer um tempo neste algo...

Então você, leitor, já arrumando melhor o que está conhecendo sobre a GT, poderia visualizar a estrutura da ponte parcialmente construída... Podemos imaginar as primeiras vigas já com os vergalhões trançados, fincados no chão, à espera do concreto para deixá-las fortes e resistentes. Então, para garantir o "prumo", para saber se estamos na direção que queremos, gostaria de continuar levantando alguns questionamentos possíveis para cada etapa desta "construção", ok?

Vejamos: – A ideia é fazer com que a pessoa então vá compreendendo a si mesma, sendo o trabalho do terapeuta manter a pessoa neste processo de se compreender, intervindo somente quando, de alguma maneira, a pessoa se desvia deste processo? O trabalho é bem próximo disto, mas na verdade este normalmente se concentra em uma etapa ainda anterior a esta almejada autocompreensão. Durante as explanações anteriores, utilizamos o verbo "descrever" e não foi sem propósito. Vamos explicar melhor essa questão.

Quando nos detemos aos aspectos da situação que descrevemos, o trabalho psicoterápico visa concentrar-se nisto: na descrição. Na medida em que a pessoa vai então

# Introdução à Gestalt-terapia

descrevendo o que percebe de si e do seu contexto, pode ir percebendo melhor o que faz, como faz, para que faz, ou como se omite. Aí vem o ponto crucial: ao iniciar esse processo de descrição deste ser-no-mundo que ela é, nem sempre ela consegue compreender o que ocorre.

"Compreensão" (conforme já discutido) implica em um estabelecimento de um sentido pela própria pessoa sobre seu campo vivencial. Só que, eventualmente, ela poderá descrever coisas que ela percebe mas que, no momento da descrição – do reconhecimento sobre o que acontece –, não fazem sentido. Daí, a compreensão só é alcançada em uma etapa posterior ao processo de descrição, como um aprofundamento desta capacidade: só descrevemos até onde temos olhos/recursos para fazê-lo. A compreensão efetivamente só ocorre quando, neste processo descritivo, a pessoa alcança uma visão de todas as forças relevantes que estão em jogo, atuando sobre ela mesma, em seu campo vivencial. Enquanto estas forças em jogo não forem percebidas, a descrição será então parcial, e a pessoa não fecha a Gestalt, não alcança uma percepção compreensiva sobre o sentido do vivido.

Para alcançar uma capacidade descritiva que permita tal compreensão, a pessoa precisa, sim, se sentir amadurecida para isto, segura, inteira, para absorver aquilo que percebe como sendo algo dela, produzido por ela, fazendo parte dela. Só que essa maturidade nem sempre está disponível, nem sempre foi alcançada. Por isso, através do processo de descrever, vamos percebendo não o próximo passo a ser tomado, no caso, "compreender a si mesmo", mas o lugar onde estamos – que é o momento em que podemos ou não compreender o que está ocorrendo. Beisser escreveu lindamente sobre este paradoxo que é "ficarmos para sairmos", no texto intitulado "teoria paradoxal da mudança" (BEISSER apud FAGAN & SHEPHERD, 1980, capítulo 6).

Um exemplo que tenho por hábito dar em palestras e também em meu consultório poderá nos ajudar agora, e nos permitirá acrescentar ainda um outro conceito importante da GT, que é o lidar com o óbvio.

Imagine que você está em uma escada com cinco degraus, sendo que você está no primeiro degrau, e tem como objetivo chegar ao último. Só que, para chegar até o último degrau, você decide partir do segundo. Para você mesmo, sua auto-imagem corresponde ao segundo degrau. Você então decide começar a subir, mas só que alguma coisa na verdade o impede de realizar isso. Você não sabe por que, mas simplesmente não consegue sair do lugar. Você já teve esse tipo de sensação antes, caro leitor?

Para quem o observa, fica óbvio que você não sai porque decidiu partir de um lugar *em que você ainda não está*! Você ainda não alcançou o segundo, e não "compreende" que ainda está no primeiro. Por isso, o objetivo inicial não é "compreensão", mas sim "descrição". Pois somente descrevendo podemos realmente entrar em contato com o que vivemos hoje, nos voltarmos "às coisas mesmas" (HUSSERL apud MARCONDES, 1998: 257) e com o que temos para fazer – com os recursos possíveis para isso – para atingir, ao final, nossa própria autorregulação organísmica.

## Trabalhando com as resistências...

Isso significa que o óbvio – aquilo que está na superfície, claramente perceptível – a ser lidado, não é um consenso entre as partes envolvidas em um processo terapêutico. Ou seja, o terapeuta poderá estar vendo que a pessoa está no primeiro degrau e ver que ela pensa estar no segundo. Isso para o terapeuta é óbvio: a pessoa acha que tem uma capacidade ou um poder maior do que realmente tem. Porém, o que é óbvio para o cliente é outra coisa: ele consegue perceber que quer se mexer (quer mudar a vida, quer se sentir mais feliz, quer ser amado, etc., etc.) mas não consegue sair do lugar. Daí, sobre qual "óbvio" a relação terapêutica deverá focalizar-se? Obviamente, sobre o "óbvio" do cliente. É ele que precisa perceber o que está acontecendo (não sair do lugar) para reconhecer, nesta "paralisação" momentânea de sua vida, o que ele faz para as coisas permanecerem assim. Por isso, ao gestalt-terapeuta caberá um acompanhamento deste processo de percepção do cliente lidando com o que lhe é óbvio, sempre dentro do que para ele – o cliente – é consciente, perceptível, enfim: possível. Nesta tarefa, o cliente vai paulatinamente reconhecendo seu jeito, seu estilo de vida, e amplia, na medida deste possível, sua percepção de como lida com seus problemas, com suas situações emocionais como um todo e o que deseja fazer com isso.

Será que valeria a pena, por outro lado, chegar logo para o cliente e dizer: – Você não percebeu que está no primeiro degrau e não no segundo? – Será? Pode ser que sim, que uma percepção do terapeuta seja recebida e compreendida pela pessoa, de modo a produzir os efeitos que a própria pessoa deseja. Mas a questão que levantamos, de acordo com nosso objetivo primordial, não é dizer para a pessoa o que ela deve ou não fazer, ou onde está ou não... Mais importante do que sair de onde está, é a pessoa compreender como ela se colocou naquele lugar e, simultaneamente, compreender o que ela faz para não ver o que está acontecendo consigo mesma enquanto ainda está ali. Dizer ao cliente "em que degrau está" pode produzir efeitos, sem dúvida, mas pode, com isso, perder-se uma boa chance da pessoa reconhecer a si própria enquanto produtora da paralisação de sua vida em um lugar que não a satisfaz.

Para ilustrar, vamos a um exemplo prático.

Um cliente me procurou e iniciou sua terapia com a demanda de buscar ajuda para sua família, que ficava muito preocupada com uma coisa "sem importância", que era sua frequente embriaguez. Segundo ele, "de vez em quando", ele até bebia demais, mas achava que a família estava exagerando em sua preocupação. Ele achava que a família precisava de ajuda para não se preocupar tanto, e ele não sabia como ajudá-la nisto...

Ele não via o "degrau" onde estava. Ele compulsivamente ingeria diariamente uma quantidade considerável de bebida, e não lembrava quando tinha deixado, por um dia apenas, de beber. Só que, para ele, a bebida era um "prazer", e se considerava livre para deixá-la a hora que quisesse. Não via o que estava causando para a família, não via nem ouvia o relato de todos a sua volta que o alertavam para sua condição de dependente químico do álcool, e não via a própria degradação física causada pelo excesso da bebida. Daí, ele achava que o problema eram os outros e não ele próprio.

Trabalhando terapeuticamente com esse cliente, não questionei se o problema era dele ou dos outros, pois – conforme o objetivo que faz parte da fundação de nossa pon-

# Introdução à Gestalt-terapia

te – trabalhamos para que a pessoa adquira uma consciência mais ampla de si. Se ele se via como uma pessoa livre da droga e buscando um apoio para a família e não para ele próprio, vamos começar exatamente daí, de onde a pessoa está, como ela se vê – o que é óbvio para ela.

Nas primeiras sessões, na medida em que trabalhávamos seu contato com sua vida presente, sua rotina, ficou claro para ele o quanto ele alterava planos, abria mão de compromissos, se atrasava ou faltava a encontros e reuniões, para ceder ao vício, indo aos mesmos bares para a dosagem de álcool que seu corpo dependente precisava. Ele não suportou ver isso em um primeiro instante. Não havia para ele ainda uma condição de compreender seu momento atual de vida, ele que sempre se achou como um "apreciador" da bebida, e não como um alcoólatra.

Ao perceber que ele todo dia fazia a mesma coisa, se deparou com a constatação de que não estava no "segundo degrau", não estava em um lugar de onde ele poderia largar a bebida a hora que bem entendesse. Por isso, todas as suas tentativas anteriores de atender aos desejos da família falharam, o que o fez então voltar-se contra tal demanda familiar, e passar a achar que o problema era a família, não ele. A partir da descrição de sua rotina de vida, ele percebeu que, na verdade, estava no "primeiro degrau": precisava assumir sua condição de dependência, buscando um apoio médico para lidar com efeitos que ele, antes, nem sequer enxergava. Com um tratamento médico, ele pôde realmente chegar ao "segundo degrau" e aí – somente aí – sim poder lidar com a real possibilidade de escolher parar ou não, atender ou não aos anseios da família.

Somente assumindo onde estamos, podemos partir para onde queremos ir. Só que nem sempre temos como realmente compreender onde estamos, nem sempre temos condições para perceber e encontrar um sentido para o que agora nos ocorre. Porém, nossa cultura racionalista nos exige sempre saber as razões pelas quais agimos, sempre nos cobrando que tenhamos uma justificativa plausível pelas nossas ações. Se agimos, somos obrigados a saber por quê. Mas, eventualmente nossa ação ou nossa opinião pode se mostrar vazia, sem sentido, porque não estamos vendo algo que está realmente lá e que nos falta saber.

Frequentemente, o cliente estabelece como base de sua vida um conjunto de valores que, uma vez questionados, demonstram-se como falsos ou anacrônicos. O terapeuta recebe tais verdades e junto com o cliente propõe a "busca da essência" do que está sendo dito, ou como é efetivamente para ele seu compromisso com o que diz.

Mas o que é esta "busca da essência"? Vamos entender melhor, partindo para um exemplo. Digamos que uma cliente inicia seu relato para o terapeuta informando sobre suas dificuldades com os homens, e resume assim sua crença nas relações: "– Todo homem é infiel!" O terapeuta pode questionar sobre a veracidade de tal afirmação, o que poderia fazer com que a cliente percebesse a "universalidade" de sua proposição, e a restringisse para algo mais próximo de sua experiência. Isto porque não há como se relacionar com todos os homens para descobrir se todos são ou não infiéis.

– Bem, na verdade, alguns homens são infiéis...

## Trabalhando com as resistências...

Tal afirmação está bem mais próxima da essência do vivido pela cliente. Porém, ainda permanece "terapeuticamente" inócuo. Ou seja, e daí? Daí, o terapeuta pode investir um pouco mais para atingir a transcendência deste vivido, ou o que está para além da mera conjectura sobre a experiência, perguntando à cliente de quais homens ela está falando.

– Na verdade, alguns homens que conheci foram infiéis comigo e hoje tenho medo de me relacionar com outros por conta disto...

Neste momento, sim, atingimos a possibilidade da criação de uma nova percepção com a essência da percepção anterior apurada. A cliente pôde reconhecer que o que lhe ocorreu não foi algo "genérico", que lhe atingiu em relação apenas a um princípio ou juízo de valor ("todo homem é infiel"), e que também não determinará seu futuro: Ela poderá conhecer homens fiéis. Ela viveu apenas alguns episódios ("alguns homens que conheci foram infiéis..."), mas seu futuro poderá ser diferente desde que, primeiro, ela não perca contato com seu sentimento mobilizado ("tenho medo de me relacionar..."), para reconhecer como, a partir deste ponto antes escotomizado, ela própria poderia estar contribuindo para a ocorrência do mesmo tipo de experiência novamente.

Vamos rever como podemos entender estes conceitos relacionados ao atendimento do João? No relato do "Atendimento 1", João se vê como uma criança tímida e boboca. Como ele mesmo havia mencionado, isso já havia acontecido várias vezes e – embora ele não tenha falado – muito provavelmente deve ter tomado decisões para parar de agir assim (já discutimos esse aspecto das decisões parciais, sem considerar todas as forças atuantes em um campo), e agir de forma diferente.

João não estava ainda em um lugar no qual poderia transformar tal situação. Ou seja, no degrau no qual ele se colocava – se vendo como um "tímido e boboca" – ele achava que alcançaria o degrau seguinte agindo exatamente ao contrário: de maneira não tímida – ou seja, com iniciativa, com certo arrojo.

Mas a questão não era essa; ele estava em um degrau diferente... Ele tinha um nervosismo que – de tão acostumado a senti-lo – ele considerava este como seu estado normal; um impedimento inicial de enfrentar a possibilidade de ser rejeitado que, mais tarde, percebeu ser seu próprio autoconceito ("me sentir realmente um ser desprezível") funcionando e projetado sobre a imagem de uma mulher atraente. Inicialmente, aquilo que o impede de entrar em contato com seu autoconceito, que poderíamos até chamar de uma resistência, não deve então ser evitado, ultrapassado ou retirado mas, sim, descrito, percebido, pois a partir de cada passo assumido é que se pode atingir uma percepção maior. Somente percebendo onde estamos – mesmo que estejamos "resistindo", "cedendo", "fugindo" etc. – é que podemos nos orientar sobre nosso presente momento de vida: vendo melhor o que queremos, como queremos e como obter. Mesmo que, para isso, inicialmente tenhamos que considerar opiniões, crenças que temos sobre nós próprios como algo não definitivo, sujeito a uma suspen-

# Introdução à Gestalt-terapia

são ou – conforme a terminologia utilizada pela metodologia descritiva: colocada "entre parênteses".

Como fica então quando não temos certeza sequer de onde estamos? Como lidar com as inseguranças relacionadas a um aspecto tão básico, como este: "– Onde estou?" Vamos discutir isso um pouco mais profundamente.

## Colocando nossa realidade entre parênteses

Para a GT, a responsabilidade sobre si mesmo e sobre seu próprio processo terapêutico é o caminho para a autonomia. Para que este caminho seja possível, então o trabalho psicoterápico caminhará para que todos os envolvidos (psicoterapeutas e clientes) tenham, na maior parte do tempo do encontro psicoterápico, os mesmos dados para trabalhar e se orientar. Com isso, não fica sendo privilégio do terapeuta ser o detentor do conhecimento e "*o*" responsável pelo processo psicoterápico. Logicamente, cabe ao terapeuta a maior parcela de responsabilidade sobre isso, mas na medida em que o tempo passa e a relação terapêutica cresce, mais e mais o cliente vai adquirindo experiência e compreensão sobre si mesmo, até que a terapia chegue ao fim.

O método gestáltico, conforme a argumentação que está sendo apresentada, se baseia então sobre o conhecimento que vai sendo construído na hora, acrescido do conhecimento que o psicólogo detém (sua bagagem vivencial, e seu conhecimento profissional) e o que a própria pessoa tem (incluindo as informações pessoais e do seu contexto geral: história familiar, profissional, cultural, religiosa, etc.).

O cliente poderá até apresentar dúvidas sobre esta utilização de seus conhecimentos anteriores, de seu "passado", considerando a focalização que a GT faz sobre o trabalho no aqui e agora. É muito comum ouvirmos perguntas tais como esta:

– E o que já sei sobre mim mesmo e que não está no presente? Como ficam os meus conceitos sobre mim mesmo, minha autoimagem, meu caráter, minha infância?

Pois é... O que a pessoa conhece sobre si, não é algo para se abrir mão. Mas a questão é que nem sempre tais informações ajudam no processo terapêutico. Ou seja, o conhecimento que a pessoa tem de si mesma e que a faz entender a si, seus comportamentos, seus desejos e motivações, que a faz achar que ela "é calma", é uma pessoa "boazinha", ou "estourada", poderá também não servir para que ela realmente entre em contato com uma visão mais ampla, com uma consciência mais profunda sobre si mesma.

– O meu conhecimento sobre mim mesmo não serve?!

Não é bem isso que eu quis dizer. Quando a pessoa busca a psicoterapia, faz porque há algo nela que ela quer mudar mas não sabe ainda como. Ela precisa de ajuda. Então, como o gestalt-terapeuta atuaria? Conforme nossa "linha-mestra", a ideia é fazer com que a pessoa use seus próprios recursos para alcançar sua satisfação. Daí, se ela quer mudar mas não sabe como, não é o gestalt-terapeuta que dirá a ela o que fazer, mas trabalhará junto com ela para descobrir o que acontece para ela ainda não ter des-

## Trabalhando com as resistências...

coberto como efetuar as mudanças que deseja. Ou seja, o que ela faz para se impedir de realizar as mudanças.

Neste sentido é que ressalto a questão de que o conhecimento que temos sobre nós mesmos pode não servir. *Podemos querer fazer mudanças, mas nos impedimos de realizá-las, exatamente porque nos fixamos naquilo que já conhecemos de nós mesmos.* Não tentamos algo novo... Daí, para testar uma mudança, é necessário arriscar, colocar nossas certezas em dúvida, questioná-las, para – dando o tempo necessário – avaliarmos se tais certezas são corretas mesmo, ou impressões fantasiosas ou desatualizadas sobre nós mesmos.

Mas a seguinte pergunta poderá surgir:

– Mas como é possível se abrir mão de algo que se conhece? Se esquece? Faz de conta que não viu, disfarça e sai assobiando?...

Não, não é por aí... Vamos recorrer ao exemplo dado no início, quando conversamos sobre o comportamento do fóton e a questão do uso quase que compulsório do "porquê". Você percebe que, da mesma forma como eu descrevi o fóton ao passar pelo campo gravitacional, posso descrever algo de mim, sem colocar sobre o descrito, um "porquê"? Posso então tentar colocar meu conhecimento sobre mim mesmo em suspensão ou, "entre parênteses", deixando o que sei de lado – não ignorando-o, mas apenas não utilizando-o momentaneamente – para ver o que acontece no presente e ver o que este presente tem a nos dizer.

Talvez uma analogia se encaixe bem aqui para esclarecer melhor esse ponto. Digamos que alguém tenha um conhecimento de si mesmo, que o faz ter certeza que "sempre fará tudo perfeito", ok? Agora imagine que este conhecimento está escrito em um quadro pendurado em uma parede, e esta pessoa está tão próxima deste quadro que, quando o olha, somente enxerga este quadro. Não consegue ver mais nada além. Daí, por não ver nada além, tudo o que faz, é de acordo com esse "modo de ver as coisas": perfeccionista, exigente, rígido e intolerante com os seus erros e os dos outros. Citando um provérbio zen-budista: "Os olhos e as sobrancelhas nunca travam conhecimento mútuo, porque estão próximos demais" (YUTANG, 1982).

Como a vida aprecia a diversidade, logo algo acontece para abalar tal rigidez. É notório como um constante estado de tensão ocasiona o *stress* (MELLO FILHO, 1992). Digamos que esta pessoa venha a receber uma veemente recomendação médica para desacelerar seu ritmo de trabalho, diminuindo seu estresse e relaxar mais. Eis o início do impasse... Como sempre viu tudo pela ótica do quadro onde está escrito "sempre faço tudo perfeito", para não errar nunca, sempre foi necessário um estado contínuo de "alerta máximo", sempre ligado a tudo e a todas as possibilidades, querendo tudo controlar para que a resposta seja sempre a mesma: 100% perfeita. Assim, como relaxar?

Caso a pessoa acima procurasse terapia, com o objetivo de alcançar uma melhoria de qualidade de vida, provavelmente os esforços permaneceriam infrutíferos enquanto a premissa do "sempre faço tudo perfeito" estivesse sendo a única a nortear sua vida.

# Introdução à Gestalt-terapia

Aí entra a ideia da suspensão do conhecimento. Mas como fazer isso? Vamos novamente partir para o campo vivencial da pessoa, e ampliar nossa capacidade de descrição das forças em jogo. Digamos que propuséssemos um experimento que permitisse deixar bem claro como ela rege sua vida através de uma máxima. O exemplo mesmo do quadro acima poderia se encaixar totalmente nesta estrutura de experimento que sugerimos. Assim, propomos à pessoa de escrever sua máxima em uma folha de cartolina que pudesse ser fixada na parede por um prego, como se fosse um quadro. Após pendurá-la, pedimos à pessoa para ficar o mais próxima possível dela. Ao ficar assim, tão próxima, a pessoa não consegue enxergar mais nada. Daí, podemos sugerir a seguinte pergunta: – Onde a cartolina está pendurada? – Para responder a tal pergunta, a pessoa precisará se afastar, dar alguns passos para trás, para poder visualizar algo além da cartolina. Precisará enxergar o contexto, o que está em volta desta. Em outras palavras, enxergar sua própria vida como um todo, para perceber que esta "parede" que é sua vida, onde a cartolina está pendurada, é maior que esta e, como uma vez se permitiu que uma cartolina fosse lá pendurada, provavelmente haveria espaço para pendurar outras.

Eis a ideia da colocação do mundo entre parênteses (também chamado de redução fenomenológica). Não abdico do que já sei – não vou jogar o quadro fora – mas percebo que o que sei é "um quadro", algo que não traduz toda a minha vida, mas que somente ocupa uma parte dela. Além de perceber também que, sendo um "quadro", ele pode até ser removido mesmo, ou trocado, ou receber uma "restauração"...

Esse afastamento, dando alguns passos para trás para enxergar melhor e mais amplamente, permite a relativização do nosso conhecimento. Percebo que a opinião que tenho sobre mim é apenas uma opinião, e não resume tudo o que posso ser. Percebo também que, não me resumindo a somente uma possibilidade de ser, posso então entrar em contato com as outras coisas que já sei sobre mim e havia esquecido ou ignorado, ou ainda entrar em contato com o que não sabia e vou descobrindo.

No exemplo do "Atendimento 1", acontece uma situação similar a essa. João fica também em frente a um quadro pendurado na parede, onde estava escrito: "– Maria realmente me acha um ser desprezível". Porém, naquele momento, o terapeuta busca uma outra forma de trabalhar com esta informação. Ao invés de perguntar pela "parede onde o quadro está pendurado", o terapeuta faz com que o cliente se confrontasse com a própria sustentação daquela premissa, que ele tinha como algo verdadeiro. Ao perguntar ao cliente: – Mas, o que ela pensou?, fez com que João percebesse que ele não poderia ter a menor ideia do que Maria estaria pensando... Daí, ao invés de questionar a própria máxima escrita no quadro, o terapeuta optou por outra estratégia, que foi questionar – seguindo nossa lógica metafórica: "Em que prego esse quadro está pendurado? O que sustentava tal opinião?" Na verdade, o quadro estava pendurado em algo irreal e que, ao ser percebido como tal, caiu...

# 7
# Indiferença criativa: polaridades

No exemplo do atendimento do João, foi montado um experimento que partia de um "mapa" mais ou menos assim:

Estado normal
⋮ ↓
⋮

Maria............... Ponto Zero ............... Fuga
← Ou →
Desenho 2

João descreveu que se sentia normal, até chegar a um ponto em que algo começava a se diferenciar desta sensação de normalidade. Ele percebia que "normal" era antes de ver Maria e que, ao vê-la, este estado se diferenciava entre o desejo de tê-la e o desejo de fugir dali. A partir do experimento aceito e vivenciado, João percebeu que, na verdade, esse "normal" dele continha uma série de outras coisas mas, para chegar até tal percepção, tivemos que partir de uma estrutura de experimento que nos ajudasse a deixar mais claro cada um dos momentos em jogo.

Baseado em que foi montado esse experimento? No livro *Ego, Hunger and Aggression*, Frederick Perls expõe a importância do trabalho de Sigmund Friedlaender, a "Indiferença Criativa". Esse trabalho é muito útil para a GT, no sentido de dar recursos para visualizar melhor as estruturas dos experimentos que podem ser montados, de maneira a ficar bem claro o que está acontecendo e a cada passo.

O que você, leitor, percebeu do experimento montado para o João? Vamos acompanhar juntos essa montagem?

No início do atendimento, ao relatar a situação da festa, na medida em que João descreve que estava normal, não há nada o que fazer, sua percepção está sobre coisas, pessoas, conversas, lidando com seu contexto (simplesmente estava na festa). Só que ao ver Maria, há uma cisão, uma divisão temporal que se divide entre o seu estado normal antes e o que começa a acontecer depois. João percebe que há algo dentro do seu campo vivencial que se diferencia. Sendo que, a grande contribuição da Indiferença Criativa para a GT, é que esta teoria nos alerta que, ao invés de lidarmos com uma simples polarização entre o desejo pela Maria e o seu desejo de fuga, há um "ponto intermediário" que não pode ser deixado de lado, porque é a partir deste ponto pré-conflito que o próprio cliente perceberá o que acontece para que sua "normalidade" se diferencie: o ponto zero. Segundo o próprio Perls: "Não é difícil adquirir a arte da polarização, contanto que se conserve em mente o ponto de pré-diferença. De outra forma, se cometerão erros que levarão a um dualismo arbitrário e equivocado"[24].

A partir desta contribuição da Indiferença Criativa, temos condição de nos deter mais profundamente na descrição dos fatos conforme ocorrem, ressaltando a percepção do momento (ponto zero) a partir do qual um conflito se estabelece. O ponto zero nos remete também ao próprio campo vivencial da pessoa, uma vez que, quando nos referimos a ele, nos referimos ao que é considerado "normal", ou "indiferenciado".

Neste normal ou indiferenciado, estão todos os recursos que a pessoa tem para lidar com o conflito que se estabelece posteriormente. Quando apenas lidamos com o conflito em si, existe uma redução da percepção, que só enxerga a polaridade envolvida (desejo x medo, ou sim x não, ou risco x segurança etc.). Já com a inclusão do ponto zero ao processo, incorporamos ao conflito pontual todo o seu contexto, todo o "fundo" sobre o qual emergirá a "figura" (sobre figura e fundo, discutiremos no próximo capítulo) que é o próprio conflito, mas que – contrastando sobre o fundo então incorporado – poderão ser obtidas novas informações, novas percepções ou pontos de vista que auxiliarão a compreender todo o processo, todas as forças atuantes no campo[25].

Voltando ao exemplo do atendimento do João, ele mesmo havia percebido que só ficava com o conflito "Maria x desejo de fuga", mas a partir do reconhecimento do ponto zero, incorporou-se ao processo o que ele considerava como o seu normal. Foi percebido então que, para além do conflito em si, haviam outras forças que também influenciavam o desfecho escolhido: a própria fuga. Mas, percebendo que sobre esse momento anterior chamado "normal" por ele, e chamado de indiferenciado por nós, havia "expectativa de um encontro", havia "nervosismo", "medo do que iria falar caso encontrasse uma mulher interessante", "medo de falhar" etc., João descobriu que esses dados novos, que estas forças até então veladas, exerciam sobre ele uma pressão muito maior para um desfecho de fuga do que para "ir até Maria". Mas, a partir do reconhecimento de tais forças, João teve mais recursos para lidar com um conflito até então frequente e para o qual as decisões racionais de mudança não foram suficientes. Por isso, esse momento "indiferenciado" é chamado de "criativo", pois dele podemos obter novas formas de lidar com antigos conflitos, reconhecendo o que está em jogo (atitude descritiva/fenomenológica) e quais recursos internos cada um de nós tem (visão de campo/holismo) e que estejam disponíveis para serem utilizados para a satisfação de nossa necessidade (autorregulação organísmica).

---

24. Este trecho foi retirado do livro *Yo, hambre y agresión*, em uma versão em espanhol, de minha livre tradução e interpretação. Inclusive quanto ao termo "pré-diferença" que considerei como uma outra forma de expressar o ponto zero.

25. Sobre a Indiferença criativa, você poderá ler no livro *Ego, Hunger and Agression*, de Frederick Perls, Paul Goodman e Hefferline, mas infelizmente não traduzido (ainda...) para o português. Sobre o ponto zero, este é um conceito na GT que nos remete ao vazio fértil, conceito de influência zen-budista, que será discutido posteriormente.

## Indiferença criativa: polaridades

Novamente nos voltando para a construção da nossa ponte entre a racionalidade mecanicista e a GT, eis aqui um ponto em que as diferenças no tratamento da mesma questão são muito grandes e, por isso mesmo, podem nos ajudar mais ainda na visualização desta construção...

Como você lida com uma situação conflitante em que você sente que as decisões são radicalmente opostas? Como você lida com um conflito que lhe impede de decidir entre um "sim" e um "não", um "ir" ou "ficar"? Você não concorda que é bem natural partir para uma avaliação dos "prós" e "contras"? Quase que organizando uma lista mental (às vezes, até parte-se mesmo para o papel, para se fazer tal lista), você analisa as duas possibilidades, não é? Caso a decisão venha a ser um "sim" redundará nos aspectos x, y e z. Mas, por outro lado, se for "não" também poderá ocorrer os aspectos 1, 2 e 3. Avalia-se então, o que é "bom" e o que é "ruim", verifica-se o que é mais "pesado" nesta balança, e se toma a decisão de acordo com o pender do fiel. Mas você já percebeu, ou já teve a sensação de, ao tomar uma decisão, ficar achando que fez tudo errado? Que, embora racionalmente bem embasada, não o deixava feliz ou satisfeito?

Enfim, temos por hábito nos preocuparmos já com o "próximo passo" (*next step* segundo YONTEF, 1993) sem que tenhamos ainda conhecido suficientemente o próprio lugar onde estamos. Nos preocupamos em dar logo o próximo passo, resolver e sair logo do conflito, "tomar uma decisão rápida", "agir de uma vez", ou outras frases/pensamentos reducionistas como estes. Falamos um pouco disso na sessão anterior sobre o embasamento filosófico, em relação à pressa de tudo fazer sem se saber como ou, às vezes, sem nem se saber o para quê...

Na GT, há um entendimento diferente sobre o tratamento do conflito, que você, leitor – eu acredito – já poderá concluir sozinho, não é? Aqui também, não há nada de diferente em relação ao que já conversamos: ao invés de partir para o *next step*, ficamos onde estamos e partimos para o que é necessário fazer, descrevendo as forças em jogo e conhecendo esta situação dentro do campo vivencial da pessoa aqui-e-agora.

Se há conflito, o foco da GT não será sobre as decisões a serem tomadas, mas se aterá ao próprio conflito em si. Mais uma vez, descrevemos o lugar onde estamos: O que é isso que estou chamando de conflito? Como o conflito ocorre? No que consiste? Quais as forças que estão atuando neste campo? Qual é o contexto em volta dele?

Penso que você, leitor, pode levantar uma questão importante: – Mas quem é o maluco que gostaria de ficar em conflito? Quando estamos em conflito, nos sentimos mal, ficamos angustiados, com raiva, enfim, queremos logo sair...

Eis a questão crucial do conflito: queremos todos sair dele. Mas, quando aplicamos o ponto de vista gestáltico, necessariamente nos perguntamos: Você já sabe para onde quer ir, ao sair? Você já sabe quais são todas as escolhas possíveis? Para responder a tais perguntas, não podemos "sair", pois são questões relacionadas ao momento anterior a uma saída. Precisamos ficar para respondê-las. Por outro lado, se não ficamos para responder e logo saímos, poderemos tomar decisões que nos levem para onde não queremos realmente ir.

Introdução à Gestalt-terapia

## Um trabalho com polaridades

Dentro dos aspectos relacionados à Indiferença Criativa, verificamos que há dois fundamentais: o ponto zero e o trabalho com as polaridades. Vamos conversar um pouco mais sobre o segundo aspecto e como a GT pode trabalhar com este importante instrumento terapêutico...

Pelo exemplo do atendimento do João, quando foi sugerido o experimento, este teve como intenção possibilitar que ficasse bem claro o que estava se passando a cada momento. Com isso, ficou igualmente claro que João entrou em conflito entre dois polos: em um, havia a possibilidade de ir até Maria, e em outro polo, a fuga.

Partindo disto, como podemos entender, fenomenologicamente o que são "polaridades"? Sendo rigorosamente descritivo, verificamos que polaridades são forças que atuam no campo vivencial, simultaneamente, porém em sentidos inversos. Ou seja, as polaridades se apresentam a nós quando temos que efetuar escolhas, nos impelindo a irmos em uma direção ou em outra, mas nunca nas duas, simultaneamente. Deste modo, quando é difícil tal escolha por um sentido ou outro, ficamos literalmente paralisados, ou conforme o termo empregado pela GT: no "impasse" (cf. glossário).

O impasse é uma situação vivida em que nenhuma das escolhas possíveis é imediatamente satisfatória ou exequível, uma vez que a pessoa ainda não encontrou o apoio necessário nem em si mesmo e nem no mundo, para tomar uma decisão. Ou seja, no caso do "Atendimento 1", João vive intensamente um breve momento de impasse diante das polaridades de ir até Maria, ou fugir. A possibilidade "permanecer na dúvida" nem foi considerada, pois ele não queria permanecer ali, pois tinha certeza de que, naquela hora, ele já estaria bastante enrubescido e, por isso, não queria correr o risco de ser percebido assim, na festa, perante os amigos. Mesmo a escolha que o faz sair do impasse (fugir) não era satisfatória porque, na verdade, ele gostaria de ter ido até Maria.

Surge um outro aspecto para lidarmos, quando João narra que saiu do conflito imediato ao fazer a escolha de sair da festa e fugir da Maria. Mas o impasse em si foi solucionado? Será que João consegue parar seu desejo de encontrar Maria? É muito provável que não. Considerando o que é da nossa experiência cotidiana, tomemos como verdade que João, embora tenha optado em sair da festa, permanece na situação de um impasse, que muda de qualidade para algo mais ou menos assim: "eu devia ter ficado" x "aceito que fugi", o conflito do tipo *top dog* x *under dog* (cf. glossário). Este tipo de conflito, em especial, tem na GT uma descrição mais pormenorizada. Segundo Perls, quando temos um tipo de conflito em que uma parte de nós mesmos imita um chefe, dá ordens, se faz de um carrasco ou general, enquanto a outra parte finge que obedece, diz que vai fazer, mas na verdade não faz, temos o conflito *top dog* (o chefão) x *under dog* (o mandado).

Em coerência com o que falamos antes, quando não damos o tempo suficiente para amadurecer a escolha, podemos correr o risco de escolher algo que, na verdade, não soluciona mas, ao contrário, só aprofunda o conflito ou o desdobra – como no

## Indiferença criativa: polaridades

exemplo atual: não só viveu o conflito anterior, como agora lida com mais um outro, o conflito proveniente da escolha não desejada.

Para a GT, o trabalho com as polaridades precisa ser integrado no contexto da pessoa, para que ela possa perceber qual o sentido do que está acontecendo na sua vida, como um todo, na qual faz parte o conflito pelo qual ela passa. Mas, pelo que temos visto até aqui, para uma melhor aplicação de uma atitude descritiva, não há nada melhor do que visualizar o conflito para perceber nele qual o seu sentido. Como podemos "visualizar" algo, às vezes, tão abstrato quanto um conflito emocional, como, por exemplo, não saber se ama ou não alguém? Ou um conflito diante de um luto, no qual a pessoa sabe que o companheiro se foi, mas não aceita tal fato?

### Breve comentário sobre o experimento enquanto técnica psicodramática

A GT é bastante conhecida pela utilização de suas técnicas terapêuticas de influência psicodramática. Estas técnicas, porém, pelo que estamos construindo até aqui, não são apenas uma transposição de ferramentas de uma abordagem psicoterápica (o próprio Psicodrama, elaborado por Moreno) para outra, mas a utilização coerente de instrumentos que auxiliarão na clarificação do que é o campo vivencial na qual a pessoa está inserida e dele faz parte, de modo a ampliar, saltar às vistas, as forças em jogo.

Este aspecto considero aqui como o fundamental para se entender a utilização das técnicas psicodramáticas: como uma ampliação, um exagero ou colocar sobre a situação vivencial uma "lente de aumento" para que a pessoa enxergue mais, e compreenda melhor o seu aqui e agora, não necessariamente vendo mais profundamente a situação enfocada, mas vendo-a amplamente, alargando-se as possibilidades de percepção.

Para tal visualização, a GT conta com alguns experimentos baseados em técnicas de dramatização, na qual a pessoa pode atuar interpretando as partes reconhecidas do conflito, personificando-as – dando voz a elas – ou através de outras técnicas de apoio, como experimentos com material plástico, representação gráfica do conflito em forma de desenho, pintura, argila etc. Vamos a um breve relato da utilização de uma técnica de dramatização para representar melhor o campo vivencial da pessoa, com um conflito sendo o tema trazido pelo cliente:

### ATENDIMENTO 4

Cliente: – Eu preciso tomar uma decisão sobre este convite em ir trabalhar em outro país... O tempo está se esgotando e eu não quero deixar de dar uma resposta... Mas eu preciso me decidir...

Terapeuta: – Como você se sente neste momento ao me falar sobre esta decisão que você precisa tomar?

C: – Eu me sinto angustiado, fico agitado, como se fosse um bicho preso numa jaula e não sei para onde vou...

# Introdução à Gestalt-terapia

T: – Você poderia me demonstrar isso? (o cliente consente). Bem, sugiro que você venha até o meio da sala, e fique em pé, como se você estivesse dentro de uma jaula, certo? (o cliente acompanha as sugestões do terapeuta). Peço agora que você considere que na sua jaula, há duas portas que estão em lados opostos. Em um lado, está a porta que representa negar o convite com a consequente permanência aqui. Do outro lado, o oposto: a aceitação do convite e a saída do país. Pode ser? (o cliente continua concordando). Agora me diga, como é sua jaula?[26]

C: – Eu me sinto apertado aqui, quero sair imediatamente... Mas não sei por qual porta...

T: – O que o aperta?

C: – É o espaço da jaula, é muito pequeno... Quase não consigo me mexer...

T: – Mas, neste momento, você precisa se mexer?

C: – Ah, sim! Não posso ficar parado, preciso me mexer, não posso perder tempo!..

T: – Então, nesta jaula, você sente que perde tempo?

C: – Com certeza, quero logo sair daqui...

T: – Gostaria de me aprofundar nesta frase: "não posso perder tempo", ok? Eu imaginei a seguinte cena: você, com um monte de bolas de gude na mão, e cada bola representa uma unidade de "tempo". E você fica tomando o maior cuidado para não perdê-las...

C: – É, como se o tempo fosse meu, e tenho que tomar conta para não perdê-lo...

T: – Posso perguntar uma coisa? Sendo o tempo de sua propriedade, então, se você não perder nenhuma bola de gude, o que acontece?

C: – O tempo ficará nas minhas mãos para sempre...

O cliente neste momento faz uma pausa e fica em silêncio... Sua cabeça se abaixa, ele olha para suas mãos e as fita durante um tempo longo. O terapeuta aprecia o momento de silêncio do cliente.

C: – Eu me sinto dono do tempo, e que sou eterno... Por isso, acho que tenho tanta angústia em escolher qual porta sair. Se escolher uma porta que não me sinta bem, é como se eu perdesse as bolas, e fosse envelhecendo e perdendo as chances de ter outras escolhas...

---

**26.** Neste exemplo, temos uma ótima oportunidade de esclarecer, mais uma vez, a noção do aqui-e-agora sob a ótica da "teoria paradoxal da mudança". O terapeuta poderia ter aqui encaminhado o cliente a descrever as portas (ou as escolhas que ele tinha), mas opta em pedir ao cliente que descreva a jaula onde estava. Por quê? Enumeremos algumas razões, já à luz do que foi compreendido até aqui:
a) Descrever as portas da jaula seria partir para o próximo passo (*next step* – conceito segundo Yontef, já comentado), quando ainda não se conheceu bem onde se está: a própria jaula.
b) Ao descrever a jaula, o cliente entra em contato com seu "ponto zero", ou seja, ele considera o que há antes de ter que escolher uma porta ou outra, dando condições de que ele verifique melhor as forças que estão em jogo antes da escolha em si ser efetuada.
c) O mesmo princípio dito sob outra ótica teórica: a jaula é o "fundo" metafórico onde estão as duas figuras conflitantes – as duas portas – e para que sejam alcançadas em seu sentido mais profundo, precisam exatamente da relação com o seu fundo. Lembremos aqui que, para a GT, o sentido do vivido é obtido pela relação deste com seu contexto, ou seja, o sentido é obtido através da relação figura/fundo (cf. página 111).

## Indiferença criativa: polaridades

T: – Você só envelhece se perder as bolas do tempo?

C: – Pois é, é isso que eu estava pensando... Eu não sou dono das bolas do tempo... Eu vou envelhecer de qualquer maneira, mesmo que decida algo que depois eu me arrependa ou não decida nada, não fará diferença... Eu vou perder as bolas do tempo de qualquer maneira.... Eu não sou eterno...

T: – Como você descreve, agora, sua jaula?

C: – É um lugar no qual eu não quero estar mais...

T: – Você tem duas portas para sair daí...

C: – Mas eu ainda não sei qual delas....

Até este momento, o encontro terapêutico se ocupou em entrar em contato com o contexto do cliente, propiciando a descrição mais precisa do que estava acontecendo e as forças atuantes. A partir desta compreensão, passa-se a enfocar o trabalho com as polaridades em si, que era o objetivo deste exemplo de atendimento. Somente para ressaltar, as polaridades alcançam um melhor resultado quando colocadas sob o fundo que as contextualizam e a partir do qual seu sentido mais profundo emerge.

T: – Que tal se você pudesse conversar com elas? (o cliente consente). Como você nomearia cada porta?

C: – Esta aqui eu chamaria de "ganância", é a porta que representa a aceitação do convite e minha ida para fora do país. Esta outra eu chamaria de "comodismo".

T: – Com qual você gostaria de conversar primeiro?

C: – Eu gostaria de saber por que esta porta da ganância me assusta tanto...

T: – Você poderia transformar isto em uma pergunta direta à ganância?

C: – Ganância, por que você me assusta tanto?

T: – Eu vou pedir que agora você troque de lugar com a porta (o cliente então se dirige até o local onde ele imaginou que a porta estava). Você poderia responder à pergunta, sendo esta porta chamada ganância?

C: – Bem, eu acho que a ganância responderia...

T: – Desculpe te interromper, mas gostaria de propor que você falasse como se você mesmo fosse a porta, e não falando o que você acha que a porta responderia, ok? (sobre a questão da linguagem, falaremos na sessão semântica geral – gramática pessoal).

C: – Eu acho que esse cara aí tem medo de mim porque sabe que gosta de ganhar dinheiro e, com o pouco que ganha hoje, já é um cara que se isola de todo mundo, se for ganhar mais, aí é que ninguém vai vê-lo mais. Vai ser um velho rico mas com- pletamente sozinho...

T: – Ganância, você tem algo a perguntar para "esse cara aí" (o terapeuta aponta para o lugar vazio, onde o cliente estava antes de ir assumir o lugar da porta)?

C: – Por que você acha que precisa de mais dinheiro?

Introdução à Gestalt-terapia

T: – Ok, agora eu gostaria que voltasse ao seu lugar anterior, para responder à ganância...

Daqui para frente, o terapeuta poderá utilizar este mesmo recurso para ampliar o contato do cliente com suas escolhas, dando voz a elas – voz essa que representa apenas uma projeção da própria pessoa sobre o que ela imagina que representa cada escolha. O terapeuta poderá utilizar o mesmo recurso com a outra porta nomeada de "comodismo", porém mantendo a atenção sobre o discurso, de modo a permanecer algo pessoal, ou seja, o cliente falando como se fosse o próprio objeto representado. Neste diálogo, o terapeuta fica atento à pessoalidade do diálogo entre as partes, ou seja, o "eu porta" falando para "você João" e "eu João", falando para "você porta", de maneira a manter um discurso direto e, dentro do possível para a situação presente, sem evasivas.

**Solucionando o impasse**

Veja se é familiar para você, leitor, uma história assim:

Aquela mulher sempre estava triste, chateada por não ter condições de sair de um trabalho que ela detestava, em função da dependência financeira que ela tinha em relação ao salário que recebia. O tempo passava e, independentemente de dia, hora ou local, quando alguém se deparava com ela, o assunto acabava sempre sendo o mesmo: suas queixas por viver tal situação de impasse, querendo sair do emprego, mas não podendo fazê-lo por causa do salário.

O conflito que ela vivia acontecia exatamente não porque ela não saía do trabalho ou porque ela não tinha como ganhar dinheiro de outra forma. Seu conflito se dava porque ela não aceitava que, naquele momento, ela realmente precisava daquele dinheiro. Veja bem que "aceitação" não é comodismo: lembrando o exemplo dado anteriormente sobre os cinco degraus, só começamos a subir se aceitamos onde estamos.

Além de seu trabalho, sua vida familiar estava uma lástima, com filhos tendo problemas na escola, um marido que não demonstrava muito interesse por ela e amigos que quase já não a visitavam. Apesar deste conflito perdurar tanto tempo, houve um momento no qual ela decidiu que, ao invés daquele emprego, poderia tentar uma outra forma alternativa de sustento, trabalhando com artesanato, coisa que sempre gostou muito de fazer... Depois de um tempo de preparação e algumas economias, ela finalmente consegue pedir sua demissão e iniciar a todo vapor com sua nova atividade. Após um tempo, ela começa perceber que, mesmo com dificuldades, de alguma maneira sua relação familiar mudou: os filhos estavam mais tranquilos e com uma melhor relação com ela, seu marido mais atencioso e, após o convite para a terceira festa seguida na casa de amigos diferentes, lembrou também que estava vendo mais as pessoas das quais ela gostava.

É familiar para você uma história assim?

Imagine um automóvel ligado, com seu motor ao máximo, puxando duas grandes pedras amarradas cada uma de um lado. Com a energia gasta em relação a um conflito, até que ele seja natural e satisfatoriamente concluído, vivemos uma situação assim.

## Indiferença criativa: polaridades

Temos que gastar uma energia suplementar para dar conta do peso de uma situação da qual nos cobramos uma resolução. Porém, uma vez alcançada tal resolução, é como se as duas cordas que amarravam o carro às pedras fossem cortadas, e toda a energia do carro passasse então ser empregada em ir para onde gostaria. Sobre o termo "energia" segundo a GT, ver na sessão glossário.

Essa analogia é próxima à experiência de uma conclusão de um impasse. A energia até então mal empregada em algo que não evoluía, torna todo o campo vivencial da pessoa algo "chato", repetitivo, estagnado e, em alguns casos, levando a situações patológicas mais graves. As pessoas em contato com tal campo vão reagir a ele, eventualmente se afastando. Mas, na medida em que as forças atuantes no campo vivencial podem ser empregadas de acordo com os interesses da pessoa, em equilíbrio, a harmonia do campo retorna ao seu movimento natural, que passará a impregnar as outras pessoas com uma outra qualidade de relação.

Assim, para atingir o emprego de toda energia disponível na direção que queremos tomar, é fundamental a conscientização daquilo na qual nos mantemos "amarrados", ancorando nosso próprio processo de crescimento, o que nós mesmos fazemos para complicar nossas vidas...

Para concluir, Perls nos dá um ótimo exemplo sobre a questão do impasse: "A coisa mais incrível, que é tão difícil de compreender, é que a experiência, a conscientização do agora, basta para resolver todas as dificuldades neuróticas. Se estivermos plenamente cônscios do impasse, este desmoronará e encontrar-nos-emos subitamente livres dele" (PERLS apud FAGAN & SHEPHERD, 1980: 43).

# 8
# Psicologia da Gestalt

Na medida em que exploramos nos capítulos anteriores a ideia do campo vivencial, descrito no "Atendimento 1" do João, percebemos então que há uma variedade de forças intra e interpsíquicas atuando, umas interagindo com outras, e que, juntas, simultaneamente, compõem a maneira da pessoa de agir, como um todo. Mas, mesmo nos mantendo fiéis ao nosso campo holístico de trabalho e não nos rendendo ao reducionismo, sabemos que não há como focalizarmos todas as forças que atuam no campo vivencial de uma pessoa, de uma só vez... Daí, seguimos a verificar junto a própria pessoa, qual é a sua escolha de trabalho. Dentre as situações que ela apresenta, qual para ela é a mais importante?

Mas, para fazer isso, precisamos discutir antes como uma situação, mediante tantas outras, "salta às vistas"; como uma força é percebida como emergencial, prioritária, no meio de uma imensidão de forças diferentes.

Para tratar destes aspectos, a GT absorveu em seu corpo teórico a influência do campo de pesquisa chamado de "psicologia da Gestalt", que – em função do nome – é muito comum de ser confundida com a própria GT. "Psicologia da Gestalt" e Gestalt-terapia, são coisas diferentes. Sugiro que você faça uma rápida consulta ao "Apêndice A", no final do livro, para já obter as informações necessárias para entender o que é psicologia da Gestalt.

Considerando a contribuição deste campo de pesquisa sobre a capacidade humana de perceber as coisas, e considerando que em nosso trabalho lidamos fundamentalmente com a questão descritiva, logo, o que a psicologia da Gestalt descobriu nos interessa em muito. Algumas de suas descobertas afetam tremendamente a forma com a qual entendemos o nosso próprio processo de percepção. Vamos a esse entendimento.

**Conversando sobre o conceito de "figura/fundo"**

Quando você está andando na rua, como você olha para as coisas a sua volta? Você se percebe andando de cabeça baixa, olhando para a calçada mais próxima, ou de cabeça mais inclinada para cima, olhando mais para a paisagem distante, ou prefere ficar com os olhos mais direcionados na altura dos rostos das pessoas? Como é o seu estilo de "olhar"? Pois é, estou colocando uma questão interessante: as pessoas olham de forma diferente... Mas independentemente da forma de olhar, enquanto anda, você está fazendo isso em algum lugar e para atingir algum objetivo, não é? O que você está

## Psicologia da Gestalt

procurando? Se você está com fome e procurando um restaurante, seus olhos passarão pelas fachadas das lojas, farmácias, livrarias etc., até que finalmente percebem, no meio de tantos estímulos diferentes, aquilo que você procura: um lugar para comer. Digamos que, na mesma hora, quando você ainda estava procurando o restaurante e ainda não o havia achado, aquela livraria foi vista mas – assim como todo o resto do que você viu – não lhe chamou muita atenção, já que você estava em um momento no qual tudo o que era percebido estava classificado em apenas duas categorias: como "restaurante", ou como "não restaurante"... Você até precisaria comprar alguma coisa na livraria, só que, naquele momento, você, com fome, nem queria saber da livraria mas, sim, do restaurante. Depois da refeição sim, talvez ao passar pela livraria, você até a percebesse, uma vez sua fome estando saciada. Você já percebeu acontecer alguma situação assim com você?

Eventualmente, quando alguma necessidade orgânica destas não é saciada, temos então uma situação na qual esta necessidade passa a ser prioritária, emergente, ou – como é chamada na psicologia da Gestalt: figural. Por exemplo, no caso acima, a figura que a pessoa tinha em seu campo era a fome. Então, sobre tal fundo – a própria rua – seus olhos perscrutavam aquilo que sua necessidade orgânica solicitava e, enquanto aquilo não se resolvesse, a situação permaneceria em aberto (a Gestalt aberta, conforme já comentado), precisando de um fechamento: comer.

Bem, você consegue imaginar um restaurante existindo no vácuo? Aliás, qualquer coisa existindo em um vácuo absoluto? Podemos até imaginar, mas sabemos que tudo o que conhecemos, só o conhecemos existindo em algum lugar, em algum tempo; enfim, dentro de um contexto[27]. Ou seja, não há como imaginar alguma coisa sem que haja qualquer coisa em volta dela! No caso do exemplo acima, o restaurante é a figura, e o contexto é a própria rua, onde o restaurante deveria estar. A este contexto de onde a figura emerge, a psicologia da Gestalt chama de "fundo".

Como poderíamos entender então a ideia do conceito de fundo? Pelo que vimos, toda vez que nossa atenção se volta para algo – busca uma figura – essa busca sempre se realizará sobre um fundo. O fundo é na verdade para onde olhamos, para onde direcionamos nossa busca pelo que precisamos, que não nos chama a atenção, até que finalmente encontramos o que precisamos. Em última análise, "fundo" é tudo, o que nos cerca, nós próprios, nossa história... Enfim tudo o que possa servir como contexto para o surgimento de algo.

Sempre estaremos enxergando figuras sobre fundos, ou, em outras palavras, sempre haverá um contexto para o texto, um livro para a página, uma família para o filho,

---

**27.** Sempre percebemos a realidade em um contexto, segundo algum critério. Por exemplo, segundo Immanuel Kant (1724/1804), as condições mínimas através das quais percebemos algo são as que ele denominou de "condições aprioríticas": o espaço e o tempo (KANT, 1966).

# Introdução à Gestalt-terapia

um país para o cidadão, uma cultura para um mito[28], uma pessoa para uma doença. "Uma pessoa para uma doença", é o que nos interessa particularmente, pois resgatar a pessoa que se via apenas como o "doente" já é um grande passo para se enxergar novas possibilidades intrínsecas ao sujeito em lidar com sua doença. O trabalho psicoterápico consiste em propiciar condições da pessoa considerar a si mesma como um todo e – neste caso – o que está além da doença: sua saúde, sua força, sua determinação, sua esperança, etc.

Até aqui, falamos sob os aspectos orgânicos que mobilizam este processo figura/fundo. Só que nossas necessidades vão bem além de "coisas", de objetos concretos: comida, água, ar... Ou seja, no exemplo da busca pela figura "restaurante", há uma necessidade orgânica clara que norteia a busca de suprir aquilo que se necessita. Há uma procura. Mas sobre este fundo podem emergir também figuras que não serão em função da necessidade de "coisas". Precisamos de afeto, precisamos de aprovação, precisamos receber um tratamento justo, precisamos ter alguma noção de sentido para a vida... Enfim, as necessidades podem variar muito e de acordo com a vida de cada um. Porém, na medida em que vivemos experiências nas quais algumas dessas necessidades não foram supridas, temos a sensação de uma situação em aberto que também clamará por um fechamento, conforme já visto. Vamos a um exemplo prático disto, para compreendermos sob outro ângulo.

Uma jovem e talentosa pintora cresceu em um lar de pais rudes, voltados para o cultivo da terra e sem a menor sensibilidade para as necessidades da filha. Todo o trabalho que ela fazia, desde pequena, inicialmente desenhando com pedaços de carvão sobre o cimento de sua casa, eram veementemente desaprovados pelos pais. Por mais

---

**28.** Um interessante exemplo para se verificar a relação do mito com a cultura na qual está inserido é o mito de Édipo, que inspirou Freud a escrever sobre o complexo de Édipo, em referência à libido infantil do filho que deseja sexualmente a mãe e fantasia a morte do pai. Essa visão sobre o mito original de Édipo é, no mínimo, unívoca. Na verdade, Freud olhou para o mito com os olhos de sua própria época e impôs sobre ele uma única possibilidade de interpretação, não procurando perceber o contexto da época original na qual o mito foi escrito. Ressaltemos, entretanto, que muitas informações sobre a Idade Antiga ainda não estavam disponíveis na época de Freud.
Assim: como era o contexto cultural na época do mito? Segundo as pesquisas de Ariès e Duby (1990), na cultura antiga, o cidadão de uma metrópole não tinha um filho, ele "o tomava" (p. 23s.). Ou seja, se não o aceitasse, erguendo-o aos céus em seus braços, o filho não seria reconhecido, passando a ser um bastardo e não tendo o nome do pai: "Os recém-nascidos só vêm ao mundo, ou melhor, só são recebidos na sociedade em virtude de uma decisão do chefe de família" (p. 23). Esse poder paterno sobre a família alcançava o campo religioso. Os patriarcas ancestrais eram adorados em casa, através do "lar", e por aí uma fogueira mantida sempre acesa dentro de cada residência, em um lugar reservado somente à família. Ao desposar, a filha não podia renunciar àquele "lar", ou seja, não podia negar seus deuses ancestrais. Por isso, instituiu-se o ritual (até hoje praticado) do noivo levar sua amada nos braços, simbolizando que ela não vai por "vontade própria" e por isso não estava renunciando aos seus deuses ancestrais, o "lar familiae pater" (COULANGES, 1987: p. 89ss.). Havia o poder jurídico também, de modo que um filho "nada possuía" (p. 95). O filho "nada podia adquirir, os frutos do seu trabalho, os benefícios do seu comércio, pertenciam ao seu pai [...] o pai podia dispor de toda propriedade que pertencesse à família, e deste modo o seu próprio filho podia ser encarado como propriedade". Ou seja, o pai podia vender o filho como escravo: "[...] um menino permanecia sob a autoridade paterna e só se tornava inteiramente romano, 'pai de família', após a morte do pai; ainda mais, este era seu juiz natural e podia condená-lo à morte por sentença privada" (ARIÈS & DUBY, 1990: p. 40ss.) psicologicamente a situação de um adulto com pai vivo é insuportável. Ele não pode fazer um gesto sem o pai: concluir um contrato, libertar um escravo, elaborar seu testamento (p. 41). "A morte do pai anunciava [...] o fim de uma espécie de escravidão; os filhos tornavam-se adultos e a filha, se não fosse casada ou divorciada, tornava-se herdeira..." (p. 42). E concluindo: "Assim, não nos surpreendamos com a obsessão pelo parricídio e sua relativa frequência era um grande crime razoavelmente explicável, e não um prodígio freudiano" (p. 42).

bonito que fosse o trabalho, a resposta dos pais era a mesma: "pare de brincar com coisas que não vão lhe dar dinheiro!!" Por ser muito ligada ao pai, especialmente dele a jovem gostaria de ter recebido um elogio, pelo menos uma vez, pelo seu trabalho. Na medida em que cresceu, a jovem conseguiu um espaço para o seu trabalho e efetivamente tornou isso seu meio de vida.

Esta jovem procurou terapia para resolver uma questão ligada às suas relações com os homens. Ela percebeu que sempre se relacionava com um mesmo tipo de homem, mais velho, "lembrando o seu pai", e principalmente aqueles que se atraíam por ela por curiosidade em conhecer a autora de obras tão lindas. Para ela era claro que ainda buscava nos homens aquilo que o seu pai não lhe havia dado, mas ela não sabia como fazer para que isso não se repetisse.

Somente para "provocar" um pouquinho... que tal uma pergunta assim:

– Mas espere aí... Não estou vendo a menor diferença entre a linha reducionista de causa/efeito que você tanto criticou antes e essa argumentação que você está apresentando agora... Ou seja, você está dizendo que a jovem se relaciona com homens mais velhos (efeito) por causa do pai!

Vamos esclarecer uma coisa. Assim como no início deste livro, quando comentei sobre o limite em lidar apenas com a razão, ou o limite de lidar apenas com características advindas de generalidades ou tratamentos estatísticos, ratifiquei que tais informações também são úteis. A crítica concentrou-se em relação à palavra "apenas": ou seja, de usar apenas isto, reduzindo o enfoque psicoterápico às relações causais.

Em minha opinião, nada deve ser descartado, desde que seja relevante para o contato terapêutico. Eu vejo a GT com um objetivo, pelo contrário, de lidar com o maior número de informações – com o todo – que uma situação psicoterapêutica enfocada apresenta, sistemicamente (cf. BERTALANFFY, 1973). Da mesma forma aqui, estamos lidando com uma *situação apresentada pela cliente* como uma "linha": a rejeição paterna (causa) gerando nela uma necessidade de aprovação de homens mais velhos (efeito). Esse dado é real para a cliente, e não pode ser desconsiderado.

A questão é o limite que uma visão reducionista dá ao lidarmos com ela. Ou seja, quais são as forças (novamente, um raciocínio ligado à teoria de campo) que estão presentes hoje para que a jovem continue precisando da aprovação do pai... Assim como no exemplo do atendimento do João, podemos descobrir várias forças atuando no presente que permitem a continuidade da Gestalt aberta, ou seja, como a jovem faz para que a falta se mantenha enquanto falta... Poderão surgir inseguranças, dificuldade em receber – recebeu o reconhecimento de todos, mas só "servia" o do pai –, dificuldade em perdoar, entendendo que o universo cultural dos pais poderia não comportar a experiência de ter uma filha artista, etc.

Concluindo, na medida em que se contrasta a figura apresentada pela cliente ("dificuldade na relação com os homens que se parecem com meu pai"), com o fundo de sua própria experiência, temos mais condição de ampliar a compreensão das forças atuantes no presente que perpetuam esta situação em aberto.

Introdução à Gestalt-terapia

## Figura/fundo: mais sobre responsabilidade e frustração

Lembrando alguns aspectos conceituais anteriormente vistos, podemos reconsiderá-los junto com a apresentação do conceito de fechamento ou closura (a apreensão de informações diferentes em um sentido; conclusão da tarefa). Quando há tais situações em aberto, podemos nos questionar sobre o que a pessoa faz, qual sua responsabilidade em ainda mantê-las abertas, não é?

Uma das possibilidades é quando a pessoa espera que tais situações sejam fechadas por outros. No caso citado acima, a jovem pintora espera que outro homem, substituindo seu pai, possa valorizá-la como ela não pôde ter sido pelo próprio pai. Mas quando alguém tem tal expectativa de receber do outro um fechamento da própria Gestalt aberta, responsabilizando-o por isto, provavelmente tal expectativa também acontecerá na relação terapêutica. Aqui a visão holística novamente se apresenta: a pessoa é, na terapia, "ela mesma", o que significa dizer que suas dificuldades continuarão com ela, de maneira que, o que acontece em suas relações em casa, no trabalho, etc., e que são de sua responsabilidade, também surgirão em outros relacionamentos, inclusive o terapêutico. Ou seja, a pessoa esperará que o terapeuta feche as situações inacabadas, assim como esperou que outros o fizessem.

Um dos principais trabalhos do terapeuta será fazer com que o cliente perceba que ele mesmo pode suprir-se, fechar suas próprias situações inacabadas. O terapeuta não fará isto por ele e se utilizará da frustração, ao não atender o pedido do cliente para fazer as coisas por ele. Aqui entra a questão da responsabilidade que se volta para o próprio cliente: a responsabilidade para com ele mesmo, no sentido de perceber se está sendo claro ou não sobre o que ele quer, qual o seu objetivo na terapia, como escolhe e como se percebe escolhendo a utilização do tempo na sessão terapêutica, etc. Como falamos antes, o apoio do terapeuta é no sentido de estar junto à pessoa para que ela mesma descubra o que precisa para fechar suas situações inacabadas. Assim, "frustração" não é abandonar o cliente. "Frustração" também não é uma forma do terapeuta afastar-se da relação, dizendo que ele "não tem nada com isso"... Aqui, considero a frustração como um exercício de fé: acreditar na pessoa e na sua capacidade de fazer o que precisa para si mesma e por si mesma; levar fé que uma vez ela encontrando o que a impede ou dificulta, ela pode compreender a si mesma, livrar-se dos obstáculos impostos a si por ela mesma e crescer sozinha, alçando vôo com suas próprias asas e trocando com os outros pássaros que vier a encontrar no caminho...

Na sessão "condição humana e responsabilidade", em relação ao "Atendimento 1", ao comentar sobre a atitude do terapeuta em deixar que João assumisse a responsabilidade pela escolha do que queria fazer, a utilização da frustração se fez presente. No caso, João assume sua responsabilidade e segue em frente, mas nem sempre isso acontece...

Olhe a seguinte situação:

Duas pessoas são designadas para executar uma tarefa em uma escola, sendo que uma já inicia fazendo as escolhas necessárias para que a tarefa seja cumprida, e sempre consultando a outra para saber de sua concordância ou não. A outra pessoa, sistematicamente deixava tais escolhas na mão da primeira, com frases do tipo: – Você é quem sabe...

ou – O que você escolher está bom. A tarefa vai sendo cumprida, sempre com a iniciativa da primeira e a anuência da segunda... Até que, ao final, no momento da conclusão e apresentação da tarefa, algo sai errado, quando então a segunda pessoa se justifica: Eu não tenho nada com isso, a outra é que escolheu tudo sozinha!...

Lidar com a responsabilidade sobre as escolhas é lidar com risco. Escolher significa assumir o que se quer e suas consequências. Ao imputar ao outro as escolhas de algo que é de nossa responsabilidade, nos enganamos, isentando-nos artificialmente destas consequências: fica mais fácil acusar o outro dos erros. Mas o engano é que *a omissão também é uma escolha; uma escolha que nos torna negligentes com a nossa própria responsabilidade.*

Daí, essa pessoa que se omite se deita à sombra dos outros, e quando tal atitude de omissão se perpetua, mais e mais ela se despersonaliza; passa a ser uma pessoa que assume a opinião pública, que se veste de acordo com o gosto dos outros, que pensa o que é normalmente pensado, fala do que normalmente se fala e vive uma vida que normalmente se leva: a alienada, longe de si mesmo. Reich escreveu veemente contra tais aspectos em seu livro *"Escuta, Zé-Ninguém!"* (REICH, 1982a).

Por outro lado, a terapia não é um lugar que sirva para "politizar" ninguém, já que este também é um trabalho de conformação, só que às avessas: ao invés de adaptá-lo à sociedade, fazer com que ela se conforme a uma linha ideológica qualquer. Tanto em uma direção ou em outra, seria a terapia funcionando para persuasão. Aqui, ao invés disso, estamos levantando a questão da despessoalização, quando o indivíduo que chega à terapia insatisfeito, eventualmente confuso, perdido, buscando sua identidade, tem como queixa o seu sentimento de alienação.

A vida açambarca inúmeras possibilidades de ser e de ser feliz, e muitas pessoas podem conseguir uma qualidade de vida que lhes satisfaça, mesmo que tal vida possa ser considerada por outros como alienada. Em suma, a questão não é a minha ótica – enquanto observador, terapeuta, cidadão – mas a ótica do próprio sujeito avaliando sua própria vida...

Na terapia, a pessoa que age desta maneira – buscando a isenção sobre si e a imputando ao terapeuta – se contorcionará para tentar manter nesta relação a mesma conduta. Como em todo o processo, aqui também descrevemos o que acontece, incluindo o pedido da pessoa para que o terapeuta se responsabilize por ela e, nesta descrição, é incluído o que há a mais neste campo vivencial: que forças atuam sobre a pessoa para conduzi-la a tal omissão? O que ela teme? O que ela espera que o terapeuta faça por ela? O que a faz acreditar que ela mesma não possa fazê-lo? Para o cliente, parece que algo está se repetindo aqui, nesta relação terapêutica?

Sobre o comportamento que aparentemente se repete, vamos detalhar um pouco mais a seguir.

**O comportamento recursivo**

Retomando a questão anteriormente apresentada, estamos considerando que a pessoa pode ter faltas, situações inacabadas ao longo de uma experiência de vida, de maneira a suscitar no presente um comportamento na pessoa que visa atingir o que necessita: fechar tais situações em aberto.

# Introdução à Gestalt-terapia

Vamos esclarecer, porém, que uma situação, por mais semelhante que seja, ela de fato não se repete. O que ocorre é uma situação recursiva. Maturana nos dá um excelente exemplo para esclarecer esta questão: "[...] sempre que um observador vê uma repetição, ele ou ela vê que tudo continua o mesmo, e que sempre que o observador vê uma recursão, ele ou ela vê o aparecimento de um novo domínio de fenômenos. Vejamos um exemplo: se as rodas de um carro derrapam ao girar, o carro não se move, ele permanece no mesmo lugar, e o observador vê o girar das rodas como repetitivo. No entanto, se as rodas de um carro giram de forma que seu ponto de contato com o chão muda, e a cada volta a roda começa de uma posição do solo diferente da ocupada previamente, o observador vê um novo fenômeno – o movimento do carro – e considera o movimento das rodas recursivo" (MATURANA, 1997: 219). Pela nossa ótica fenomenológica até aqui utilizada, a noção de recursividade é mais pertinente do que a noção de repetição, considerando que um comportamento pode até ser tido como "repetitivo", mas nunca acontecerá no mesmo aqui-e-agora.

Assim, para esclarecer como acontece o comportamento recursivo, vamos novamente recorrer à psicologia da Gestalt e às suas pesquisas.

Bem, você já reparou que temos uma tendência a, partindo de certos elementos mínimos, deduzirmos ou intuirmos o significado de algo? Por exemplo:

•

• •

Desenho 3

Se nos determos ao que realmente estamos vendo, o que descrevemos? Descrevemos que existe um ponto preto, há uma distância mediana perpendicular acima cerca de dois centímetros de outros dois pontos do mesmo tamanho, com cerca também de dois centímetros de distância entre eles em linha reta plana. Essa é uma descrição relativamente precisa, não acha? Mas a questão é que, ao vermos os pontos (as partes), inevitavelmente colocamos sobre esta percepção um significado (um todo). Vemos um triângulo. Ou seja, temos uma tendência em, a partir de certos estímulos mínimos, depreendermos um significado que abranja uma relação entre tais estímulos, de maneira a formar um "todo", organizando a percepção com a melhor forma possível. O ato perceptivo, segundo a psicologia da Gestalt, busca uma "boa forma": quando vemos os três pontos acima, tendemos a organizar tal percepção em uma boa forma, vendo-a completa, com um sentido, em forma de um triângulo. Esta é a teoria da "boa forma", dentro da psicologia da Gestalt, baseada no conceito de consciência intencional descrito pela fenomenologia, e considerando o princípio de Ehrenfels, de que o todo é mais do que a soma de suas partes (cf. apêndice A).

## Psicologia da Gestalt

Para a GT, esses princípios também se aplicam sobre o nosso comportamento em geral. Ou seja, consideramos que também ao comportamento se estende tal tendência e, enquanto estivermos vivenciando uma situação, ou mesmo quando esta já é passada, mas não conseguimos obter uma boa forma dela, tenderemos a buscar tal fechamento. É o caso das situações das quais temos a nítida impressão de já termos vivido antes, e que podem ser várias:

• Aquela pessoa que sempre namora, casa ou se envolve com o mesmo tipo de parceiro ou parceira, e acaba tendo os mesmos tipos de problemas e não consegue imaginar "como foi que aquilo aconteceu de novo na minha vida"...

• O indivíduo que está sempre passando pelos mesmos tipos de perseguição, complôs, sempre se sentindo vítima das pessoas e das circunstâncias; coisa que, porém, não chegaria a atingir uma situação de impedimento social. Neste caso, já estaríamos no campo de uma psicopatologia grave, como os distúrbios paranoides.

• A pessoa que não sabe como, está sempre com problemas financeiros, apesar de ter recursos para administrar com conforto, e acaba por estar sempre se vendo em uma posição de dependência, de vergonha, de privação...

• E, por último, a situação descrita na sessão anterior, que é o cliente que sempre espera que tomem decisões por ele, que espera a opinião dos outros para dar a sua, que aguarda a direção dada pela maioria para segui-la.

Poderíamos tecer uma série de exemplos, porém acredito que já está esclarecido o tema aqui trazido. Mas como funciona isso?

Na medida em que em nossa situação presente de vida não atingimos a maturidade suficiente para confiar em nosso próprio auto-apoio, e ainda não temos suficiente apoio externo (a definição do "impasse" anteriormente mencionado), ficamos em uma situação em que nos vemos ainda sem recursos para lidar com nossos próprios problemas. Porém, queremos solucionar nossas situações em aberto e isso exerce uma força que nos impulsiona para o fechamento de tal situação, mesmo não tendo os recursos para isso. Assim, nossas ações visam aquilo, intencionam atingir aquela definição, de maneira a influenciar nosso comportamento a construir no mundo, um correlato da percepção interna da situação inacabada. Com isso, acabamos por provocar situações semelhantes, como se em cada uma destas situações pudéssemos finalmente encontrar "a saída", viver o que é necessário para fechar tal situação.

As situações recursivas funcionariam como "novas chances", algo na qual podemos encontrar uma oportunidade de troca com o mundo e alcançar o fechamento necessário, como no exemplo da jovem artista, insatisfeita em seus relacionamentos com homens que se mostravam muito parecidos uns com os outros, e lembrando sempre seu próprio pai. Pelo argumento acima, podemos concluir então que a situação em si, que se assemelha com outras anteriores, não é o problema. O problema, de fato, é continuarmos agindo da mesma forma insatisfatória a cada vez que um problema semelhante se apresenta, ou seja, termos uma chance de mudança e não aproveitarmos, mantendo padrões de comportamento velhos para situações até semelhantes, mas que não são as mesmas, posto que são presentes.

# Introdução à Gestalt-terapia

Desenho 4

A força que exerce uma situação incompleta em nossa vida...
Não dá vontade de pegar um lápis para "completar" a figura?
Mas a questão é: que força é esta que nos faz crer
que a figura já não estaria completa como está?...

Para quem já possui um conhecimento prévio da psicanálise freudiana, poderá achar semelhante os argumentos apresentados aqui, em relação aos comportamentos recursivos, quando comparados com o mesmo tema dentro daquela abordagem. De fato, na psicanálise há uma descrição de situações nas quais se vê o paciente apresentando o mesmo quadro, porém a razão pela qual tal aparente repetição se dá, é obviamente diferente, devido ao contexto teórico da qual se parte.

No caso da psicanálise, o chamado comportamento repetitivo se dá em função da censura que nosso superego faz sobre um objeto desejado mas conscientemente incompatível com a autoimagem. A energia libidinal que estava vinculada a tal objeto, quando este é censurado, fica livre para procurar se vincular a outros objetos para alcançar sua expressividade. Tal expressividade, porém, não satisfaz, pois não foi expressa de acordo com sua tendência original, gerando novas buscas por novos objetos. Segundo Freud, isso acontece porque a censura só acontece sobre a imagem do objeto que temos em nossa consciência, mas não sobre a energia libidinal (a catexia) ligada a ele. A pessoa então repetirá seu comportamento, tentando alcançar inconscientemente o objeto original perdido. Tal expectativa de um comportamento repetitivo é condição essencial para o estabelecimento do tratamento psicanalítico, já que somente quando a pessoa instaura com o seu analista tal relação repetitiva – no caso, a chamada neurose de transferência, que nada mais é do que sentir pelo psicanalista os afetos que eram destinados a terceiros: o ódio que sentia pelo pai, o amor que sentia pela mãe, etc. – é que a análise efetivamente se inicia. Embora as observações tanto da psicanálise quanto da GT ocorram sobre um mesmo tipo de comportamento, o tratamento teórico de cada escola será bem diferente. Para uma visão mais detalhada, sobre esse aspecto da Psicanálise, sugiro Garcia-Roza (1986/).

Retomando e concluindo a discussão sobre as contribuições da psicologia da Gestalt para a GT, muitas outras coisas poderiam ser aqui acrescentadas, mas acredito que os aspectos já citados apontam suficientemente a grande importância desta linha de pesquisa para o trabalho psicoterápico desta abordagem. Para um estudo mais aprofundado, sugiro o excelente *Princípios de psicologia da Gestalt*, de Kurt Koffka.

# 9
# Ciclo de contato: mecanismos de evitação do contato

Para introduzir esse tema, vamos lembrar do caso apresentado no "Atendimento 1", em relação ao atendimento do João. Perguntemo-nos: do que será que João precisa? De Maria? Embora tenhamos até percebido que sim – realmente, João a deseja – ele próprio notou que tal desejo se viu cortado, impedido de ser expresso e satisfeito, porque ele acabou trazendo para o presente uma situação passada, impedindo-se consequentemente de lidar com a situação nova, e fugindo enrubescido de lá.

Você, leitor, já passou por situações assim? Você já teve alguma necessidade não satisfeita por um impedimento próprio? Vamos conversar um pouco mais sobre isso.

Nosso organismo está sempre metabolizando coisas, com necessidades de consumo ou de excreção, que uma vez satisfeitas voltam posteriormente a se renovarem, ciclicamente. Estamos sempre precisando de coisas novas ou da reposição das mesmas coisas, e expulsar o que não nos serve mais. Esse estado processual, que acontece em ciclos contínuos de constante metabolização, é inerente aos seres vivos e conosco não é diferente. Mas, aplicando também aqui nossa atitude descritiva, vamos notar que este estado processual, embora constante, *não se encontra no mesmo ponto em relação a cada um dos processos que estão em andamento*, não é? De uma maneira bem simples, neste exato segundo, enquanto você lê estas palavras, você pode estar, por exemplo, com sede (na etapa de um processo no qual você precisa ingerir, obter do mundo o que precisa) e ao mesmo tempo, expirando o ar dos seus pulmões (na etapa do processo no qual você precisa excretar, devolver ao mundo o que você não precisa mais).

Sendo um pouco implicante com a nossa própria forma de comunicação, e a utilizando como mais um exemplo para a construção da nossa ponte, você notou que – novamente – quando eu expus a ideia acima, ela pareceu sugerir uma forma de pensar dicotômica?

– Como assim? Dicotômico em relação ao quê?

Ao começar a apresentar a você a ideia do ciclo de contato da GT, comecei a falar de "processo" (cf. glossário), mas apresentei o exemplo de uma forma bem reducionista: excretar/ingerir, repor/expulsar, obter/devolver etc. Em algumas das páginas das sessões anteriores, você encontrou críticas em relação a esta forma de ver o mundo. Quando esse tipo de visão maniqueísta impera, o que nos falta? Já temos um recurso para lidar com isso, que é a nossa teoria de campo.

Assim, como podemos aplicar a ideia do campo a este estado processual? É fácil perceber que, considerando o organismo humano em um campo, são incalculáveis os processos que estão em andamento em todo o sistema que compõe um simples indiví-

## Introdução à Gestalt-terapia

duo: bilhões de células e cada uma com suas mitocondriazinhas a funcionar, moléculas, tecidos, órgãos, sistemas, e cada um, em cada nível, em um constante processo com o seu meio.

Mesmo sendo incalculável e, portanto, impossível de receber uma descrição através do nosso método fenomenológico, podemos, por outro lado, eleger um processo e acompanhá-lo, em cada etapa, para conhecer como ele funciona. Vamos pensar no sistema digestivo, e acompanhar a necessidade fisiológica de nos alimentar: a fome. E você, está com fome? Que tal um lanchinho?...

Bem, se você não estiver com fome, significa que, dentro do seu organismo, não há nada que desperte sua atenção para isso. Diremos então, já usando a nomenclatura correta de acordo com Goldstein (teoria organísmica, já mencionada), que seu organismo está em equilíbrio em relação a esta necessidade – a fome. Porém, como este livro não é tão curto assim, em breve você voltará a ter fome de novo. Daí, o que acontece? Seu organismo, até então em equilíbrio, não chamou atenção para a fome. Mas, a partir do momento em que algo é percebido, sua atenção começa a ser desviada. Estamos sendo rigorosamente descritivos, não é? Estou falando ainda em relação a "algo percebido" mas sem ainda qualificar o que é, e que, ao chamar atenção, já desfaz aquele equilíbrio que havíamos falado antes. Nem estamos chamando ainda de fome ao que fez o equilíbrio ser desfeito. Isto porque estamos em um ponto no qual algo é sentido, algo é percebido, mas ainda não temos uma imediata identificação. Este ponto inicial que desfaz o equilíbrio é chamado de "sensação". Esta sensação, na medida em que vai recebendo mais e mais atenção sua, chega a um segundo ponto em que você para o que estava pensando e toma consciência do que é. Por exemplo, você vai percebendo uma sensação estranha no estômago, uma certa acidez na boca, e essas sensações em conjunto chamam cada vez mais sua atenção, até que você tome consciência delas e perceba que está com fome (ZINKER, 1979: 77ss.).

Nesta etapa, o organismo como um todo se mobiliza para atender algo que até então estava recebendo uma parcela de sua atenção. É do que falávamos anteriormente: a fome se torna figura, e você, então, mobilizará sua energia para atendê-la (terceiro ponto). No caso, você pensará aonde poderá ir, ou o que buscar para comer, ou – se precisar sair – o que precisará fazer, quanto vai gastar, etc. Nesta etapa, então, ocorre o planejamento, ou o "como" você vai fazer para matar sua fome. Uma vez sua energia sendo mobilizada para isso, então você finalmente age (quarto ponto): vai até onde a comida está, ou sai até um restaurante, ou pede algo pelo telefone. Você faz sua parte para permitir que ocorra o momento do contato (quinto): a comida chega e você satisfaz sua necessidade, voltando finalmente a um retraimento (sexto) desta energia para o "fundo" (não é mais figura para você), de onde deverá emergir outra hora, quando a fome voltar.

Sobre este ciclo e suas etapas, ver Zinker (1979: 84s.). Ribeiro (1997), também nos apresenta uma obra bem interessante e específica sobre esse assunto.

O organismo, então, ao invés da reducionista forma ingerir/excretar que falamos antes, age de outra forma, em ciclos, mediados pelo que Zinker chamou de retraimento (ou "retirada" – cf. RIBEIRO, 1997: 28ss.), mas que, na argumentação que apresento aqui, vou preferir utilizar o termo "repouso" ( p. 50) por um motivo simples: porque é um termo que expressa melhor algo para o qual nós damos pouco espaço em nossa forma reducionista de ver a realidade. Considerando o maniqueísmo sobre o qual conversamos no início, em nossa cultura é possível perceber uma forma de lidar com as coisas na base do "sim" ou "não", conforme as engrenagens da máquina, que "funcionam" ou "não funcionam". Não há um tempo 'entre' – um espaço vazio para o silêncio, para a meditação, para a paz, para deixar que nós, como um todo, possamos nos restabelecer. Este repouso é o que precede cada novo ciclo, é o que vem antes, o contexto sobre o qual nossas necessidades formarão um contraste e se tornarão figuras, e nos mobilizará para satisfazê-las de acordo com cada uma das etapas: entrando em contato com a sensação que nos excita, tomando consciência dela, mobilizando a energia necessária para, posteriormente, agir e entrar em contato com o que pode suprir nossa necessidade que, uma vez satisfeita, se retrai – repousa.

**Mecanismos de evitação do contato**

Considerando o que já conversamos sobre o processo figura/fundo, cada vez que temos uma necessidade que se torna figura, nosso ciclo é disparado, para que suas etapas evoluam até a completude. Mas nem sempre obtemos a completude – nem sempre temos nossa necessidade figural atendida, permanecendo aquela situação inacabada, a Gestalt em aberto.

Aproximando então um conhecimento do outro, ou seja, aproximando a noção do ciclo e suas etapas, com a noção das *Gestalten* em aberto (*Gestalten* é plural de *Gestalt*, na língua original, alemã), podemos perceber que a incompletude pode se dar em diferentes momentos do ciclo, não é mesmo? Ou seja, qualquer coisa que venha a interromper o ciclo, em qualquer etapa, o impedirá de repousar, ficando a energia mobilizada para tal solução retida, até que novas oportunidades surjam para sua completude e posterior retraimento. Uma vez o repouso final não sendo alcançado, temos tal força sendo empregada nos chamados comportamentos recursivos, dos quais já falamos anteriormente.

Então, vejamos: como impedimos que nossa energia, uma vez disparada, volte ao repouso ("homeostase" – cf. glossário), volte ao ponto de reequilíbrio?

Uma das possibilidades para a interrupção do ciclo ocorre quando trazemos para o presente formas antigas de se relacionar com o meio. Estas formas antigas, entretanto, já tiveram, um dia, sua pertinência, sua razão de ser, nos proporcionando uma forma de "resistir contra" o que nos poderia fazer mal.

Quando tal resistência é usada de uma forma útil, enquanto uma defesa, o organismo é beneficiado, logo, precisamos reconhecer no contexto como ela é usada, para compreender o quanto é algo saudável ou não. Um exemplo bem simples: há momentos que precisamos interromper o ciclo, não expressando uma raiva ou um descontentamento diante de um chefe, para alcançar nossa satisfação de xingá-lo somente em um momento posterior, sozinhos ou desabafando com amigos. Desta for-

# Introdução à Gestalt-terapia

ma, compreende-se que a questão só se torna um problema (situação patológica) quando tal controle funciona interrompendo o ciclo, quando este caminhava na direção da satisfação possível.

Quando encontramos casos crônicos de interrupção do ciclo, por apego às situações passadas ou por evitar situações fóbicas, percebemos o "comportamento neurótico". Ou seja, temos uma situação que se torna constante, com a pessoa sistematicamente se impedindo de se reequilibrar. Segundo Perls: "quando o indivíduo se torna incapaz de alterar suas técnicas de manipulação e interação (com o meio) é que surge a neurose" (PERLS, 1981: 40ss.), e mais: "O neurótico não pode ver claramente suas próprias necessidades e, portanto, não pode satisfazê-las. Não pode distinguir adequadamente entre si e o resto do mundo e tende a ver a sociedade como maior que a vida e a si mesmo como menor" (PERLS, 1981: 41). Ou seja, há problemas sérios de trocas, que dificultam a livre entrada e saída do que seria necessário.

Na GT, há diferentes organizações ou opiniões sobre o ciclo de contato com o meio, e também encontramos diferentes organizações e opiniões para os mecanismos que dificultam este contato, as "resistências" (RIBEIRO, 1997: 41ss.). Especificamente quanto aos mecanismos que dificultam o contato com meio, há, inclusive, divergências em relação à sua nomenclatura: "Reina uma certa confusão quanto à sua denominação: de fato, vários autores os definem com vocábulos diferentes: mecanismos neuróticos ou perturbações neuróticas na fronteira de contato (Perls), perdas da função ego (Goodman), defesas do Eu (André Jacques), resistências – adaptação (Polster), distúrbios do *self* ou interferências na *awareness* (Latner), interrupções do ciclo de contato (Zinker), mecanismos neuróticos de evitação (Marie Petit)" (GINGER, 1995: 132).

Aqui, vamos tentar vislumbrar como é o ciclo de contato com o meio (que passaremos a chamar resumidamente de "ciclo"), segundo Zinker, correlacionando-o com tais mecanismos de interrupção do contato, segundo Polsters, Zinker, Ginger e Ribeiro. Adicionei também alguns comentários considerando minha experiência clínica ao trabalhar com alguns dos mecanismos citados.

No início do ciclo, quando estamos – a partir de um repouso anterior – entrando em contato com novas sensações, temos a etapa mais primordial, mais primária em relação ao ciclo. Ontogenicamente, são nossas sensações os nossos primeiros registros e, quando o ciclo é interrompido nesta etapa, temos um nível de descontato muito profundo, normalmente ligado à primeira infância. O bebê está imerso num mar de sensações, se confundindo com este mar, não tendo ainda um limite estruturado entre ele próprio e o mundo. Na medida em que cresce, seus limites passam a se estruturar, de maneira que ele começa a perceber até onde vai o "eu" e onde começa o "não eu".

Quando alguma coisa acontece que não permite essa diferenciação, este "confundir-se" se perpetua e a pessoa não consegue ou tem dificuldades de conseguir "voltar a si", ou seja, retrair-se aos seus próprios limites, voltar para suas próprias fronteiras (o conceito de "fronteira" será discutido no capítulo seguinte). Ocorre então o mecanismo de interrupção do contato (cf. glossário) chamado de *confluência*: a opinião de to-

Ciclo de contato: mecanismos...

dos é a minha, eu me confundo com uma imagem, um ídolo, uma causa, podendo surgir o sectarismo político, o fanatismo religioso, onde o "eu" precisa ser ditado, expresso pelo outro, com uma grande carga de energia depositada nesta ligação. Segundo Ginger: "Toda ruptura brutal da confluência acarreta então uma viva ansiedade – em geral, acompanhada de culpa – podendo chegar até a decomposição psicótica" (1995: 133).

A pessoa que vive num processo de confluência, sem uma diferenciação clara, evita as discordâncias e as benéficas trocas advindas de pontos de vista diferentes: só há perpétuo consentimento (POLSTERS, 1979: 95ss.).

Lembremos de nossa fundamentação filosófica: como a pessoa é um ser-no-mundo, o comportamento confluente encontra parceria para se estruturar. Ocorre então o "encaixe" de papéis, pois se há pessoas que se submetem aos outros, é porque há outros que desejam submeter pessoas. Sobre isso, Boal faz uma sagaz análise da estrutura social do jogo opressor x oprimido (BOAL, 1980).

Ocorrem os "acordos implícitos", do tipo "eu não brigo com você, você não briga comigo", ou "eu não traio você, você não me trai" ou outros similares. Tais acordos, raramente explícitos, parecem funcionar na fantasia das pessoas envolvidas, de modo que agem segundo tal acordo, como se fosse uma regra clara e que envolve não só a ela, mas a outra pessoa também. Porém, sendo um produto de uma fantasia, nem sempre o outro vai agir exatamente de acordo com o que foi fantasiado. Eventualmente, o acordo não encontra sucesso ou o "fiel cumprimento", segundo o critério de uma das partes envolvidas. Pode ocorrer então a quebra do acordo implícito, com o surgimento simultâneo da "culpa" por parte de quem não agiu como fantasiou que o outro desejaria (BOAL, 1980: 96): "(o indivíduo confluente)... não faz as coisas simplesmente porque gosta; ele não mantém um contato suficiente consigo mesmo para saber quando ele gosta do que faz. Ele se concentra principalmente em saber se os outros gostam" (p. 97).

Mas nem sempre um indivíduo confluente chega a conseguir entrar em contato com suas próprias sensações, mesmo quando tem intenção disto. Podemos encontrar pessoas que, quando interrompem o ciclo nesta etapa tão elementar, apresentam uma extrema dificuldade em entrar em contato com as próprias sensações, devido a situações ligadas à primeira infância. Mas o que faria um bebê não se sentir? Exatamente algo que pudesse ser tão desagradável que, entre a manutenção da sensação e uma alienação desta, o organismo como um todo passa a interagir com o meio alienando-se destas sensações (ZINKER, 1979: 85), para se preservar. A criança espancada, sufocada, abusada sexualmente, mantida por longos períodos de privação como fome, sede ou frio, enfim, maus tratos de uma maneira geral, com mães hiper-rígidas, abusivamente autoritárias e invasivas (a chamada "mãe fálica" – AULAGNIER, 1979: 17ss.) são algumas das características que são posteriormente detectadas no histórico dos tratamentos das crianças ou adultos que se alienam das próprias sensações (uma visão sobre os fatores familiares, cf. FELDMANN, 1986: 54ss.).

# Introdução à Gestalt-terapia

É comum encontrarmos psicopatologias graves em pessoas com tais históricos, principalmente psicopatologias que implicam em uma divisão interna muito profunda, quando a pessoa se vê fragmentada, e cujas partes não entram em contato, ou tal contato é ocasional ou instável, como na esquizofrenia ou outras patologias esquizoides (ZINKER, 1979: 85; e sobre "esquizofrenia" e "patologias esquizoides" (cf. DSM-IV, 1995: 263ss.). No caso especial do abuso sexual contra a criança, segundo Gabel: "A maioria dos autores concorda em reconhecer que a criança vítima de abuso sexual corre o risco de uma psicopatologia grave, que perturba sua evolução psicológica, afetiva e sexual" (GABEL, 1997: 62).

Lembremos, porém, da visão do campo: não significa que os aspectos acima são os únicos responsáveis pelos futuros comportamentos psicopatológicos. Isto porque é possível encontrarmos pessoas que sofreram experiências similares e que, no entanto, não desenvolveram quadros psicopatológicos.

Retomando a compreensão do ciclo, quando a energia é bloqueada entre a sensação e a consciência advinda da sensação, temos algo corporalmente sentido, mas cuja compreensão não é alcançada. Assim, a energia que correria por um caminho espontâneo de riso, choro, raiva, tristeza ou prazer, não atinge o alvo ou não se expressa nitidamente, como se fosse retirada dela sua plena expressividade, seu brilho. Os contatos com o meio são defletidos. *Deflexão* é uma forma de mecanismo de interrupção de contato que causa uma espécie de "esfriamento" (POLSTERS, 1979: 93ss.), quase como se a pessoa que deflete não estivesse realmente ali. A fala é intelectualizada demais, ou impessoal demais, ou com muitas palavras e pouco sentido, assim como suas expressões em geral. Temos aqui as pessoas com as quais falamos, mas parece que não nos escutam, ou pessoas para as quais damos os mais finos presentes, mas não demonstram uma emoção, como se não fosse ela quem recebeu. A pessoa dilui sua energia, retirando dela toda a intensidade, desritualizando, banalizando seus momentos de emoção mais fortes.

Na etapa posterior do ciclo, quando este é interrompido entre a etapa da conscientização e a mobilização de energia, temos a *introjeção* (ZINKER, 1979: 84). Tal mecanismo ocorre quando a pessoa "engole" o que vem de fora, e não o metaboliza para tornar parte de si. São as opiniões dos outros, as escolhas dos outros, os gostos dos outros, em situações quando o que deveria estar sendo contatado seria sua própria opinião, escolha ou gosto. Daí, surgem frases como:

– Sinto (ou "tenho consciência de..."), mas não deveria sentir isso! (a energia é travada).

– Percebo; mas acho que sou má/mau quando penso nisso...

A pessoa que interage através de suas introjeções tem uma grande dificuldade em lidar com a palavra "eu" (POLSTERS, 1979: 82ss.). Assumir o que quer – o que o "eu" deseja – implica em diferenciar o si-mesmo do mundo. Esta é a dificuldade, uma vez que há em si mesmo algo que é do mundo, mas não dele próprio – justamente as introjeções – de modo que um aprendizado é necessário para que ele possa vir a reconhecer naquilo que lhe é tão familiar, o que não lhe serve mais. Acostumado então a lidar com

## Ciclo de contato: mecanismos...

suas introjeções, ao se deparar com novas possibilidades de escolha, é bastante comum ter que aprender a lidar com um recurso inerente a esta nova possibilidade: a agressividade. Ter sua própria escolha, eventualmente representará "deixar de cumprir a escolha de alguém". Isso deixará mamãe zangada, papai aborrecido, patrão contrariado, esposa ou marido chateados, etc.

Talvez dúvidas possam ocorrer em relação aos mecanismos da confluência e da introjeção. Ao meu ver, embora o efeito externo possa até ser semelhante – no sentido da pessoa agir de acordo com o que está "lá fora" e este comportamento ser perceptível a quem observa –, acredito que a principal diferença é em relação à própria percepção que a pessoa tem de si. O indivíduo confluente "precisa" do outro, há uma falta essencial em relação a um recurso fundamental que todos nós temos – que são nossas sensações – mas que ele não consegue acessar, ficando numa situação de grande dependência. Quanto ao indivíduo que introjetou coisas que não foram metabolizadas, há uma sensação inversa: ele tem algo em excesso, algo a mais, como uma coisa engolida que ele não consegue digerir, simplesmente porque não faz parte dele: é algo que ele não quer, não acredita ou cumpre somente por obrigação.

Retornando ao ciclo do contato, na etapa seguinte, quando o ciclo é interrompido entre a mobilização da energia e a ação, normalmente encontramos um mecanismo de interrupção do contato com o meio através da *retroflexão* (POLSTERS, 1979: 82ss.). De alguma maneira, a energia natural não se encaminha para onde deveria, e volta-se para a própria pessoa. Ela reemprega em si mesma uma energia que deveria encaminhar-se para o mundo e para novas trocas. Segundo Polsters: "... o indivíduo volta para si mesmo o que ele gostaria de fazer a alguma outra pessoa ou faz a si mesmo o que ele gostaria que alguma outra pessoa fizesse a ele" (POLSTERS, 1979: 88ss.). É um nó. A energia fica "amarrada" em círculos que se repetem. É comum escutarmos destas pessoas frases do tipo:

– Meu estômago está queimando de raiva...

– Faço um monte de dívidas comprando roupa nova toda vez que brigo com meu namorado...

De alguma maneira, no histórico desta pessoa, há uma mensagem de que o que ela recebeu (ação) não foi suficiente (energia insatisfatória), gerando uma forma rígida de esperar do mundo uma igual incapacidade de satisfazê-la. Desta forma, somente ela mesma é capaz de suprir suas necessidades. Ou seja, a rigidez está em achar que, em todo mundo, não há ninguém que seja capaz de realizar trocas satisfatórias com ela. Ela se basta.

O bloqueio do ciclo na etapa posterior, entre a ação e o contato, é quando a energia mobilizada é mal empregada, desviada ou postergada. A pessoa sabe tudo o que quer, mas não consegue atingir o que precisa. No "Atendimento 1", vemos que João apresenta um comportamento assim. Ele sabe do que precisa, sabe até como fazer, mas sequer consegue chegar perto. Nesta etapa, temos as pessoas com o medo do mundo, com um tipo de comportamento no qual parece haver uma crença que ter prazer é algo mal, doentio ou pecaminoso. Também aqui ocorre a crença de que o mundo detém

# Introdução à Gestalt-terapia

uma opinião preconcebida sobre a pessoa: todos acham que ela é "realmente desprezível" (como no atendimento do João); ou "todos sentem inveja dela", ou mais "todos a julgam incompetente" etc. Aqui há um mecanismo através da *projeção* atuando. A pessoa não reconhece que são suas próprias ideias ou fantasias que estão sendo percebidas, e as reconhece como vindas do meio. Como o contato com o meio fica interrompido, a energia mobilizada não consegue "chegar lá", não vai até o mundo, fazendo com que as ideias ou fantasias também não cheguem até o meio e, consequentemente, são impedidas de serem checadas e avaliadas quanto sua veracidade ou não.

Na etapa final do processo, quando a pessoa bloqueia seu ciclo antes de atingir a satisfação, ocasionando assim o seu repouso, temos as pessoas que embora alcancem o que querem, parece que nunca é demais. Há sempre uma falta, um vazio, e a pessoa normalmente se queixa de querer algo que nem ela sabe o que é. A busca pela satisfação se torna frenética, compulsiva, sempre pensando no que será a próxima refeição, pois esta comida presente "já foi" e o que interessa é o que virá. Tudo "é" para ela, tudo "é" em volta dela, tudo "é" sobre ela. A pessoa vive um egotismo. Este mecanismo, segundo Ribeiro, é o: "processo pelo qual a pessoa se coloca sempre como o centro das coisas, exercendo um controle rígido e excessivo no mundo fora dela, pensando em todas as possibilidades para prevenir futuros fracassos ou possíveis surpresas. Impõe tanto sua vontade e desejos, que deixa de prestar atenção ao meio circundante, usufruindo pouco e sem vibração o resultado de suas manipulações, tendo muita dificuldade em dar e receber" (1997: 48).

Dentro do objetivo deste livro, cuja ideia é aproximar uma visão mecanicista/racionalista do pensamento gestáltico, os conceitos apresentados respeitam limites quanto à sua profundidade ou extensão. Os conceitos acima são exemplos de tais limites, uma vez que o conteúdo apresentado está longe de considerar todas as possibilidades de utilização terapêutica, ou as várias interpretações de acordo com os diferentes autores. Por outro lado, creio ter tocado nos pontos principais que permitam a você, leitor, familiarizar-se de como a GT considera importante mais o processo do que a estrutura, mais a vida e seu eterno ciclo, do que a manifestação descontextualizada de um comportamento tido por doentio.

As divisões do ciclo (que diferem de acordo com diferentes autores) e a ocorrência dos mecanismos correlatos estão apresentadas aqui didaticamente, de uma maneira dinâmica, correlacionando uns com os outros, propiciando o alcance de um sentido mais amplo em função das necessidades organísmicas que o ciclo sugere. Por outro lado, nem sempre, na prática clínica, podemos encontrar tais correlações. Segundo Gingers: "[...] em minha prática clínica efetiva [...] confesso não perceber grande interesse em tais subdivisões (do ciclo), que atomizam excessivamente a realidade [...] O principal interesse em tais recortes residiria em se poder melhor localizar a fase do ciclo onde se produz uma interrupção, um bloqueio ou qualquer outra perturbação" (GINGERS, 1995: 129). E continua: "Estas classificações, embora um pouco dogmáticas, afinal mais me parecem jogos intelectuais, que procuram dar uma ilusória coerência a comportamentos individuais singulares, que, felizmente, fazem parte de todas as construções racionais generalizantes. Quanto aos fatos, podemos constatar o aparecimento da maioria dos mecanismos de evitação (introjeção, projeção, retroflexão, confluência etc.) em diversos momentos do ciclo".

Enfim, mais importante aqui não é a questão de um ou outro modelo em função de um ou outro autor da GT, mas ressaltar que o enfoque processual que o ciclo nos sugere permite uma visão mais dinâmica, mais "viva", do que é um comportamento tido ortodoxamente como "patológico" ou "doentio".

Você, leitor, poderia pensar algo assim: – Achei interessante os aspectos que você mencionou... Ciclo... Mecanismos de interrupção do contato... Muito bom... Mas, ao trabalhar com isso, você não trabalhará de qualquer maneira com um modelo preconcebido? Você não falou o tempo todo, criticando a psicanálise freudiana, por que fazia a mesma coisa? Não haveria semelhanças aí?...

Talvez eu possa não ter esclarecido suficientemente esta questão sobre o que é "preconcebido" no contato psicoterápico, dentro de uma ótica gestáltica.

Conforme já mencionado antes, não temos a ingenuidade de pretender que um encontro terapêutico comece do zero, sem que os integrantes tenham suas próprias histórias, suas próprias percepções, pontos cegos, concepções etc. Tudo faz parte do que está acontecendo no aqui e agora da relação terapêutica, mas o trabalho sempre deverá ser enfocado sobre o que tem relevância para o objetivo primeiro: que a pessoa possa encontrar, com seus próprios recursos e com o apoio do terapeuta, seu próprio caminho de autorregulação, para não precisar mais da terapia, vivendo autônoma e satisfatoriamente.

Para cumprir com tal objetivo, estamos conhecendo o método gestáltico de trabalho e como ele se baseia no presente, enfocando o campo vivencial do encontro psicoterápico e aplicando nele o método descritivo fenomenológico, aprofundado pelos recursos da psicologia da Gestalt. Contando com tais recursos, chegamos à instância onde estamos neste momento: ao descrevermos o campo vivencial, nos deparamos com coisas que se repetem, como, por exemplo, o ciclo acima mencionado. Isto porque todo ser humano vivencia tais ciclos incontáveis vezes durante sua vida. Logo, a descrição de tal ciclo é algo que faz parte do aqui e agora vivenciado no encontro terapêutico e, consequentemente, mesmo que o seu conhecimento seja "preconcebido" para o terapeuta, ao surgir no encontro cliente/terapeuta, ele será descrito como todo o resto do processo, para que o cliente possa ir compreendendo o que está acontecendo e ir ganhando sua autonomia. O ciclo também está no aqui-e-agora, ocorre no presente, não sendo então algo "pré" – no sentido de vir antes ou de estar de fora do encontro terapêutico.

O cliente, ao entrar em contato com suas interrupções, reconhecendo em quais situações tais interrupções se dão, aprende com suas experiências ao longo do processo terapêutico, não como uma viagem intelectualizante, mas como o fruto de uma descrição apurada da situação vivencial que ocorre.

Introdução à Gestalt-terapia

**Modelos ou não? Discutindo a ideia de "certo" ou "errado"**

Você, leitor, poderá se interpelar: – Mas afinal, se nem dentro da própria teoria há um consenso, qual será então o caminho certo a seguir?

Este questionamento é muito relevante e acho que pode ser estendido para além do enfoque presente, não meramente sobre um modelo de ciclo ou de mecanismos de interrupção, mas para um entendimento geral sobre a própria GT e sua fundamentação filosófica crítica ao modelo mecanicista.

O que significa quando, através do nosso mecanicismo, emitimos um questionamento do tipo "qual é o caminho certo?" Ou mais sucinto, "qual é o certo?" Ou, para ser mais preciso ainda, "qual é a verdade?"[29].

Esse tipo de questionamento é muito frequente, principalmente vindo dos estudantes dos cursos de formação em Gestalt-terapia. Também encontrei esse questionamento nos clientes que participaram dos nossos *workshops* terapêuticos. Ao final do encontro, era bem comum a pergunta do tipo: – Mas como você adivinhou que tinha que ir por aí? Ou então – Como você sabia que aquela pessoa precisava trabalhar com aquela questão?

A resposta é simples: não sabia! Respondendo também a pergunta anterior, sobre qual é "a verdade", a resposta também é simples: não sabemos antecipadamente; *vamos descobrindo-a*. Embora contemos com todo um *back-ground*, na verdade o trabalho ressalta as possibilidades que surgem a cada instante. Daí, chegamos a outro ponto importantíssimo que, ao meu ver, contribui muito para a existência dessa separação entre as bases filosóficas mecanicistas e cientificistas e as bases da GT.

Você, leitor, poderá se questionar: – O que você está tentando dizer? Que não há verdades, que não há certo ou errado?

Não, não é isso. Vamos explicar isso melhor, sob a ótica da atitude fenomenológica.

Tomemos exatamente o princípio mecanicista. Quando você constrói uma máquina, ela deve necessariamente ter uma forma certa de ser montada e de funcionar. As peças foram projetadas para um desempenho sob condições estritas, e seria errado utilizá-las fora de tais condições. Ou seja, quando consideramos uma máquina, segundo o modelo planejado pelo seu construtor, há então uma forma "certa" e "as formas erradas" da máquina funcionar.

Considerando o mesmo modelo, nossa sociedade mecanicista também nos impõe uma forma "certa" e "formas erradas" de agir, segundo um modelo dado por um "construtor", pelo "projetista da máquina" que, dependendo da sociedade, poderá ser uma imagem divina, o "certo" é a lei de Deus ; uma imagem política, o "certo" é a lei do estado; uma imagem corporativista, o "certo" é a lei do meu grupo: exército, sindicato, máfia, etc.; ou sociocultural, o "certo" é o que está na moda, é o que "a turma do

---

[29]. A palavra "verdade" está sendo usada aqui, no sentido leigo, ou segundo seu conceito transcendente ("a verdade do conhecimento consiste na concordância do conteúdo com o objeto") e não em seu sentido formal, quando se verifica a existência de uma concordância interna, dos argumentos apresentados (HESSEN, 1978: 147).

colégio diz que está certo"; etc. Segundo este modelo mecanicista, a máquina nada pode, a não ser funcionar de acordo com o que lhe foi planejado. Seu "destino" será "funcionar daquele jeito"... Essa passividade da máquina é inexoravelmente estendida aos indivíduos que, diante de tal submissão, se sentem ausentes diante da possibilidade de agirem por si, de construírem seus próprios destinos.

Quando alguém pergunta "qual é a verdade?" você poderia imaginar que a pessoa está procurando algo. Mas, onde ela vai procurar por isso que ela chama de "a verdade"? Onde está? Não fica parecendo, para você, que esta "verdade" não estaria "lá", em algum lugar e que precisaríamos ir até lá para encontrá-la? Ou seja, "a verdade" seria uma espécie de meta, algo que precisaríamos atingir e que não depende de mim, já que ela está pronta em algum lugar. Assim, como vou saber se estou agindo de acordo com o que está "lá"? Como vou saber se estou de acordo com os planos do "projetista da máquina"? Bem, para ter certeza, alguém precisará inevitavelmente nos dizer:

– Sim, você está no caminho correto! Você está agindo de acordo com o modelo, agindo de acordo com o que é certo...

Alguém precisará nos dizer por que inevitavelmente não temos nós mesmos como julgar, somos "apenas partes da máquina"... Mas quem vai dizer? Quem vai me julgar? Você já pode imaginar o quanto tal atitude dá margem para a explosão de tantas lideranças tirânicas, autoritárias que se arvoram como os detentores da verdade e impõem à força (tanto espiritual, econômica ou bruta mesmo) a "verdade" – que passará obviamente a ser a dele, do líder...

Buscando nossa atitude fenomenológica, vamos discordar profundamente deste tipo de postura, perante não apenas uma discussão sobre um método psicoterápico, mas para além disso, uma discussão sobre a própria atitude de cada um perante sua vida. O que está implícito nesta busca por uma "verdade"? Quando alguém pergunta "qual é a verdade?" de imediato, não está acontecendo uma percepção da inclusão da pessoa neste discurso. Logo, se "a verdade está lá fora", eu não me responsabilizo por ela, pois não tenho que lidar com a minha opinião (pois $A$ opinião já existe), não tenho que lidar com meu próprio julgamento (porque $O$ julgamento já foi emitido), nem tenho que lidar com minhas próprias certezas ou dúvidas (pois já existe $O$ certo). E ocorre o ganho secundário: eu não cresço, não amadureço, não me torno adulto suficientemente para cuidar de mim, e jogo toda a responsabilidade sobre o que der errado sobre $A$ opinião, $O$ julgamento, sobre $O$ certo...

Retornando então ao nosso tema, aqui também precisamos questionar se a pergunta "qual é a verdade?" não está curta demais, se não parou antes de chegar ao final... "*Qual é a verdade...*" somado a "*... de acordo com o contexto em que estou inserido e do qual também faço parte?*"

Nossa atitude fenomenológica faz voltar esse questionamento para nós mesmos. Assim: – Qual é a verdade para mim, de acordo com o contexto em que estou inserido?

Já muda completamente o enfoque. Não estou procurando algo "lá", mas procuro o que preciso para mim mesmo aqui e agora, acionando meus próprios recursos para

# Introdução à Gestalt-terapia

determinar qual é a verdade para mim, considerando também o contexto a minha volta e o que preciso captar dele, inclusive até o bom uso das engrenagens mecanicistas. Já falamos que não devemos descartar nada preconceituosamente... Assim, qual é a melhor maneira que você quer usar tudo o que está disponível, e que não exclui de maneira nenhuma a inspiração divina, a orientação dos líderes espirituais, das leis, governo etc.?

Neste sentido, quando voltamos a pergunta para nós mesmos "qual a verdade para mim", mantemos a atitude fenomenológica em foco, não separando esse "para mim" desse "contexto". Então, a verdade "para mim" será a verdade "para mim-no-mundo", onde vou considerar todos os fatores que estão em volta para, em harmonia com o contexto que me cerca, perceber qual é o caminho que desejo – "EU" – seguir.

Incluindo a "mim" e não excluindo o contexto, a responsabilidade não fica totalmente "lá", mas também não fica totalmente dependente "de mim". Isso significa que dentro da minha potencialidade e considerando os limites das condições externas deste mundo que me cerca (limites econômicos, políticos, profissionais etc.) e os meus próprios limites (fisiológicos, genéticos, intelectuais etc.), vou assumir minha parcela de responsabilidade sobre o que quero e sobre como pretendo atingir o que desejo.

Esta atitude abrangente também perpassa a construção do encontro terapêutico. O terapeuta estará buscando, de acordo com sua ótica, não como ele deve encaixar seu trabalho em um modelo preconcebido ou como será a "forma certa da engrenagem rodar...", mas estará buscando, dentro do seu campo vivencial como um todo, quais são as possibilidades inerentes no aqui e agora para a condução do trabalho mais eficaz. Isso se aplica à forma com a qual o gestalt-terapeuta vê o cliente. Não há uma pressuposição sobre qual a forma "certa". Primeiro, porque já não o considerará como "engrenagem", mas como uma pessoa, detentora do próprio projeto de vida, podendo alterá-lo de acordo com suas necessidades, mas sempre em relação com o contexto. Segundo, porque as possibilidades são tantas, que nenhum modelo preconcebido poderia incluir todos os sentidos da expressão humana, mesmo quando esta expressão se dá através de um transtorno mental. Vamos entrar um pouco mais nestes aspectos relacionados à doença enquanto algo que tem um sentido, como uma forma de se comunicar do doente, sob inspiração de um de seus teóricos predecessores: George Groddeck (ÉPINAY, 1988).

## A doença como expressão do ser

Devido a complexidade de um quadro psicopatológico, é difícil partirmos para um exemplo aqui. Porém, isso pode ser contornado se tivermos um exemplo em comum. Daí, sugiro para você, leitor, assistir a um excelente filme intitulado em português "O enigma das cartas".

Resumidamente, este filme narra a história de uma menina de cerca de 6-8 anos, até então normal, que, em função do falecimento do pai, do silêncio imposto pela mãe sobre este luto, e da partida do lugar onde ela cresceu, acaba desenvolvendo um quadro psicótico, demonstrando comportamentos alucinatórios visuais, comportamentos catatônicos (movimentos repetitivos), uma forte reação a mudanças externas, ecolalia

## Ciclo de contato: mecanismos...

(gritos repetitivos e contínuos) e completo corte das relações sociais; catalepsia ("manutenção rígida de uma posição corporal por um extenso período de tempo" – DSM-IV, 1995: 721), também mutismo e comportamentos bizarros com alterações drásticas nos seus reflexos (reações rápidas demais a objetos vindos em sua direção, como agarrar uma bola de beisebol jogada acidentalmente contra ela) e na sua capacidade de avaliar situações de perigo. O filme é romanceado, não sendo consequentemente um relato científico e, desta maneira, dispensando um enquadre diagnóstico mais preciso, que poderia ser obtido, por exemplo, com um diagnóstico diferencial para verificar possíveis problemas neurológicos, etc.

Ao longo da história, a menina acaba desenvolvendo uma atração por lugares altos, ocasionando sua exposição ao perigo. Por iniciativa da escola onde a menina estudava, o caso é encaminhado para uma decisão judicial que impõe à mãe o tratamento da menina por um psiquiatra. A mãe, já se recusando a perceber a realidade desde a morte do pai, não concorda com tal intervenção, e entra em choque com o psiquiatra sobre o tratamento da filha, propondo um outro trabalho que visasse compreender o que a filha estava tentando expressar com seu comportamento alterado. Os dois não chegam a um acordo e, tanto a mãe quanto o psiquiatra, acabam realizando um trabalho terapêutico com a filha em paralelo, porém ambos baseados em paradigmas completamente diferentes.

O psiquiatra inicialmente tenta internar a menina na instituição na qual trabalhava, mas concorda em manter um tratamento em regime de semi-internato, com a menina dormindo em casa, mas passando todo o dia na instituição psiquiátrica. Lá, ele oferecia a ela uma série de exercícios de estimulação, na tentativa de provocar alguma reação aos estímulos externos: fazia exercícios com espelho e pedia que a menina repetisse o nome dela; colocava fitas com músicas e conversas dela com os habitantes do local onde ela cresceu e onde perdeu o pai, exercícios com cubos para montagem etc.

A mãe, por outro lado, tentava desvendar o mistério de uma construção que a menina havia feito durante uma madrugada, em sua casa, após a eclosão do surto psicótico. Esta construção, feita com cartas de baralho, cartas de tarot e fotos, foi de uma complexidade brilhante e amplamente registrada pela mãe em fotos. A construção lembrava uma rampa, apoiada sobre colunas de cartas, que subiam em forma de caracol, inicialmente com curvas mais largas embaixo e ficando mais estreitas em cima. A menina construiu de tal forma, que ela mesma coube sentada, no centro deste caracol de cartas. Para a mãe, todo o comportamento da filha e, inclusive, aquela mirabolante construção, significavam algo, e ela se põe então a tentar desvendá-los.

Ao final do filme (se você não quer saber o final, sugiro pular esta parte...), a menina consegue expressar, com o apoio da mãe – e em uma situação criada pela mãe, e não pelo psiquiatra –, o que ela precisava e estava reprimido desde a morte do pai, conseguindo uma remissão do quadro psicótico e voltando a seu comportamento normal anterior. Este é o clímax do filme.

A situação criada pela mãe foi que, não conseguindo encontrar uma solução para a construção das cartas, simplesmente faz uma construção em tamanho grande, com

# Introdução à Gestalt-terapia

chapas de madeira, tirantes de aço etc., de modo que a menina poderia andar sobre ela! As chapas de madeira imitavam as cartas e, com isso, a construção permitiu uma experimentação da menina sobre o que ela tencionava expressar com as cartas, mas não havia sido possível. A menina realmente anda sobre esta construção e, quando chega ao alto, ela finalmente consegue expressar de modo todo próprio o luto e a despedida do pai, e volta ao contato com a mãe...

É um filme muito lindo, e que trago aqui com dois objetivos. Primeiro que, mesmo sendo extremamente sedutor acharmos que quem cura é a mãe, na verdade – e conforme temos dito ao longo deste livro – não devemos descartar nada! Não é a mãe quem cura, ou o médico, ou um remédio ou um terapeuta ou uma coisa ou outra: mas todos juntos que atuam de forma a ajudar a pessoa a curar-se. Nos mantendo fiéis à visualização de um campo para aplicarmos sobre ele nossa atitude fenomenológica, verificamos que cada uma contribuição sobre este campo já provoca alguma mudança, e a conjunção destas forças tende a ser mais eficaz quanto o mais amplamente atuarem sobre tal campo diversas contribuições.

Vygotsky apontou a importância da evolução infantil com a estimulação de crianças menores convivendo com crianças em estágios mais avançados. Em suma, tudo pode ajudar desde que, é lógico, vise contribuir para a saúde de uma maneira eficiente.

O segundo objetivo em relatar este filme é ressaltar que, na medida em que enfocamos a totalidade da pessoa, com seu sentido vivencial, a eficácia terapêutica poderá trazer um resultado mais profundo, do que um tratamento que só atue sobre a doença ou sobre o sintoma. No caso do filme, havia uma mensagem que a criança ainda não poderia expressar, e que o tratamento psiquiátrico ortodoxo não conseguiu visualizar e nem alcançou. A mãe, porém, intuitivamente, propiciou as condições de tal expressão.

Assim, é importante reconhecer nossa humildade diante da infinidade das possibilidades humanas, e nossa parcela de responsabilidade na ajuda psicoterápica, sem que tenhamos a pretensão de determos um conhecimento total e absoluto sobre a psique humana: "Não conhecemos nenhum conceito fundamental que possa conceber o homem exaustivamente. Nenhuma teoria em que se possa apreender, como um acontecimento objetivo, toda a sua realidade. Por isso, a atitude científica fundamental é estar aberto para todas as possibilidades de investigação empírica. É resistir a toda tentativa de reduzir o homem, por dizê-lo assim, a um denominador comum" (JASPERS, 1979).

É um jogo de forças complexo e delicado. Lidar com as forças presentes é o ideal, mas nem sempre alcançável, devido a forma velada com a qual estas se encontram nas relações humanas como um todo e, em especial, na relação médico/paciente. Existem interessantes trabalhos que enfocam esta questão, de como, por exemplo, é possível verificar como muitas doenças acabam sendo "produzidas" na relação médico/paciente, como uma espécie de acomodação do comportamento do paciente ao discurso preexistente do médico. Segundo Balint, "[...] as respostas do médico podem e frequentemente contribuem consideravelmente para a última e definitiva forma da doença à qual o paciente se acomodará" (1988: 17). Na psicologia, encontramos também esta mesma crítica, quando vemos que o cliente tende a apresentar comportamentos, sonhos etc., que se enquadrem na expectativa teórica do psicoterapeuta.

Dentro da parcela de responsabilidade do terapeuta, sem dúvida a grande ajuda é atuar com o cliente, para alcançar o sentido de sua doença, da linguagem pela qual tal sentido se expressa, percebendo o que quer dizer, o que precisa e como atingir isso.

Para esclarecer essa diferença entre "significado" e "sentido" (de acordo com uma visão heideggeriana), tomemos o seguinte exemplo: dê uma lida no texto abaixo:

"Cadeiras virão na chuva para além das quartas-feiras. Um menino expeliu lava que depois de três doses permitiu a colheita das armas pela receita com ovos e chocolate. Não houve vítimas..."

Cada palavra escrita acima tem o seu significado claro. Você, leitor, sabe o significado de "cadeiras", de "chuva" de "colheita" e de todas as outras palavras. Essa é a questão: quando temos uma visão curta da realidade, nos preocupamos apenas com "significados", o que as coisas dizem... Mas, qual é o sentido do texto acima? Na verdade, para você leitor, não há sentido nenhum... É um monte de palavras desconexas, que foram jogadas juntas e, embora você saiba do significado de cada uma delas, não tem sentido, não querem dizer nada.

Essa é a diferença entre sentido e significado. Para além do significado, o sentido nos diz o que é que se pretende, qual a mensagem mais profunda existente ali, neste mundo, nesta experiência. Assim sendo, qual o sentido do texto desconexo acima? Não teria sentido nenhum? Sim, teria... Na verdade, o sentido do texto é propiciar um exemplo, inicialmente pela própria ausência de sentido, do que é o sentido.

Correlativamente, temos significados para uma ecolalia, temos significados para um comportamento compulsivo-obsessivo de lavar sempre as mãos, temos significados para um comportamento paranoide de sempre olhar para trás e procurar alguém que o segue, e tantos outros dados. Mas qual o sentido destes? E quanto a pessoa, este ser humano que está sendo tratado então pelo que significa: o "neurótico da enfermaria 202", o "paranoico do grupo de quarta-feira", e que considera a si mesmo – em sua doença – também como uma coisa, e encontra eco, ratificação para tal consideração, justamente naqueles dos quais poderia esperar uma outra forma de tratamento? Aí, há o encaixe perfeito: o doente se sente uma coisa, e é tratado pelos agentes de saúde como tal.

No filme acima citado, há uma interessante passagem na qual esta coisificação que o doente absorve e expressa fica bem claro. A menina, em uma ocasião dentro do instituto psiquiátrico, é deixada só em uma sala, com lápis e tintas, após uma série malsucedida de tentativas de fazer com que ela respondesse aos estímulos. Foi tratada como "coisa que não responde"! Ao voltar à sala, o psiquiatra olha a sala e não a vê, porém, um segundo depois, olha mais atentamente para uma janela desta sala, e percebe uma coisa extraordinária! A menina executa uma obra fantástica, pintando todo seu corpo de uma forma tal, que causou um efeito mimético com a árvore que se via através da janela, de modo que, ao olhar para a janela, se via a árvore, mas somente com muita atenção se percebia que a

# Introdução à Gestalt-terapia

menina também estava ali, totalmente pintada e se passando de casca da árvore. Ela se sentia ali uma "coisa" e se expressou como tal.

Para que corroborar essa reificação humana?

A Dra. Telma Donzelli (através de uma comunicação pessoal) relatou um interessante episódio no qual esta redução do ser a uma coisa chega até a ser engraçada. Durante seus estudos na faculdade de psicologia de Sorbonne, tomou conhecimento deste episódio, que ocorreu durante uma visita dos estudantes da faculdade aos doentes mentais internados em uma instituição psiquiátrica. Os estudantes, ao passarem por um dos internos, perceberam que ele se encontrava deitado de costas, no chão, e cantando, bem alto, uma canção, naquela posição. A visita aos outros internos continuou e, na volta, aquele mesmo interno estava agora virado, deitado de frente e cantando uma canção diferente. Intrigados, os estudantes perguntaram o que ele tinha feito, no que ele respondeu: "– Ora, eu virei o disco!"

## 10
# Trabalho dentro das fronteiras do eu: respeito ao cliente

Imagine só, leitor, que você está no centro de um estádio lotado com mais de mil pessoas, todas prontas para ouvir você cantar sozinho a sua música preferida. Ou imagine então que você está nu diante de vários estudantes de arte, que agora pintam o seu corpo utilizado como modelo. Ou ainda, que você é a pessoa que acionará o botão que eletrocutará um assassino condenado à morte. Ou que você faz parte de um tribunal religioso que está prestes a condenar alguém por ter uma fé diferente da sua.

Como você se sentiria em cada uma destas situações? Você concordaria comigo que, em algumas das situações acima, muito provavelmente você não se sentiria capaz de realizá-las? E concordaria que, no entanto, para cada uma das situações acima, há pessoas que a realizam? Como alguém pode realizar coisas com tanta facilidade ou normalidade, enquanto que para outras pessoas é tão difícil ou até impossível?

Não estou falando da questão do conhecimento (saber cantar, saber posar, saber julgar, etc.) para a realização de tais coisas. Falo na questão mesmo das diferentes possibilidades do ser humano existir, de cada um enxergar-se naquela situação, e perceber que há coisas que, mesmo que houvesse acesso ou o próprio conhecimento para realizá-las, no entanto, jamais faria...

Vamos para alguns exemplos mais próximos, mais comuns. Você já deve ter percebido:

1) Uma pessoa que você tem a maior dificuldade em abraçar, como se parecesse que ela "endurecia", de maneira a não permitir o contato corporal por inteiro (fronteira do corpo).
2) Uma pessoa que é tão apegada à tradição profissional da família que, mesmo não gostando daquela área profissional, acaba por seguir aquela carreira para manter tal tradição (fronteira de valor).
3) Uma pessoa que sempre vai nos mesmos restaurantes, nas mesmas lojas, nos mesmos cinemas ou teatros, e que fica apavorada quando alguém a convida para ir a um lugar totalmente novo (fronteira de familiaridade).
4) Uma pessoa que, mesmo diante da situação mais engraçada, sorri sempre de forma comedida, fala sempre em um tom moderado, nunca se exalta, nunca se solta, nunca... nada! (fronteira de expressividade).

# Introdução à Gestalt-terapia

5) Uma pessoa que simplesmente não consegue falar quando há mais de 2 ou 3 pessoas juntas, somente pelo receio de perceber que "está todo mundo olhando"... (fronteira de exposição[30]).

Enfim, você pode perceber que há coisas com as quais nos apegamos de tal maneira, que estas se transformam em limites a nossa capacidade de entrar em contato com algo novo. Acaba se tornando uma fronteira que divide o que somos ou conhecemos (ou temos mais facilidade em conhecer), ficando o "estrangeiro" de fora. Na GT, este é o conceito de "fronteira do eu" (PERLS, 1977b: 53s.). Você já percebeu essas "fronteiras" em outras pessoas ou em você mesmo?

O que você normalmente faz ou sugere para outros fazerem, quando você se depara com uma fronteira destas? Não é bem comum algo deste tipo:

– Deixe de besteira, vá lá e faça o que você tem que fazer!

Ou então, um estilo também bem comum, que tange mais o lado compreensivo:

"– Eu sei por que você não faz isso... É porque sua mãe te protegeu demais seu pai nunca deixou você fazer as coisas sozinho sempre "passaram a mão na sua cabeça quando você agia errado seus pais lhe acostumaram mal etc."

Dentro do mecanicismo que nos impregna, temos por hábito verificarmos um problema e atuarmos para eliminar *aquele* problema, sem nos dar conta ou simplesmente não querendo mesmo considerar tudo o que está em volta. Por exemplo, se uma pessoa sente-se mal ao enfrentar um grupo de espectadores em uma palestra, o "remédio" é "empurrá-la" para tal situação e, de preferência, cobrando-a:

"– Você só vai resolver isso enfrentando!"

É, pode até dar certo... Mas também pode não dar. Mas o importante é notar que, em nosso mecanicismo (aqui, talvez mais reducionista), empregamos a mesma visão que temos criticado (causa/efeito: medo dos espectadores resolver o problema do medo da exposição enfrentando-os). Reduzimos o que está envolvido em um receio de transpor uma destas fronteiras. Achamos que é só um caso de "covardia", de tensão ou ansiedade e entendemos pouco a situação, acarretando uma ação ineficiente na maneira de tratá-la.

Qual a relevância deste aspecto para a GT? Muita mesmo. Voltando-nos à construção da ponte, ao invés de uma forma reducionista de tratar o problema, que tal se descrevêssemos mais amplamente o campo onde a fronteira atua?

Primeiramente, verificamos que a fronteira que cada um tem, propicia não só um sentimento de integridade (a pessoa sabe que ela é o que está "dentro" da fronteira e o que está fora é "não ela"), como também é a partir desta fronteira que o contato com coisas realmente novas acontecem.

Vamos esclarecer, entretanto, um pouco mais essa questão do contato e de que qualidade deste estamos falando.

---

30. A apresentação dos tipos de fronteiras foi organizada pela mesma ordem com que são citadas no livro de referência: Polster & Polster. "*Gestalt-terapia integrada*" – capítulo sobre fronteira de contato.

Trabalho dentro das fronteiras...

**Breve conversa sobre "qualidade do contato"**

O "contato" (cf. glossário) quando natural, espontâneo, serve para atender às necessidades emergentes do organismo. Porém nem sempre estamos fazendo contato com algo realmente ligado as nossas necessidades emergentes. Daí, nem sempre entrar em contato basta...

O contato da pessoa consigo mesma e com o mundo em sua volta, de maneira flexível, "autorreguladora" – no sentido de propiciar à pessoa a obtenção do que precisa e a eliminação do que não precisa mais, com a retomada de seu equilíbrio, conforme já anteriormente falado – é sim o objetivo, porém nem todo contato tem essa qualidade. Ou seja, a pessoa pode até estar em contato com alguma coisa verdadeira dela mesma, como um sentimento, ou uma lembrança ou uma sensação, mas esse contato – por si só – não é necessariamente saudável ou auto-regulador. Só o será se esse contato for relacionado a algo de que a pessoa esteja precisando no momento presente de sua vida.

Vamos dar um exemplo para ilustrar. Uma pessoa se queixa que precisa contar com uma parcela de sua própria agressividade para resolver uma situação indesejada, terminando um relacionamento com seu parceiro que ela descobriu ser desonesto. Mas, ao invés de lidar com isso, fica o tempo todo em contato com uma tristeza pela perda de um ente querido... O contato com a tristeza é algo real – ela realmente vive, sente aquela tristeza – mas na situação de vida que ela escolheu focalizar e na qual ela se encontra (o desejo de romper a relação), esta tristeza não é sua figura emergente. Se a pessoa relata estar precisando ser agressiva, mas emprega seu tempo lidando com outros sentimentos, como ela desejará resolver a situação ligada à agressividade? O que a tristeza traz para ela, quando a faz evitar entrar em contato com outros sentimentos?

Enfim, é fundamental descrever não somente como a pessoa faz contato, mas também com o que ela escolhe fazer contato, e qual a relevância disso em seu processo presente.

**Ampliando fronteiras**

Voltando à conversa sobre as fronteiras, percebemos que é importantíssimo para a GT o reconhecimento destas, para que o trabalho psicoterápico possa ocorrer, respeitando-as.

Você poderia levantar um questionamento assim:

"– Mas eu sempre achei que esse negócio de ter fronteiras fosse uma coisa ruim: de nos impedir de fazer coisas, de nos manter presos, etc. Não é assim, não?"

Não, não é bem assim. Tudo o que existe, só existe porque tem limites, fronteiras, que o diferenciam das outras coisas. Nós, seres humanos, também temos as nossas para nos diferenciarmos do meio, o que inclui a necessidade de nos diferenciarmos uns dos outros. Segundo Perls "sentir-se bem, para o organismo significa identificação, ser uno comigo; sentir-se mal significa alienação, afastar-se. No sentir-se bem e mal, vemos a função discriminatória do organismo: este é o trabalho que, na Gestalt-terapia chamamos de fronteira do ego" (PERLS, 1977b: 53). Logo, a fronteira tem uma

# Introdução à Gestalt-terapia

função, exerce um papel importante na existência de um indivíduo, desde que seja como toda fronteira: com "alfândegas"!! Ou seja, que ela seja aberta ao mundo, para que as trocas possam acontecer, mas – exatamente como numa alfândega – o que entra possa ser de alguma maneira "inspecionado", "filtrado" para ver se serve ou não, e também exercer um controle sobre o que sai... Para explicar melhor esse aspecto, vou utilizar a mesma analogia que se usa dentro dos conceitos da GT, que é relativo à fome.

Quando nos alimentamos, a comida vem de fora, chega perto de nossa pele, porém não entra diretamente, não é? Ou seja, quando entramos em contato com a comida, primeiro avaliamos uma série de coisas: cheiro, aparência, como está sendo servida, a higiene do lugar, etc. Não deixamos entrar nada diretamente sem mais nem menos. Temos nossos critérios em relação ao que comemos e como comemos. Aí, após nosso interesse ter sido despertado, nós colocamos a comida na boca e a mastigamos. Ou seja, vamos efetivamente fazer uma escolha que será definitiva: ou ingerimos aquilo que estamos mastigando, ou a cuspimos fora. Durante o processo da mastigação, podemos sentir se o gosto é bom, se a textura nos agrada, se está no tempo certo (fresco ou passado), enfim, avaliamos se ingerimos ou não. Uma vez decidido que vai ser ingerido, aquele alimento é mastigado, triturado, cortado, recebe saliva e começa então um processo que tornará aquele alimento não mais "alimento", mas sim, parte de nós. Não haverá mais como diferenciar, uma vez o alimento seja ingerido e metabolizado, o que é "alimento" e o que é "eu".

Vamos seguir nosso exemplo, já ampliando-o para nosso campo vivencial. Considerando o que falamos anteriormente sobre "ser-no-mundo", estamos na verdade nos alimentando ininterruptamente, seja de ar, ou de calor, mas também de informações, de valores, de ideias, de regras, leis etc. Da mesma maneira como fazemos com a comida, nosso organismo também lida com os outros estímulos externos assim. Algo chega a nossa fronteira, nós a avaliamos e, uma vez despertado o nosso interesse, começamos a "mastigar" aquilo, uma vez confirmado que é algo que nós queremos, nós a engolimos ou, no caso contrário, cuspimos fora.

Digamos que alguém se aproxima de nós e tenta nos convencer a fazer parte de um determinado clube. A "comida" (o estímulo – no caso, um convite para uma filiação ao clube) é apresentada. Uma vez despertado nosso interesse, conversaremos com a pessoa, procuraremos estudar e avaliar como são as diretrizes do clube, como é o espaço, quais opções de esporte oferecem... Vamos "mastigando" a informação. Na medida em que percebo que realmente desejo aquilo, eu "engulo" o estímulo, que não será mais algo "diferente" de mim, pois eu também serei "o clube", como um de seus filiados. Caso contrário, simplesmente agradeço o convite mas não o aceito. Lembrando o que já falamos antes, há ainda outra alternativa, que é quando "engolimos sem mastigar", algo que aceitamos sem a devida metabolização, tornando-se algo introjetado, uma opinião que repetimos, mas não acreditamos. Entrar para o clube porque todos entraram, ou porque "me disseram que era bom", etc.

No tocante aos aspectos terapêuticos, essa visão da fronteira dá ao profissional que atende uma noção de até onde o cliente está obtendo algo que ele mesmo aceita que seja absorvido, integrado por ele. Só é possível tal integração quando o conteúdo

## Trabalho dentro das fronteiras...

absorvível está acessível à fronteira, podendo ou já estar dentro dela (mais ainda não percebido, sendo este tipo de percepção mais fácil), ou na própria fronteira, já em contato e faltando apenas aceitação deste conteúdo (como acontece em relação a coisas que já sabemos de nós próprios, mas que gostaríamos que fosse de outra maneira...).

Vamos explicar cada um destes aspectos.

Quando o conteúdo está fora da fronteira, o contato torna-se mais difícil ou momentaneamente quase impossível, uma vez que não há como "chegar até lá", ou seja, a fronteira ainda não expandiu-se o suficiente para haver tal contato. Para estes tipos de contato com conteúdos ainda fora da fronteira, todo um trabalho terapêutico é necessário para que a fronteira possa ir ganhando mais espaço, incorporando novas ideias, novas informações, que permitam – após um tempo – que a informação, antes distante, tenha condição de ser contatada, mastigada e absorvida, ocasionando uma nova expansão da fronteira; a pessoa cresce, amadurece, e começa a perceber coisas novas que até então não percebia.

Um exemplo para ilustrar: isso é particularmente comum nas relações rancorosas existentes na família. A filha que foi rejeitada pela mãe, o filho que foi maltratado pelo pai, ou outras situações emocionais tensas entre parentes próximos, cria uma sensação incompatível para a criança e para o adulto que cresce desta maneira: como odiar a própria mãe? Como odiar o próprio pai? No contexto histórico do mecanicismo, também surgiu um extremado moralismo[31], que nos dirá que somos obrigados a amar nossos pais – uma moral que tange o "incondicional". O adulto que cresce assim, e chega ao nosso consultório com um distúrbio emocional grave, perceberá que há sentimentos fortíssimos ligados aos pais, cujos conteúdos ainda permanecem longe de sua "fronteira". Ele ainda não tem condição de reconhecer como pertencendo a ele um sentimento que lhe é conscientemente incompatível de sentir. Vamos explicar melhor, retomando o nosso referencial básico do atendimento do João.

Logo no início do atendimento, João já narra uma situação em que fica clara a existência de uma fronteira, e do tipo próximo ao que narramos acima, no exemplo 4, em relação à fronteira de expressividade. João não conseguia expressar satisfatoriamente seu desejo pelas mulheres que o atraíam. Daí, quando uma mulher interessante para ele surgia, a fronteira de expressividade se fazia sentir: o "estímulo" (Maria) era percebido, mas ele não conseguia chegar até lá.

Vamos ilustrar isso com um desenho que nos permitirá visualizar melhor a dinâmica da fronteira e acompanhar a evolução de um trabalho psicoterápico através desta ótica.

No início, João percebe que expressar seu interesse para Maria (o ponto "x" no desenho 5 abaixo) seria algo impossível, fora de seu alcance atual e, por isso, ainda não incorporado – fora de sua fronteira:

---

31. O início da construção do paradigma mecanicista foi concomitante com um grande movimento moral existente na Europa, que ficou conhecido como a "Época Vitoriana" (séc. XIX), em que a rigidez dos valores familiares (a honra em nome da família), a subjugação da mulher e da sua sexualidade, o ufanismo patriótico e o desenvolvimento industrial – a qualquer custo – protegido pelo aparato armado (polícia e exército) foram alguns de seus mais conhecidos aspectos (NORBERT, 1993 e FOUCAULT, 1985).

Desenho 5

Essa fronteira é reconhecida pelo gestalt-terapeuta, que não atuará fora dela. O

**X.
Expressar o sentimento
pela Maria**

gestalt-terapeuta não dará ao cliente, por exemplo, uma "interpretação" de seu comportamento, informando que João faz isso porque tem alguma atração recalcada pela mãe, ou algo assim. A eficácia é muito questionável quando apresentamos à pessoa uma informação que ela simplesmente não consegue ver.

Ao invés de mostrar a ela a informação, a ideia é fazer com que ela própria descubra um caminho para ampliar sua possibilidade de contato com as forças do seu campo vivencial, que não necessariamente deverá chegar até onde o terapeuta possa ter visto previamente. A pessoa chegará até onde quiser chegar. Aqui, essa questão é de importância dupla: primeiro, porque contribuindo para que a pessoa descubra seu caminho ela poderá, futuramente, caminhar sozinha ao lidar com novos problemas e, segundo, exatamente ao ir descobrindo o próprio caminho, a pessoa sempre andará por onde ela terá segurança em ir, com suas próprias forças, crescendo, amadurecendo de acordo com sua própria idiossincrasia.

Continuando, na medida em que o gestalt-terapeuta apresenta ao João uma forma mais clara de ver o que estava acontecendo através do experimento, ele percebe que, embora pudesse até ver Maria e seu sorriso e olhar de interesse, ele excluía a possibilidade de ir à frente e falar com ela, não exatamente por ela, mas por uma autoimagem negativa que tinha introjetado. Antes da Maria real estar lá, o próprio João já excluía a possibilidade de um contato. Na verdade, há então uma modificação na estrutura do trabalho a ser feito. Ao invés de trabalhar conforme o modelo exemplificado no desenho 5 e explorar a expectativa de falar com Maria (o "próximo passo" que falamos anteriormente), a GT procura trabalhar com o que há. Considerando isso, João passa a lidar com as seguintes forças atuando em seu campo:

Desenho 6

As letras no desenho acima simbolizam as diferentes forças que estão atuando no

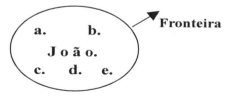

campo vivencial de João. O que está acontecendo então neste campo? Tomemos como

## Trabalho dentro das fronteiras...

exemplo uma força qualquer, como a letra "a". Esta força poderia ser a vergonha perante os amigos caso chegasse a ser visto com o rosto ruborizado. A letra "a" foi colocada dentro da fronteira de João, porque é algo que para ele já é acessível; ele já tem uma certa consciência do fato. Ele luta contra essa vergonha; segundo sua própria autoimagem, essa pessoa que se ruboriza é algo que ele não quer mais, "é ele" (por isso, dentro da fronteira), mas é fonte de conflitos e, por isso, ainda esperando um processo de assimilação.

Assim como a situação expressa pela letra "a", outras forças também estão atuando:
   b.: seu medo de falhar
   c.: saber com antecedência o que vai dizer
   d.: seu nervosismo "normal"

Na verdade, na medida em que esse campo fosse sendo explorado, cada vez mais forças poderiam surgir, sendo que a questão principal é que dentre tantas forças, uma sempre surgirá como a situação principal, emergente, prioritária segundo os próprios critérios do cliente: o que ele elege como sendo aquilo que ele quer trabalhar, a figura.

Com a evolução do trabalho terapêutico, a fronteira vai ampliando e o cliente vai alcançando novas percepções. Daí, João percebe uma outra força que estava atuando sobre seu comportamento mas que, porém, até então ele não havia obtido as condições necessárias para percebê-la. Ao longo do trabalho terapêutico, tal força começa a ser percebida sobre sua fronteira, em um estado de "inspeção alfandegária", ou seja, é algo que será avaliado por ele como um todo – existencial e organismicamente – e depois de sua metabolização, será decidido como algo que poderá entrar ou não...

Desenho 7

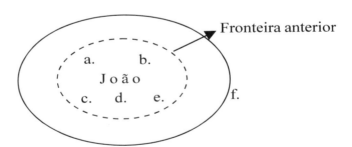

No desenho acima, " f " simbolizaria a percepção de sentir-se desprezível, que agora está acessível à fronteira. Ou seja, na etapa anterior do trabalho (desenho 6), nem João, nem o gestalt-terapeuta sabiam que "sentir-se desprezível" era uma das forças que estavam atuando no campo, embora a percepção desta força estivesse, ainda, longe da possibilidade de contato. Conforme já discutimos antes, poderíamos dizer que "sentir-se desprezível" era algo ainda inconsciente. Mas, lembrando como a GT trabalha com isso, verificamos que, ao invés de irmos ao inconsciente (caminhando

## Introdução à Gestalt-terapia

fora das fronteiras), caminhamos expandindo as fronteiras da consciência, até chegarmos ao que antes era inacessível[32].

Daí, temos um ponto a mais que antes estava fora (mas que não podíamos ver, daí inconsciente), mas que com o trabalho terapêutico tem a chance de ser incorporado e, com isso, propiciar que a fronteira de João possa ser expandida.

Há outra questão também, importante para lembrarmos, que nos esclarece como algo que não temos contato, uma força que desconhecemos, pode ainda influenciar. Aqui caberia a analogia com o exemplo das "águas que passam e movem o moinho", lembra? Ou seja, mesmo que a situação vivida junto a sua mãe tenha acontecido há tanto tempo e, mesmo que João ainda não tivesse percebido tal situação, esta ainda "move o moinho", ou seja, as forças relativas a esta vivência em particular junto a sua mãe, deixaram marcas em sua vida. Daí, a GT focaliza estas marcas, segundo nossa metáfora: do "movimento do próprio moinho" – a marca presente, o fato óbvio – ao invés de "buscar a água que o movimentou..."

O trabalho psicoterápico da GT focaliza aquilo que está aqui e agora, acessível ao cliente; aquilo sobre o qual ele pode entrar em contato e se responsabilizar em cuidar sozinho, contando com apoio do terapeuta. Neste contato, percebemos que o trabalho com as fronteiras se dá de dentro do universo do cliente para fora (partindo do seu mundo conhecido) na direção que ele quiser, de acordo com seu interesse.

O trabalho com o cliente, levando em consideração e respeitando suas fronteiras, é essencial para o estabelecimento da confiança não só pelo terapeuta e pelo trabalho terapêutico, mas primordialmente, em si mesmo. Partindo sempre de onde está, o cliente adquire o conhecimento sobre o processo, e não é tratado pelo terapeuta como alguém "que não tem capacidade de entender o que está acontecendo" ou "que não tem conhecimento para isso". O que o terapeuta compartilha é do próprio mundo do cliente, com seus pontos de vista, linguagem, crenças etc., valorizando seus recursos, seus aspectos saudáveis para, paulatinamente, ampliar seu campo vivencial e vir a recontextualizar suas situações inacabadas.

É importante reconhecer a responsabilidade dos agentes de saúde (psicólogos, médicos etc.) quanto a forma de tratar os clientes ou pacientes, depreciando suas tentativas de compreender o que está acontecendo com ele. Esta busca pela compreensão de si e, eventualmente, de sua doença, deve ser encorajada. Criticando o discurso médico, Mello Filho faz uma interessante observação: "O que temos observado é que, na verdade, o discurso médico acaba por ser uma forma bastante eficiente de manter o paciente alienado de sua própria situação" (MELLO FILHO, 1992: 90).

---

**32.** O próprio terapeuta, na medida em que percebe algo que pode ser momentaneamente imperceptível para o cliente, estará também fora da fronteira do cliente. Suas trocas com o cliente serão difíceis – ou até mesmo impossíveis, quando o cliente não consegue compreender o sentido do que o terapeuta lhe expõe. Assim sendo, o trabalho terapêutico se apresenta em todos os níveis da fronteira – dentro, sobre e além desta.

## 11
# A semântica geral

Peço que você, leitor, lembre se já presenciou ou participou de um tipo de diálogo, entre uma pessoa que desabafa e outra que escuta, mais ou menos assim:

José: – Pois é, meu amigo... Hoje eu realmente estou triste...

João: – É, estou percebendo... Mas o que adianta a tristeza, não é? Não adianta nada, você sabe... A gente tem que tocar a vida para frente...

José: – Você tem razão... Mas nem sempre é fácil, às vezes as coisas complicam...

João: – Eu sei... A vida tem desses momentos em que as coisas complicam.. Mas é nesses momentos mesmo que a gente precisa se levantar, ir à luta, continuar...

José: – E quando você não tem ânimo para isso?

João: – Bem, ficar por baixo, triste, aí mesmo que as coisas não vão melhorar... Ficar assim, só piora...

José: – É, você tem razão... O que adianta ficar assim, não é? Afinal, não faz diferença nenhuma, ficando triste ou não, as coisas vão acabar se resolvendo de qualquer maneira mesmo...

João: – É isso aí, meu amigo: ânimo! Assim é que se fala.

Sobre o que estas duas pessoas falaram? Qual foi o assunto discutido? Aparentemente, o diálogo ficou sobre um tema: a tristeza e como ela não ajuda. Mas, caso nos detivéssemos um pouco mais neste diálogo, não ficaria claro de que sobre a "tristeza de José" não se falou nada, mas, sim, da "tristeza" em geral?

– Como assim? O José não estava falando dele e como estava se sentindo desanimado? Você, leitor, poderia perguntar...

Mas, perceba: José falou do desânimo, falou que às vezes é difícil se levantar, que não adianta... Mas tudo isso foi falado sobre o que a tristeza provoca como efeito (o efeito de estar triste), mas não se falou da tristeza do José: como podemos compreender o que é isto que José está chamando de "tristeza"?

Como acontece isso? Como podemos ter a impressão de estarmos conversando com alguém sobre algo efetivamente dela, mas, depois, reconhecemos que ficamos em um nível genérico, quase que impessoal? Uma possibilidade é considerando a ideia comum de confundirmos o "mapa" com o "território" (segundo a teoria da semântica geral, de Alfred Korzybski). Como funciona tal teoria? Esta se aprofunda sobre a questão da linguagem, e de como cometemos sérios erros quando estabelecemos

## Introdução à Gestalt-terapia

que uma palavra "é" a coisa que ela quer dizer. Como se o significado da palavra fosse o objeto que ela significa[33]. Daí, reduzimos todas as possibilidades de ser ao que nós entendemos como sendo o significado (a imagem/objeto) daquela palavra. O sentido da palavra "triste" é algo muito maior do que a soma das seis letras que a compõem ou de suas duas sílabas e com muitas possibilidades de sentido para além do que "eu" possuo... A palavra triste não contém – e nem pode – todas as possibilidades do que é este sentimento para quem o vive.

Conforme acima, quando José expressou sua tristeza, e João, ao ouvir, já fez uma ideia do que significava "estar triste", a conversa caminhou com as pessoas tendo a impressão de que estavam falando do mesmo assunto... Mas será que foi isso mesmo? Quando José falou da tristeza, João ajudou-o a "enfrentá-la"... Mas enfrentar o quê, exatamente?

Retornando ao diálogo, não parece óbvio que João ajuda ao José a enfrentar a tristeza como o próprio João entende tal palavra? Ao ouvir "triste", João dá um significado que é dele próprio, e que acaba por obscurecer o significado da tristeza de José. O diálogo transcorre e o que é a tristeza de José efetivamente não se desvela: se evita.

Vamos entrar um pouco mais na fundamentação teórica que está nos ajudando neste tópico, fazendo referência a outra palavra. Quando alguém chama o outro de "inteligente", essa é uma informação que supomos suficiente para entendermos a mensagem toda. Não nos preocupamos em saber em relação a que ou em que contexto essa pessoa é inteligente.

– Puxa, você não está sendo exigente demais?! Se o sujeito é inteligente, significa que ele não é burro! Que mais você quer saber?!

Pois é, leitor, temos o hábito de pegar a informação e "sermos práticos", lidando com os menores aspectos possíveis dela. "Inteligente" é algo que se sobressai a uma média e pressupõe uma normalidade (lembra do "ponto zero", na Indiferença criativa de Friedlaender?) e, por sobre isso, alguém se sobressai como inteligente – em uma direção positiva – ou obtusa – na direção oposta. A questão relevante aqui é que subentende-se um consenso em relação à normalidade, e em relação ao que se sobressai, tanto por um lado como por outro. Da mesma forma que se subentende um consenso quando alguém fala "triste", ou "feliz", ou "bem", ou "mal"... Mas na verdade, não há consenso nenhum e ficamos falando de algo que não temos certeza de se tratar do mesmo assunto. Vamos a um exemplo hipotético: Um renomado profissional, muito reconhecido em seu trabalho pelo seu vastíssimo conhecimento, procurou terapia para seu filho, considerado por ele como um "perfeito idiota". Apesar das boas notas na escola, a questão é que a criança não conseguia se encaixar no que seu pai considerava

---

33. Segundo o filósofo da linguagem Wittgenstein, esta relação palavra/objeto é o que ele aponta como a "imagem agostiniana da linguagem" (FAUSTINO, 1995). Agostinho, segundo o qual "as palavras da linguagem denominam objetos" (FAUSTINO, 1995: 9), sugere a Wittgenstein concluir então que "toda palavra tem um significado, este significado é correlacionado à palavra, é o objeto que a palavra substitui" (FAUSTINO, 1995: 9). Tal correlação é amplamente criticada por Wittgenstein.

# A semântica geral

como "inteligência". O problema não era a criança, mas o conceito extremamente exigente do pai...

Não há consenso prévio. Cada palavra tem, para cada pessoa, um significado todo próprio, que ainda pode mudar consideravelmente em função do contexto...

A semântica geral nos informa, então, que as palavras são "mapas" e não os "territórios"; que representam as coisas, mas não são as coisas, e nos alerta para não nos satisfazermos com o "mapa" e acharmos que já estamos percorrendo o território. Assim agindo, há uma possibilidade de perda de sentido sobre o que se pensa que está acontecendo.

Falar a expressão "estou triste" não significa que tenhamos a certeza do que está se passando no "território", ou como é a experiência da pessoa quando diz isso.

"– Mas poderia ser diferente? Eu acho que não... Não temos mesmo como experimentar ou viver no lugar do outro o que ele está sentindo..."

Concordo! O seu território, só você pode percorrer; não há como alguém sentir os sentimentos do outro, mas isso não significa que esse sentimento não possa ser compartilhado, dividido, de modo que um território possa tocar no outro, dois mundos possam realmente se comunicar. Mas, ao invés de se "falar sobre" algo que se tem a impressão de se saber previamente o que é ou do que se trata, como seria uma experiência de lidar com o sentimento no momento em que ele acontece, permanecendo nele, não se desviando e reconhecendo ali o que precisa ser reconhecido?

**Relação eu/tu**

Sobre esta atitude, a GT tem uma visão bem especial, quando considera a relação com o ser humano que a procura para o trabalho terapêutico. Para a GT, a pessoa não é um meio para atingir algo: para expressar o quanto a terapia é boa, ou envaidecer o ego do terapeuta etc. Na GT, a pessoa é o fim, é o que almejamos e para onde colocamos nossa atenção. É o que Martin Buber (1878/1965 – filósofo existencialista) chamou de relação "eu/tu", que se contrasta com a relação eu-isso que transforma o outro ser humano em um meio, instrumento para alcançar algo (BUBER, 1979).

Para que uma relação entre seres humanos possa ser mantida como tal, para proporcionar o "encontro"[34] é necessário uma atitude de abertura ao outro, ao seu mundo, à sua forma de se expressar como um todo, inclusive quanto à sua linguagem.

O gestalt-terapeuta americano Yontef, autor do livro *Processo, diálogo e awareness*, ressalta a necessidade da atitude de inclusão para a qualidade do contato eu/tu. Inclusão é exatamente não se deter no significado das palavras para quem escuta, mas procurar, para além das palavras, compreender o outro como o outro, tentando ver o mundo com os olhos deste.

---

**34.** "A palavra princípio EU-TU só pode ser proferida pelo ser na sua totalidade. A união e a fusão em um ser total não pode ser realizada por mim e nem pode ser efetivada sem mim. O Eu se realiza na relação com o TU; é tornando EU que digo TU. Toda vida atual é encontro". (BUBER, 1979: 13).

# Introdução à Gestalt-terapia

Estes aspectos são de elevada importância para o trabalho dentro da GT. Da mesma maneira que a teoria de campo organiza nossa percepção fenomenológica, o enfoque eu/tu é o que permite que a relação aconteça. Não como uma construção aprioristicamente determinada, mas como um evento em si e por si.

Buber nos fala da importância e da beleza da necessidade do encontro, como um "colocar-se no lugar do outro", ou vivenciar o "outro polo": o "tu" da relação. Especialmente na relação do psicoterapeuta com seu paciente, Buber ressalta: "se ele se limita em 'analisá-lo', isto é, em trazer à luz de seu microcosmos fatores inconscientes, e através desta libertação aplicar as energias transformadas a atividades conscientes da vida, ele pode trazer algumas melhoras. Na melhor das hipóteses, ele pode auxiliar uma alma difusa e estruturalmente pobre a, de algum modo, se concentrar e se ordenar. Porém, aquilo que lhe incumbe, em última análise, a saber, a regeneração de um centro atrofiado da pessoa, não será realizado. Só poderá realizar isso quem, com um grande olhar de médico, apreender a unidade latente e soterrada da alma sofredora, o que só será conseguido através da atitude interpessoal de parceiros e não através da consideração e estudo de um objeto. Para o terapeuta favorecer de um modo coerente a libertação e a atualização daquela unidade, em uma nova harmonia da pessoa com o mundo, ele deve estar, assim como o educador, não somente aqui no seu polo da relação bipolar, mas também no outro polo, com todo o seu poder de presentificação e experienciar o efeito de sua própria ação... O curar como o educar não é possível, senão aquele que vive no face a face, sem contudo deixar-se absorver" (BUBER, 1979: 151s.).

## A semântica geral trabalhada psicoterapicamente

Observe abaixo um trecho de um atendimento[35]:

### ATENDIMENTO 5

Cliente: – Eu realmente acho que não tenho coragem de me separar...

Terapeuta: – Você tem claro para você mesma que o seu desejo é este, a separação?

Cliente: – Não tenho dúvida... Eu sei que preciso só de coragem mesmo, de procurar o advogado, de falar com ele que quero me separar de vez, de fazer uma coisa definitiva...

Terapeuta: – Quando você fala a palavra "coragem", eu fico imaginando então que – se é isto que lhe falta – há então um outro sentimento presente, não é? Ou seja, se "a coragem falta", qual o sentimento que não falta? Qual o sentimento que "há"?

Cliente: – Bem, na verdade, eu sinto muita vergonha...

T: – Por favor, continue...

C: – Agora, apesar de estar tão decidida, me sinto envergonhada de assumir que o casamento não deu certo. É difícil encarar toda a família, meus filhos, os parentes e di-

---

[35]. Nunca é demais lembrar que este, assim como todos os outros relatos de atendimentos, estão aqui apresentados de forma condensada, resumida para enfocar melhor os aspectos discutidos.

## A semântica geral

zer para todos: "Sou uma fracassada, tá? Não consegui manter um casamento decente!..." Isso é difícil.

T: – Então me parece que, diante de algumas pessoas, você se sentiria envergonhada de anunciar sua separação, não é mesmo? (A cliente confirma.) Porém, você poderia me dizer se – ao invés de "pessoas" – haveria uma pessoa que você poderia escolher e que, diante desta, você supõe que teria a maior dificuldade em assumir sua separação?

C: – Com certeza, eu teria a maior vergonha de dizer isso para o meu filho mais velho...

T: – Você concordaria de fazer um experimento em relação a isso?

C: – Podemos tentar...

T: – Caso você queira, no momento em que for, o experimento pode ser parado. Só prosseguimos se você sentir que é possível para você, ok? (A cliente consente.) Vamos para o espelho.

O terapeuta posiciona a cliente em pé, em frente e bem próxima do espelho e pede que a cliente veja naqueles olhos refletidos, os olhos do seu filho. Solicita também que mantenha o contato, não desviando o olhar e, durante tal processo, vá percebendo o que sente...

T: – Qual é o nome de seu filho?

C: – Paulo.

T: – Como está seu corpo neste momento?

C: – Me sinto confortável...

T: – Experimente dizer agora, ao Paulo, o que você está sentindo neste momento...

C: – Paulo... (fica um pouco em silêncio) Você sabe que as pessoas às vezes não se dão bem...

T: – Por favor, desculpe te interromper, mas o que você está fazendo?

C: – Explicando para o Paulo...

T: – Você precisa explicar algo?

C: – Bem, na verdade não...

T: – Então, o que está acontecendo agora?

C: – Estou sentindo novamente e agora mais forte, aquela vergonha...

T: – Sugiro que você tente falar ao Paulo o que você sente. *Você* e não "as pessoas que, às vezes, não se dão bem"...

C: – Paulo... (após uns instantes de silêncio) Eu gostaria que você tivesse uma família feliz, para você também se sentir feliz... Mas, isso não está acontecendo... Eu e seu pai não estamos felizes juntos e eu quero me separar...

Na medida em que a cliente permanece então em contato com o que estava acontecendo em seu campo existencial, percebeu inicialmente como ela evitava uma conver-

# Introdução à Gestalt-terapia

sa direta sobre isso, e como seu discurso (o mapa) estava sendo proferido em consonância com esta atitude de afastamento.

Essa consonância acima merece ser melhor ressaltada. Na GT, considerando a ótica holística, percebemos que o ser humano se manifesta como um todo. Ou seja, a linguagem não será outra diferente da forma com a qual a pessoa pensa ou sente; seu corpo não terá outras expressões diferentes daquelas inerentes ao que ela sente; enfim, a pessoa – mesmo quando tenta esconder ou iludir – ainda será ela mesma e não "outra pessoa". Daí, sua expressividade sempre retratará de alguma forma a ela mesma. A linguagem então será mais uma forma pela qual pode ser percebido aquilo que a pessoa apresenta de si. Conforme o episódio narrado acima, quando a pessoa se afasta de sentimentos conflitantes, a linguagem se torna genérica, inespecífica: "As pessoas não se dão bem"... Mas que "pessoas"? Também observamos que a linguagem se torna projetada para o interlocutor, e não para ela mesma: "*Você* sabe que as pessoas não se dão bem..."

Para o escopo desta discussão, a questão fundamental é a percepção da palavra "coragem" e o seu significado para a cliente. Poderíamos tender a, uma vez ouvindo esta palavra no início da sessão, partirmos para um trabalho que tivesse como objetivo perceber "o que ela teme?", "qual é o medo?", ou "o que ela não quer enfrentar e precisaria de coragem para fazê-lo?" Tudo isso partindo do pressuposto de que, ao expressar que lhe faltava "coragem", era porque algo ela temia... Para a GT, que trabalha sobre uma ótica descritiva neste campo vivencial específico – no aqui-e-agora – o que deve ser considerado é o que se apresenta aqui, nesta relação, e com os significados que emergem através dela. Segundo o filósofo da linguagem Wittgenstein: "O significado de uma palavra é seu uso na linguagem" (apud MARCONDES, 1998: 270).

A partir da expressão "falta de coragem", nos mantendo no aqui-e-agora da relação, o significado que emergiu apontou para "vergonha" e, posteriormente, para um compromisso que a cliente se impunha em dar um lar feliz para o filho, se dando conta de que isso não seria mais possível, dado que não havia mais felicidade, por parte dela, em manter a relação de casamento.

Assim sendo, a atitude descritiva, que estamos considerando aqui como nossa metodologia básica, não deve ser restrita. Deve ser o mais ampla possível e aplicada para todas as forças que atuam no campo, inclusive a expressividade verbal, enfocando as palavras-chave para os processos psicoterápicos e se verificando nelas o que há para ser observado.

Será que ficaria mais fácil agora reler o diálogo do início desta sessão, entre João e José? Infelizmente é comum em nossa sociedade que não valoriza os sentimentos e muito menos as suas exposições (devemos nos emocionar sempre privadamente... O choro quase que precisa vir acompanhado de desculpas...), encontrar essa linguagem "evasiva", na qual o sentimento pode até ser referido ("estou meio triste"), mas não é exposto. Passamos por cima das coisas, sempre pensando no que é necessário para sairmos do problema, sem contudo procurar conhecer tal problema primeiro, até para decidir melhor, na hora de sair do problema, para onde se vai...

# A semântica geral

Por último, gostaria de retomar ao "Atendimento 1", e verificar ali o conhecimento que agora acabamos de discutir.

Lá, fica claro que o terapeuta já imediatamente aplica este princípio sugerido pela semântica geral, quando se detém ao que o cliente chama de se sentir "normal". Esta palavra, poderia ser também tida de acordo com o significado comum: alguém que se sente normal, não tem ou sente nada de relevante, nada que faça diferença. Porém, na medida em que se descreve o campo vivencial e incorpora-se o experimento baseado na indiferença criativa que já falamos, este permite uma ampliação daquele campo, tornando o significado da palavra "normal" algo extremamente relevante para o encaminhamento posterior do atendimento.

## A gramática pessoal

Ainda sob os aspectos da teoria semântica de Korzybski, há outros importantes aspectos que são concernentes ao uso da linguagem, mas não em relação ao ouvido do outro, mas em relação ao emprego da linguagem para a própria pessoa: falar para que eu possa escutar-me.

Na GT é muito comum, durante as sessões, o terapeuta propor ao cliente que, ao invés de usar palavras genéricas como, por exemplo: "a gente é assim mesmo", ou "as pessoas pensam isso mesmo" etc., possa usar o pronome pessoal "eu". As frases mudam da seguinte maneira: "– Eu sou assim mesmo" e "Eu penso isso mesmo". Embora me pareça que seja clara a diferença que há entre uma construção e outra, acho que vale a pena comentar.

Quando o cliente fala: "– A gente é assim mesmo..." De quem ele está falando? Quem é "a gente"? Ou seja, nos mantendo restritos a nossa atitude fenomenológica, mais uma vez nos deparamos com uma descrição sobre algo que se mostra fantasioso. Quando a pessoa diz "a gente", ele fala em nome de um grupo? Esse grupo deu autorização, algo registrado que o coloque no direito ou no papel de ser porta-voz de tal grupo? Na verdade, não. No discurso da pessoa, há uma forma de lidar com seus dados (sentimentos, pensamentos, etc.), diluindo-os por uma "multidão" inexistente ("a gente" ou "as pessoas"). Por isso, na medida em que apontamos para este discurso, o cliente é convidado a experimentar corrigir sua percepção sobre o fato de que não há uma multidão ali, e que ele pode falar por si e de si. Ao incluir em seu discurso o "eu", sua percepção, antes dispersa, volta a ser focalizada sobre ele mesmo, de maneira que propicia uma forma mais autocentrada de descrever e compreender sua própria relação com o seu meio. O "eu" que fala está implicado no mundo que o cerca, é efetivamente o "ser-no-mundo". Perceba este pequeno trecho de uma conversa:

João: – Puxa, o dia hoje está tão estranho, não é?

José: – Como assim?

João: – Sabe quando você sente que tem algo estranho no ar?

José: – Eu não estou entendendo...

# Introdução à Gestalt-terapia

João: – Sei lá... Sabe quando você fica pensando se há alguém querendo armar alguma coisa contra você? Você nunca acordou um dia assim, desconfiado de tudo?

O que acontece com João? Ele tem um sentimento sobre algo que não está claro, mas que parece não estar situado nele mesmo. Ou seja, ele, para explicar ao José, parece se referir a algo que seria comum ou do conhecimento do José, e não do seu próprio conhecimento. Quando João emprega a palavra "você", parece que precisa buscar no José uma referência sobre o que ele próprio quer dizer, mas parece não conseguir. Veja a diferença:

João: – Puxa, hoje o dia está estranho para mim, você está sentindo algo assim também?

José: – Como assim?

João: – Eu estou sentindo que tem algo estranho no ar...

José: – Eu não estou entendendo...

João: – Sei lá... Eu estou pensando se há alguém querendo armar alguma coisa contra mim... Eu hoje acordei me sentindo tão desconfiado...

Ao usar o "eu" ou o "para mim", João focaliza sua atenção, através do seu próprio discurso, sobre si mesmo e sobre o que está sentindo. Desta maneira, ele sabe que ele próprio sente algo, e que isto que ele sente é dele, e não depende do José para ratificar, explicar ou dissuadir.

Assumindo então a si próprio primeiro, a pessoa estabelece uma forma mais autocentrada de entrar em contato com o outro. O outro pode ser visto então como sendo ele próprio, a "outra pessoa em si", com seu mundo, seus sentimentos, opiniões, e que posso ouvir, concordar, ou não, mas compreendendo que é o mundo "do outro", já que reconheço qual é o "meu" mundo, sentimento ou opinião.

A linguagem é algo então que, fazendo parte do campo vivencial da pessoa, é tomado como mais uma forma da pessoa mostrar-se, sendo mais um fator para o olhar fenomenológico, mesmo quando se mostra velando-se, ocultando o sentido do que é expresso, porque "velar-se" também é uma forma de expressão e passível da mesma atitude fenomenológica.

## 12
# A pessoa do terapeuta na relação psicoterápica

Pelo que conversamos na sessão anterior, fica óbvio que o discurso proferido pelo cliente, mesmo se tratando de palavras cujos significados são claros (palavras que nem poderíamos supor que gerariam dúvidas ou mal-entendidos), estas são escutadas por outra pessoa, o que implica que – mesmo considerando a palavra em si – a compreensão que cada um terá dela ao escutá-la, é algo evidentemente imprevisível. Ou seja, cada um poderá escutar a mesma palavra mas, sobre ela considerar um entendimento todo próprio e, em alguns casos, talvez até longe do significado originalmente pensado pela pessoa que a proferiu.

Isso significa que, mesmo quando achamos que nos mantemos isentos de alguma coisa, que não nos envolvemos e que podemos manter completo isolamento de algo, isso na verdade se desmascara como totalmente impossível, simplesmente porque, logo de imediato, a própria linguagem que é utilizada para a comunicação não é precisa. Não é de se espantar por que alguns filósofos se dedicaram tanto à linguagem matemática: justamente por sua precisão de sentido... Mas exatamente por lidarmos com uma linguagem inexata, esta é mais uma justificativa da utilização de uma abordagem que focaliza o campo e não um ponto específico e exclusivo (por exemplo, só a linguagem). Na GT, o enfoque holístico sobre o que está ocorrendo permite que, para além das palavras, toda a expressividade possa se manifestar, ampliando a capacidade da pessoa em reconhecer a si mesma em seu próprio processo de vida, enfocando a relação entre pessoas, e não a relação entre discursos.

Porém, como é que o mecanicismo considera esta questão da isenção? Do "olhar objetivo"? Vamos seguir exatamente o paradigma das máquinas e utilizá-lo neste tema que agora conversamos.

Quando você tem um problema em uma máquina qualquer, por exemplo, um carro, o que você faz? Você normalmente vai a um mecânico, que abrirá o carro, o examinará e verificará dentro daquele conjunto de peças qual ou quais não funcionam, providenciando de imediato o reparo ou substituição. O mecânico faz isso de forma fria, sem envolvimento nenhum com a máquina que ele examina; ele está ali apenas usando uma parcela de si mesmo enquanto pessoa: apenas utiliza seu conhecimento mecânico.

Isto não é correto? Ou seja, dentro do que esperamos dele, não é isso que ocorre? Bem, temos que reconhecer que não é bem assim...

Logo, como uma primeira percepção, verificamos que o mecânico não recebe o carro sozinho... Ou seja, ainda não inventaram um carro que possa ir sozinho a uma

# Introdução à Gestalt-terapia

oficina... Quem leva o carro até a oficina? Quando lá chega, como essa pessoa se dirige ao mecânico? Digamos três opções:

a) A primeira pessoa é uma senhora de poucas posses. Explica ao mecânico que o carro é algo que ela precisa muito e não tem muito dinheiro para pagar o conserto...

b) A segunda pessoa é um homem bastante presunçoso, que trata mal o mecânico, insinuando que são todos uns exploradores...

c) A terceira é uma jovem e linda mulher que vai à oficina pela primeira vez e se encanta com o mecânico, jogando uma boa dose de sedução e gerando ali quase que um encontro...

O mecânico conseguiria olhar para os três carros com a mesma frieza? A pena e a vontade de ajudar a pobre velhinha, a raiva pelo mal tratamento recebido do homem presunçoso e a sedução pela bela jovem não resultariam em formas diferentes de olhar para cada um dos carros? Mais do que apenas olhar, você não acharia plausível que o mecânico agiria de uma forma diferenciada para cada caso? Enfim, mesmo considerando um trabalho eminentemente frio, mesmo lá, o contexto interfere sobre qualquer capacidade humana de isenção.

Estamos ligados ao nosso contexto, somos seres-no-mundo, sistemicamente conectados. Por que achar que temos que ser "frios"? Qual o motivo que nos faz acreditar que podemos ser totalmente "objetivos", achando que podemos olhar para o que existe em volta de nós, como se nós não estivéssemos ali, e estivéssemos vendo "um filme", mas não participando dele, e podendo chegar a conclusões isentas, sem envolvimento?

Nesta hora, leitor, eu imagino você pensando:

"– Mas também não é assim... Acho que quando alguém está olhando para um microscópio, vendo se as bactérias se reproduziram ou não em um meio químico qualquer, vai poder – independentemente do seu estado de espírito – olhar objetivamente e dizer sim ou não... Enfim, algum grau de objetividade nós temos..."

Sim, concordo, mas me permita dizer que é exatamente por causa de ter apenas que lidar com "sim" e "não", que nossa ciência impõe a objetividade. Seremos tão objetivos quanto for menor o número de possibilidades que lidamos. Por isso, a ciência quando executa seu experimento envolve o menor número de variáveis possíveis, para testar a menor quantidade de informação por vez, e ter que lidar apenas com um resultado positivo (a tese foi comprovada) ou negativo (a tese não foi comprovada). E só!

Como lidar com o ser humano considerando apenas "sim" e "não"? Como transferir para a psicoterapia esta atitude mecanicista, de reduzir as interferências para lidar com o menor número de variáveis, quando o próprio terapeuta é – em si – uma variável que também influencia a relação? Segundo minha ótica – assumidamente envolvida, não estou nem um pouquinho isento... – a psicoterapia só tem a ganhar quando as presenças das pessoas que participam do processo terapêutico são assumidas. Mais do que um psicoterapeuta, está ali, junto com o seu cliente, uma pessoa inteira, com seus sentimentos, sua história, suas situações vividas que ainda clamam por um fechamen-

## A pessoa do terapeuta...

to, assim como é também presente tudo isso em relação ao cliente. Porém, ressalto aqui que quando isso não está assumido no processo terapêutico, de qualquer maneira, não deixa de estar presente. *A totalidade do terapeuta não deixa de estar presente mesmo quando ele acha que só está a parte dita "objetiva".*

Esta tentativa de isenção justificou o uso do famoso divã por Freud. O divã servia para a pessoa se deitar, ficando de costas para o analista, que somente ouvia e se restringia ao discurso ouvido. Não havia troca de olhares, não havia toque (FREUD, 1972d: 259 – sobre *O método psicanalítico de Freud*). Porém, o divã é também uma marca da não isenção do seu criador, uma vez que, segundo Perls, Freud sofria de uma fobia, tendo medo de qualquer contato físico ou olhar, não gostava de encarar as pessoas de frente e, com o recurso do divã, ele as mantinha à distância... (GINGER, 1995: 45 (nota 3) e 64; e PERLS, 1979: 74).

Este aspecto do gestalt-terapeuta não ficar isento diante do cliente, se colocando em uma relação interpessoal com ele é, inclusive, um daqueles aspectos que geram críticas à GT. "Como você pode analisar alguém, se você se envolve na relação?" Eis a questão apresentada a mim, uma vez, por um psicanalista. Minha resposta foi simples: nos envolvemos exatamente porque não analisamos e, sim, participamos do processo terapêutico. Para "participar", o terapeuta precisa "estar lá", e não ausente... Na GT, o terapeuta considera também a si mesmo como uma força que atua no campo vivencial do cliente, da mesma maneira que o cliente atua no campo vivencial dele. Para lidar com tantas forças envolvidas, nada mais prático do que olhar para elas, assumir sua existência e ver quais as mensagens que nelas residem.

Assim sendo, o terapeuta considera não só o que se passa com o cliente, mas considera o que se passa nos três tipos de relação que se estabelece: do terapeuta com ele mesmo, do cliente com ele mesmo e da relação entre os dois.

Neste momento, vamos enfocar os aspectos relativos ao que o gestalt-terapeuta percebe de si mesmo, durante a relação terapêutica e como ele usa isso para a evolução da relação terapêutica.

### A implicação do terapeuta no processo psicoterápico

Enquanto o encontro terapêutico acontece, para descrever o que brota nesta relação, tanto o terapeuta como o cliente tem em sua participação algo além de apenas observar e ser observado. Um encontro, que permita a plena comunicação das partes envolvidas, transcende a dicotomia observador/observado. O que existe é a própria relação, esta "unidade" chamado "eu/tu", estes universos que se aproximam e se comunicam, compartilhando o que o contexto aponta como relevante para o desenvolvimento psicoterápico. Esta qualidade da relação terapêutica só é atingida contando não apenas com a presença do cliente e sua exposição, mas também com a presença do terapeuta e sua participação, desde que tal participação contemple a prioridade da relação que se estabelece: que esta possa servir ao indivíduo que procura a terapia, para que ele alcance, autonomamente, sua satisfação, seu reequilíbrio organísmico.

# Introdução à Gestalt-terapia

O terapeuta não é um ser-que-observa apenas, mas também faz parte da relação na medida em que é atingido por ela. A este aspecto denominamos implicação do terapeuta. Há um interessante capítulo que fala sobre isso no livro "Gestalt-terapia integrada" de Erving e Miriam Polster (1979), cujo título é: *O terapeuta enquanto seu próprio instrumento*.

Podemos questionar, entretanto, o seguinte: o terapeuta consegue descrever? O terapeuta tem condição de enxergar o óbvio? Será fundamental para um bom andamento do trabalho psicoterápico que sim. Mas sendo o terapeuta uma pessoa também com suas dificuldades – alguém acredita que um terapeuta tem que ser perfeito? – como avaliar se sua própria observação está ajudando ou não o desenvolvimento do processo terapêutico?

Vamos a um exemplo através do qual este questionamento poderá ser melhor visualizado:

Um rapaz cresceu em um lar onde os pais eram muito exigentes com tudo o que ele fazia: suas notas nas provas tinham que ser máximas, seu desempenho nos esportes tinha que ser o melhor, sua aparência tinha que ser impecável etc. Ao longo do seu crescimento, tal exigência foi introjetada (sobre introjeção, já falamos antes) de tal forma que ele não conseguia agir de uma forma diferente, sempre fazendo as coisas de acordo com uma exigência externa, ou uma fantasia de tal exigência... Cresceu sentindo-se só, achando que ser amado era uma questão de resultados, sendo mais amado quando mais produzia boas notas, troféus, etc. Esta pessoa, por outro lado, tinha um ótimo coração; sempre se preocupava muito com as pessoas e – em especial – quando estas estavam passando por algum problema afetivo. Com o tempo, esta pessoa descobre que tem um grande talento para a psicologia e decide seguir a carreira de terapeuta, fazendo a formação profissional correspondente, e abrindo seu consultório.

Vamos enfocar um breve diálogo entre este terapeuta e um cliente, que ocorre durante uma sessão em seu consultório:

Cliente: – Eu sei que preciso me cuidar, tenho me sentido muito desleixado.

Terapeuta: – Alguém está lhe cobrando sobre tal desleixo?

Cliente: – Não, sou eu mesmo... De um tempo para cá, estou percebendo que minhas roupas estão descuidadas, minha aparência não é mais a mesma...

Terapeuta: – Pois, é... Quando você fala que sua aparência não é mais a mesma, a mim parece que você está dizendo isso para alguém...

Cliente: – Como assim?

Terapeuta: – Nossa aparência é vista por alguém, que nos dá um retorno, informando se estamos desleixados ou não... Não estaria isso acontecendo com você?

Cliente: – Sim, na verdade até há pessoas que estão me dizendo isso, mas na verdade eu mesmo estou me sentindo mal.

Terapeuta: – Quem são estas pessoas que estão lhe dizendo isso?

Cliente: – Bem, minha esposa em especial, meu filho também...

## A pessoa do terapeuta...

Terapeuta: – E como você se sente quando estas pessoas lhe dizem isso?

Cliente: – Humm... Na verdade isso me incomoda...

Deste ponto em diante, o terapeuta trabalhará com o cliente estes aspectos trazidos pelo incômodo em relação às pessoas que lhe apontam sobre seu desleixo. Vamos, porém, entrar um pouco mais neste episódio terapêutico.

O que aconteceu? O terapeuta, utilizando a si próprio como instrumento, percebe seus sentimentos sobre o que ouviu ("a mim me parece que você está dizendo para alguém...") e compartilha com o cliente. Mas, qual o sentido do que foi compartilhado? Será que você, leitor, pode perceber que o terapeuta não conseguiu fazer contato com o cliente e, sim, com seu próprio sistema de valores?

Perceba o seguinte: o cliente aponta para seu sentimento presente, e diz que está se sentindo mal pela sua aparência. O terapeuta escuta, mas, dentro de seu sistema de valores, considerando sua própria história, estar de boa ou má aparência *era algo experimentado em função de uma cobrança externa* ou então experimentado como "estar de acordo com tal cobrança", e não havia experienciado a satisfação de se gostar ou não se gostar, pela própria opinião. Quando encontra um cliente que vivencia tal experiência – ter uma opinião própria sobre si mesmo – o terapeuta pode sofrer uma interferência em sua capacidade de escuta, uma vez que, para ele, só poderia haver tal opinião por um julgamento externo, real ou fantasiado. Ou seja, o cliente apresenta uma situação para o terapeuta que ele tem dificuldade em captar, por falta de referenciais internos para compreender aquilo: era um ponto cego (ou escotoma) do terapeuta: "quando um terapeuta pensa que pode ver sinais do que lhe é familiar, ele se torna cego para tudo aquilo que é diferente e desconhecido" (CASEMENT, 1986: 21).

O terapeuta até expõe sua opinião sobre isso (falando que a aparência é algo sobre a qual podemos receber de outras pessoas uma avaliação), mas a questão levantada pelo cliente não era essa. O cliente não estava preocupado com os outros. Ele estava se sentindo mal com ele próprio. O terapeuta, entretanto, só conseguiu entrar neste universo do cliente quando foi possível encontrar uma porta conhecida, que é no momento em que aparece, no discurso do cliente, uma possível cobrança exterior – os comentários da esposa e do filho. O aqui e agora do cliente foi perdido, que era sua própria autoavaliação ("eu mesmo estou me sentindo mal"), para serem trabalhadas outras questões que não eram "figura" para ele mas, sim "figura" para o terapeuta ("[...] como você se sente quando estas pessoas lhe dizem isso?").

Você, leitor, poderá estar pensando: – Onde você quer chegar então? Eu achava que você estava falando a favor do terapeuta utilizar sua própria impressão no trabalho terapêutico, mas agora vem falando que isso faz com que o momento do cliente seja perdido... Não estou entendendo.

Explico-me. Este aspecto do terapeuta utilizar de sua própria percepção para trabalhar com o cliente, é algo muito rico. Mas, quando não são tomados os cuidados necessários, quanto ao terapeuta ter um prévio trabalho psicoterápico profundo e saber

## Introdução à Gestalt-terapia

se diferenciar do cliente, podem ocorrer profundos erros de avaliação sobre o que é a demanda que está óbvia para ser trabalhada – a do terapeuta ou do cliente. Penso ser um problema que *ocorre com todas as abordagens*, pois implica em um profundo senso de diferenciação entre o "eu" e o "outro".

Mas como a GT trabalha com este problema? O gestalt-terapeuta, ao utilizar a si mesmo enquanto instrumento no processo terapêutico, compreende que há um primeiro nível de percepção sobre o que está acontecendo, conforme já descrito antes: o que acontece com ele, o que acontece com o cliente, e o que acontece entre ambos. Neste nível, aconteceu o trecho da relação terapêutica que narramos acima. Mas, na medida em que se utiliza de sua própria percepção sobre tudo isso, reconhecendo sua implicação neste campo vivencial e assumindo que este o afeta, o gestalt-terapeuta passa a considerar também uma outra percepção, um cuidado de segundo nível, para realmente estar trabalhando de acordo com o que é figural para o cliente e não para si próprio. Ou seja, "observar o observado"; ter uma metaobservação sobre o que foi observado no primeiro nível, e avaliar o que serve ou não para o processo junto com o cliente[36].

Vamos detalhar melhor isso: o terapeuta, enquanto seu próprio instrumento, usa de algo que não se resume apenas ao que ele acha, pensa, intui ou sente sobre o nível imediato da relação. Esta simplicidade de informação pode, conforme vimos, direcionar a relação terapêutica para onde venha a atender ao terapeuta, e não ao cliente. Assim, na GT, assumindo-se a inexorabilidade da implicação do terapeuta, este, ao utilizar-se como instrumento, também aplicará sobre o "si próprio" e sobre suas próprias observações, os mesmos fundamentos que temos visto ao longo de todo o livro: a focalização de todo o campo vivencial, descrevendo fenomenologicamente o que se apresenta no aqui e agora e a colocação entre parênteses do que está percebendo. Neste caso em especial, o gestalt-terapeuta também coloca entre parênteses o que percebe naquele primeiro nível.

Ao incluir-se no encontro terapêutico, o terapeuta reconhece sua própria presença e as forças inerentes às suas próprias fronteiras, situações inacabadas, e – principalmente – inferências sobre seus próprios pontos cegos, *com o cuidado necessário para avaliar se há algo interferindo na relação que se estabelece com o outro*. Ele reconhece sua impossibilidade de isenção, e lida com as consequências das observações que o afetam.

Vamos reconsiderar então o mesmo breve trecho de atendimento, já ampliando-o para o cuidado de colocar a si mesmo entre parênteses:

Cliente: – Eu sei que preciso me cuidar, tenho me sentido muito desleixado.

Terapeuta: – Há alguém que está lhe cobrando sobre tal desleixo?

Cliente: – Não, sou eu mesmo... De um tempo para cá, estou percebendo que minhas roupas estão descuidadas, minha aparência não é mais a mesma...

---

36. Maturana expõe de maneira brilhante esta questão dos cuidados quanto à observação. Cf. Maturana, 1997 – o capítulo "O que é explicar? O que é a compreensão?", p. 213ss..

## A pessoa do terapeuta...

Aqui, o terapeuta *atento* percebe que há uma quebra na maneira como estava acompanhando todo o processo. Utilizando a si mesmo enquanto instrumento, mas não perdendo o contato com o que o outro lhe diz, ele assume sua percepção:

Terapeuta: – Você está me dizendo que não há ninguém lhe cobrando?

Cliente: – Sim, é isso mesmo...

Terapeuta: – Eu percebo em mim um sentimento de tristeza ao ouvir isso, mas não tenho ainda clareza deste sentimento neste momento presente...

Cliente: – Eu faço isso com frequência, mas não sinto tristeza... Eu tenho mais é raiva de não estar me cuidando mais...

Terapeuta: – O que estou sentindo agora não tem nada a ver com raiva, mas com tristeza e um profundo sentimento de solidão... Percebo que estou sentindo coisas que têm a ver com minha própria história, e que na verdade não se referem a você.

Cliente: – Parece que todos nós temos problemas...

Terapeuta: – Sim, eu também tenho os meus. Mas agora, eu estou mais interessado em saber como você está se percebendo agora?

Cliente: – Sim, na verdade eu estou me sentindo mal, incomodado com esta raiva de não me cuidar...

Terapeuta: – Você pode me esclarecer o que esta "raiva de não se cuidar" diz para você?

Daí por diante, o terapeuta – já assumindo seus sentimentos e se permitindo entrar em contato com uma situação difícil para ele – mantém o contato com o cliente e com aquilo apresentado por ele.

Lidar com as próprias dificuldades, com os próprios limites e incompletudes é talvez o maior desafio de um terapeuta em qualquer abordagem, porém em especial, o é para o gestalt-terapeuta. Para isso, a formação do gestalt-terapeuta não deve se restringir ao conhecimento teórico da abordagem, ao domínio de seus princípios e técnicas. A formação de um gestalt-terapeuta, na minha opinião, deve conter um considerável tempo para o seu trabalho psicoterápico. Na medida em que ele pode se ver e lidar com suas próprias dificuldades, poderá enxergar melhor o que é dele e o que é do outro, alcançando uma melhor e mais profunda eficácia em sua clínica.

O momento terapêutico, embora seja uma relação de troca, tem um direcionamento claro já previamente acordado: a terapia é para o cliente, não para o terapeuta. Daí, ao chegar a perceber algo seu, que o terapeuta julga como um problema, ponto cego, insegurança etc., e que ele percebe não ser pertinente ao momento terapêutico – ou seja, é um problema somente dele e não da relação com o cliente – ele pode se utilizar do que Erving e Miriam Polster chamam de *bracketing-off* (POLSTER, 1979: 55 – cf. glossário), que nada mais é do que deixar em suspensão uma percepção imediata, dando prioridade a algo mais pertinente ao contexto vivido. Ele posterga sua percepção, seus sentimentos para se cuidar em outro momento, pois naquele momento a atenção se volta para o cliente, e não para ele.

# Introdução à Gestalt-terapia

Pode ocorrer também uma situação de dúvida do terapeuta em relação ao que está acontecendo, se é algo somente dele mesmo ou é algo pertinente à relação terapêutica que está acontecendo... De qualquer maneira, a atitude descritiva do terapeuta é clara: ele checa, consulta o cliente sobre como ele está percebendo o que está acontecendo, para juntos avaliarem melhor a situação. No caso do atendimento acima, o terapeuta expõe sua dúvida em relação ao que ele mesmo sentiu e compartilhou com o cliente. Neste momento, o terapeuta ainda não sabia o que estava acontecendo e se era algo dele mesmo ou do cliente. Quando o cliente expõe sua percepção sobre seus sentimentos, o terapeuta percebe, posteriormente, que o sentimento que lhe atingiu estava relacionado com suas próprias lembranças, e não era pertinente ao momento terapêutico.

É importante ressaltar uma das características fundamentais para o trabalho psicoterápico evoluir: compartilhar – tanto o terapeuta como o cliente – o que percebe, pensa ou sente com o outro, quando se avalia que conteúdo a ser compartilhado possa ajudar ao processo psicoterapêutico. Ao compartilhar e esclarecer com o outro sobre o comunicado (o conteúdo), a própria comunicação (o processo) torna-se a mais clara possível.

Para concluir, é importante ressaltar um ganho adicional nesta atitude por parte do terapeuta: ao compartilhar com o cliente suas observações, deixa aberto um canal pelo qual o cliente também pode se expressar e tornar seu próprio processo terapêutico algo mais claro para ele mesmo. No exemplo do "Atendimento 1", João se sente à vontade para expressar suas dúvidas sobre o experimento proposto, recebendo do terapeuta uma explicação que o ajudou a compreender o processo. Aqui, mais uma vez, é relevante considerar o contexto: a ideia é compartilhar para compreender, e não para manipular, "ficar no controle" e boicotar a terapia, trocando um real envolvimento por um jogo intelectual.

No caso do atendimento citado nesta sessão, e mais uma vez ressaltando a importância do envolvimento do terapeuta enquanto pessoa na relação, temos que, ao assumir o que estava sentindo e compartilhando tal sentimento com o cliente, o terapeuta assume sua própria humanidade, sua capacidade de reconhecer que ele mesmo possui suas dores, seus conflitos e, efetivamente – não apenas como um discurso –, acontecem trocas reais.

O cliente, ao presenciar esta exposição do terapeuta, percebe em tal atitude – deste assumindo o que sente – que "expor-se" é algo possível, e extremamente positivo para a valorização da relação presente, do encontro "eu"/"tu" e para entrar efetivamente em contato com o novo e com novas possibilidades de se relacionar com o mundo. Com isso, a relação terapêutica assume um lugar no mundo de ambos os envolvidos, como uma vivência, uma experiência concreta e por si só válida, e não um "laboratório" ou "treino" que desmerece o vivido por um discurso do tipo "– O que acontece aqui na terapia não vale; o que é importante é o que acontece lá fora do consultório, na vida real..."

# 13
# Vazio fértil

Um dos fundamentos importantes da GT que considero mais difíceis em lidar na prática psicoterápica é exatamente a questão relacionada ao "vazio fértil", devido à sua maior distância em relação a nossa experiência cotidiana... Embora sua concepção teórica seja relativamente simples, a experimentação real de "ficar vazio", ou de "permitir esvaziar-se", é algo que requer uma profunda maturidade, uma fé na força da vida, que nem sempre está disponível.

Definir "vazio fértil" talvez seja uma tarefa que represente um grande contrassenso, pois seria um ato oposto ao que o próprio conteúdo tenciona expressar. Ou seja, não adianta dizer sobre a importância de "esvaziar-se" se, para dizer isso, "enchemo-nos" de definições. Por isso, acho que uma pequena parábola zen poderá nos ajudar:

"O mestre japonês Nan-in concedeu uma audiência a um professor de filosofia.

Ao servir o chá, Nan-in encheu a xícara de seu visitante,

mas continuou despejando sem parar.

O professor ficou observando o transbordamento até não poder mais se conter:

Pare!

A xícara está mais do que cheia, nada mais cabe aí.

Nan-in disse:

Como esta xícara,

Você também está cheio de opiniões e ideias.

Como posso mostrar-lhe o zen,

sem que antes você esvazie a sua xícara?"

(FERNANDES, 1995: 9)

Essa parábola nos sugere algo do qual já viemos falando ao longo de toda a construção da ponte do mecanicismo até a GT. Porém, vamos novamente nos remeter ao mecanicismo para, partindo deste, construir o caminho até o conceito de vazio fértil, trazido por Friedlander no seu trabalho *Indiferença criadora* (GINGER, 1995: 49), considerando a contribuição da filosofia zen-budista.

Partindo então da ideia já discutida do mecanicismo sobre a questão do modo "certo" ou "errado" da engrenagem funcionar, percebemos que temos em nossa cultura uma forma de lidar com a verdade e a obtenção dela como se esta fosse algo de acordo com um modelo predeterminado e completamente isento de mim.

## Introdução à Gestalt-terapia

Uma consequência desta crença é que, havendo então "o caminho certo" e não "o meu caminho", precisarei achar tal caminho – ao invés de construí-lo. Isso implica em uma profunda e constante cobrança: estou "naquele" caminho certo? Para responder isso, preciso sempre ter a certeza de onde estou, a certeza do por que estou agindo, tendo sempre a razão para justificar meus atos – conforme " o modelo certo". Enfim, nossas ações, nossas atitudes necessitam ter uma razão, precisamos saber o porquê das coisas que fazemos – exatamente porque temos a firme convicção de que há sempre um porquê, uma "função exata para a engrenagem", e precisamos ter a certeza de que estamos de acordo com ela.

Penso que você, leitor, pode argumentar:

– Mas eu preciso entender o que está acontecendo comigo, sim... Eu quero saber a razão pela qual faço as coisas. Se não achar a razão das coisas eu fico com o quê? Com nada?!

Aí é que está a questão...

Eventualmente, nossa necessidade quase compulsiva de impor à situação vivida uma razão pode contribuir para que estejamos preenchendo-a com algo completamente inadequado, quando na verdade poderíamos deixar tal situação em aberto, vazia, e com a angústia real deste vazio.

Estar com nada é melhor do que estar com algo que você já sabe que não lhe serve. Ao assumir que você "não tem nada", na verdade você assume também que "tem" algo: o próprio vazio. Ter o "vazio" significará que você agirá sobre algo real, concreto, algo que está realmente acontecendo com você. Assim, vazio, ou a partir dele, você poderá perceber o que é acessível, o que é possível para preenchê-lo, com algo que realmente seja desejável para você. É "Zen" demais? Vamos concretizar uma situação para compreender melhor:

a) Imagine-se em uma floresta, onde você insiste em afirmar que conhece todas as trilhas e sempre consegue se localizar nelas, sabendo onde está e para onde deve ir em cada uma delas. Só que você percebe que está agora, em um ponto qualquer desta floresta no qual sua definição de "conhecer todas as trilhas" não se encaixa... Você não sabe onde está, mas, embora tenha percebido isso, você não acredita que isso realmente tenha acontecido. Você não abre mão de saber onde está, não abre mão de ter controle sobre o caminho, e gasta horas e horas achando que, após a próxima árvore, o caminho seja finalmente reconhecido e você chegue ao seu destino. E quanto mais o tempo passa, mais difícil se torna achar o caminho de volta...

b) Na mesma situação acima, imagine agora que você parou e descreveu a situação para você mesmo: "– Estou em uma floresta, não estou reconhecendo onde estou, não sei para onde vou... Estou perdido!" Dentro do mesmo processo descritivo, sua autopercepção também é um dado que faz parte do contexto que está acontecendo: – Estou assustado, estou pensando que talvez nunca mais me achem, penso que não quero ficar aqui parado e que preciso fazer alguma coisa!

## Vazio fértil

Atento ao que de fato acontece, você faz contato com as reais circunstâncias que te envolvem e, dentro disso, suas necessidades prioritárias.

Por que estou chamando de "necessidades prioritárias"? No exemplo "a" dado acima, a pessoa também quer achar o caminho, mas motivado talvez pelo orgulho, pela teimosia ou pelo excesso de autoconfiança, acaba insistindo em um erro. Sua necessidade de se sentir sempre certa não está coerente com a realidade imposta pela situação de estar perdida, e acaba perdendo a necessidade prioritária, que é a de achar o caminho de volta.

No exemplo "b", a pessoa tem a mesma necessidade – achar o caminho – mas, não se impedindo de reconhecer sua situação real, fica duplamente motivada e age harmoniosamente, coerentemente com o que a situação pede. Ao invés de continuar andando, ela poderá, por exemplo, começar a marcar as árvores por onde passa, para ir mapeando o lugar onde está e saber se, perdida, voltará a passar por lá. Ela poderá deixar mensagens, avisos, para que outras pessoas que porventura passassem pelo mesmo trecho a alcançassem. Ela poderia ainda simplesmente subir na árvore mais alta, tentar olhar ao longe escolhendo uma direção, enfim... Outras possibilidades poderiam ser ventiladas, desde que a premissa de assumir que se está perdido fosse acatada.

Abrir mão de nossas certezas seria o correlato do "esvaziar a xícara", mencionado no início desta sessão. Ao esvaziarmo-nos, muito mais podemos perceber. Enchemo-nos sempre de "ontem", enquanto o vazio sempre nos traz necessariamente o hoje com todas as suas inúmeras possibilidades.

Mas a questão fundamental é o que nos impede de ficarmos vazios, abrindo espaço para novas alternativas, para a saúde, para a satisfação... O que é isso que nos prende a uma compreensão errônea, falsa da situação por nós vivida?

O contato com estes impedimentos, como vimos antes, também faz parte do que somos e do momento e lugar onde estamos. Não devem ser ignorados. Vamos ver um impedimento destes em funcionamento, através de um trecho resumido de uma sessão terapêutica.

Esta cliente vivia uma situação de sentir-se muito apegada a uma relação amorosa anterior já finalizada, não conseguindo se despedir internamente da lembrança de seu ex-amor, impedindo-se de viver novos relacionamentos:

**ATENDIMENTO 6:**

Cliente: – Na verdade, eu sinto isso há tanto tempo, que nem sei... É como se eu fosse isso... Como se a lembrança que tenho dele fosse eu mesma.

Terapeuta: – E como você vê isso? Como algo bom ou ruim para você?

Cliente: – Não, não é bom não... Eu não consigo mais amar ninguém de verdade, entende? Eu me sinto sozinha e sem saber o que fazer...

# Introdução à Gestalt-terapia

Terapeuta: – Você falou que sentia a lembrança por ele como se esta fosse você... Eu entendi desta forma: como se toda sua vida – você toda – fosse esta lembrança, é isto?

Cliente: – Na verdade sim, acho que é isso mesmo. Não vejo mais nada, não sinto mais nada além de saudades...

Como esta sessão ocorreu ao longo de um processo terapêutico já iniciado, outros dados sobre a família, sobre sua história pessoal etc., já haviam sido apresentados. Com isto, foi possível usar uma informação anterior como um contraste para este "não sinto mais nada":

Terapeuta: – Se você não sente mais nada além de saudades, entendo então que, por exemplo, você não sente nada por seu filho?

Cliente: – Claro que sinto... Eu o amo!

Terapeuta: – Então parece que quando você diz que não sente nada mais além de saudades, não está correto, não é? Você acabou de dizer que também sente outra coisa: sente amor pelo seu filho... Gostaria de propor um experimento para você. Você poderia imaginar que está se apresentando a uma pessoa desconhecida, dizendo quem você é e que sente saudade *e* sente amor?

Após um tempo em silêncio, ela demonstra que não era possível atender a tal solicitação. Pedi então que ela me descrevesse o que estava acontecendo, começando pelo contato com suas sensações corporais:

Cliente: – Minha respiração ficou apertada... Sinto meu peito comprimido... Só de pensar em dizer "eu amo" é como se eu me perdesse, abrisse mão de algo que eu sou...

T: – O que você é?

C: – Alguém que já amou muito e hoje sente muita saudade...

Ao falar isso, a cliente se emocionou muito e começou a chorar. Durante um tempo, ela expressa seus sentimentos.

T: – Estou vendo uma pessoa que além de saudades, além de amar o filho, também é uma pessoa que se emociona muito...

C: – Eu fiquei com mais saudade...

T: – Mas o que a saudade faz com você?

C: – A saudade me ocupa, ela preenche completamente minha vida.

T: – Sendo assim, sua saudade parece restringir isso que você é?... Por exemplo, me pareceu que não havia espaço para você reconhecer o seu amor por seu filho?

C: – É, aconteceu isso sim...

T: – Como você mesma vê essa situação: sentir saudades e sentir amor, mas continuar achando que só há a saudade?

Após um tempo em silêncio, a cliente continua enfrentando uma dificuldade em assumir como seus outros sentimentos diferentes da saudade.

# Vazio fértil

T: – Estou lembrando que antes, quando você não conseguiu se apresentar como sendo uma pessoa que sente saudade *e* ama, você falou que falar isso era como se você se perdesse, não foi isso? (A cliente confirma.) O que você acha que perderia se você dissesse "eu amo"?

C: – Eu perderia esta sensação com a qual já estou muito acostumada... O conhecido, o que já sei como é...

T: – Proponho então um outro experimento. Gostaria que você pudesse imaginar que esta sala onde você está fosse esse lugar "conhecido" e com a qual você sente que já está bem acostumada... Dê uma olhada por aí e veja o que há de bom nisso...

A cliente passa a andar pela sala, olhando as poltronas, os objetos presentes, mas mantendo uma expressão triste em seu rosto.

T: – O que você percebe de bom aqui?

C: – Tenho uma sensação de segurança; aqui eu já estou acostumada...

T: – Agora, o que há de ruim?

C: – Aqui eu me sinto triste e sem um companheiro... Me sinto só...

T: – Sugiro agora que você olhe para a porta de entrada desta sala... Aqui dentro você já sabe o que acontece e aqui também você sabe que não quer dizer "eu amo"; mas do outro lado desta porta, peço que você imagine um lugar totalmente diferente, um lugar no qual você poderia dizer "eu amo"... A porta é a passagem de um lugar para outro, certo? (A cliente aceita a proposta.) Gostaria que você pudesse ir caminhando na direção da porta e me descrevesse o que vai sentindo...

A cliente concorda com o experimento e se aproxima da porta. Após uma certa relutância ela, sozinha, dá um passo em direção à porta. Depois de ficar um momento parada, indecisa sobre recuar ou não, ela sozinha experimenta atravessar a porta! Após atravessá-la, dá um, dois, três passos e brevemente congela. Então, após um brevíssimo tempo, ela volta à sala de consulta.

Seu rosto estava tenso, parecendo nitidamente cansada.

Terapeuta: – O que você percebeu?

Cliente: – Eu senti como se estivesse em um lugar em que nunca pisei antes. Senti um vazio estranho, um grande medo e precisei voltar para cá, para onde eu conheço...

T: – Houve tempo para você perceber se havia alguma coisa boa lá?

C: – Não, eu só quis sair de lá...

T: – Então percebo que você saiu sem chegar a conhecer, não é? (A cliente consente com a cabeça.) O que você precisa agora?

C: – Ficar aqui em silêncio...

T: – Fique à vontade.

A partir da declaração do pedido de silêncio, foi notório que a cliente ainda não estava em um momento de abrir mão de suas certezas, enfrentar o vazio que é o desconhecido, para ver lá algo novo. Ela precisava ainda se sentir mais segura, porém o ex-

# Introdução à Gestalt-terapia

perimento pôde propiciar uma situação bem concreta sobre o limite que há em sua vida, até onde ela vai e o que ela já tem (o amor pelo filho), mas não consegue integrar com sua imagem de si mesma como alguém que só tem saudade.

Apesar do relato falar por si mesmo, mencionei esse caso com o intuito de levantar uma questão sobre o que nos motiva a não abrir mão daquilo que conhecemos, mesmo sendo algo que não nos satisfaz mais. No caso acima, era um grande receio de se perder – já que ela conectava sua identidade com o sentimento de saudade, o que sugeriria que se ela perdesse um, perderia o outro. Mas podemos imaginar vários diferentes exemplos, como dificuldades em viver realmente a perda da relação e arcar com o ônus do luto; raiva pelo tempo perdido ao constatar o quanto se manteve em algo que não queria mais... Poderiam ser vários motivos, mas a questão é que, de fato, o vazio aparece como uma etapa intermediária e fundamental entre os dois momentos terapêuticos de qualquer processo: "abrir mão do conhecido" (sem, contudo, abandoná-lo, pois podemos voltar quando necessário) e o "adquirir-se novos conhecimentos". O vazio então aparece aí no meio, como um vilão, o "bandido do filme", algo que ninguém gosta e do qual se quer distância, fazendo com que a pessoa corra para onde estava, ou queira ir logo fazendo algo que acredita ser o novo, mas que acaba descobrindo ser o mesmo velho jeito de sempre. Não há um investimento de tempo no vazio, ou em "ficar sem saber mesmo o que fazer" até que finalmente possa realmente descobrir coisas novas, dentro do tempo que lhe for natural, com as novas condições que o inesperado apresenta.

O que seria então, viver o vazio? E por que ele é chamado de fértil? Primeiramente, vamos reconhecer, descritivamente, qual questionamento é comum de encontrarmos quando aceitamos viver uma situação de mudança. Vamos pensar em uma situação de mudança e imaginar que tipo de questionamento vem à mente:

– Decidi! Vou aceitar o pedido de casamento! Mas, como será meu casamento? Como vou agir se der errado? O que vou encontrar nesta vida de casada?

Esses questionamentos representam uma primeira etapa para aceitar o vazio enquanto possibilidade, e igualmente representam um grande obstáculo: lidar com a própria expectativa.... O vazio se contrapõe justamente a estes tipos de perguntas por uma razão muito simples: são inúteis! Quando você se pergunta "o que encontrará" ou "como vai agir", você ainda está "aqui" tentando saber ou antecipar o que está "lá" que, sendo algo novo, não há como saber. O que acontecerá, só quando se chegar lá. Por isso, o vazio é fértil em possibilidades, porque inclui até o que não sabemos ainda...

Tais questionamentos são exemplos que ilustram bem a inutilidade de se gastar energia com eles, porque o lugar chamado "casamento" não foi visitado ainda, e mesmo todos os outros casamentos que já aconteceram não poderão preencher ou substituir a própria experiência deste "casamento presente", que é algo que só poderá ser descoberto na medida do vivido.

Por outro lado, conforme falamos antes, nada que seja útil deve ser preconceituosamente descartado. Assim, a história de vida, as experiências próprias ou de outros sobre o tema "casamento" também ajudam. Isso é algo importante: a pessoa continua tendo sua bagagem, que vai com ela para onde for.

Esta informação é crucial quando lidamos terapeuticamente com pessoas que associam a ideia de viver algo novo com a ideia da perda de si-mesma, de morte ou dissociação. Ou seja, por mais nova que seja, não significa que uma nova experiência nos torne "outra pessoa". Seremos nós mesmos, com o que temos e o que somos, agora acrescidos de novas experiências.

Concluindo, acho importante ressaltar a continuidade da vida até que ela se finde por si mesma e não porque escolhemos algo novo e nos afastamos de algo velho. O que morre é o que, em nós, é velho e não a totalidade que somos. E esta palavra – "somos" – é a indicação de que, vazios, não deixamos de existir, mas caminhamos com mais leveza e flexibilidade para o encontro da vida com o inesperado porvir...

## 14
# As relações em processo

Sabe aquele seu amigo "chato"? Toda vez que o vê, antes que ele se aproxime, você já tem aquela sensação de desagrado, aquela vontade de dizer "– Ihhhh... Lá vem aquele cara...", e furtivamente, mas com decisão, você olha em volta pensando em uma fração de segundo como você vai sair daquela situação, fugindo dele... Você então vê que um pouco mais distante está uma outra pessoa conhecida, que você começa a olhar com a maior concentração, extremamente desejoso de que esta pessoa se vire, para que você possa dar um "Oi!" e se dirigir para lá o mais rápido possível, antes que o chato te alcance... Só que as coisas não ocorrem assim e o chato chega antes, surgindo um diálogo mais ou menos assim:

O Chato: – Aí, rapaz, como vão as coisas... Tudo bem? E a família como vai? Você parece que engordou um pouquinho, heim? O que tem comido ultimamente?... Sabe quem perguntou por você recentemente? Ninguém! Há, há, há...

Você: "– ..."

O Chato: – Mas você continua o mesmo, não é? A mesma cara, o mesmo jeitão... Parece que você ainda é aquele sujeito dos velhos tempos... Que bom!! O tempo passa e você continua caladão!

Você: – É, é o meu jeito mesmo... (mas você pensa: – Será que você não percebe que eu não gosto de incentivar conversas com você, seu chato!!)

O Chato: – Bem, é isso aí, eu preciso ir andando, sabe como é, né... A gente tem que correr contra o tempo, sempre muita coisa para fazer, e o dia corre e a gente nem percebe que o tempo passou. Por isso a gente precisa acelerar, não é? Tocar a vida para frente, ganhar o nosso pão de cada dia com o suor do rosto...

Você: " – ..."

O Chato: – É, é isso aí, mesmo... Bem, um grande abraço e até outro dia, a gente se encontra por aí. Tchau!!

Você: – Tchau! (e pensa: – Ufa!!)

Voltando à construção da nossa ponte, estamos introduzindo um assunto que, apesar de tão óbvio, é tão menosprezado. Cada pessoa com a qual tratamos nos dá uma "impressão geral", não é? Temos, ao longo de um tempo de convívio, uma forma de perceber a pessoa, que é nomeada por nós, ou – ainda que não nomeada – nos remete a uma sensação ao vê-la. Assim, quando você pensa na pessoa que você ama, qual é a sensação? E quanto ao seu chefe? Dá para perceber corporalmente que lidamos com sensações diferentes?

## As relações em processo

Você pode perceber que temos uma impressão sobre os outros, e que esta nunca é obtida através de uma situação pontual? Seguindo a orientação teórica da psicologia da Gestalt, sabemos que nossa percepção se dá, de fato, por relações entre os estímulos percebidos, mais do que por um estímulo somado ao outro. Por exemplo, a sensação do "áspero" só pode ser entendida "ao longo" de uma experiência, ou seja, não é apenas colocando o dedo sobre uma lixa (sensação pontual), ou colocando o dedo em várias partes diferentes da lixa (soma de estímulos), mas somente passando o dedo sobre ela é que depreenderemos que aquela superfície é áspera (DONZELLI, 1980).

Estamos aqui utilizando tal princípio, para apresentar a ideia de que a apreensão da existência de uma pessoa se dá de forma semelhante. Não é apenas olhando para uma pessoa (estímulo pontual), ou olhando em momentos diferentes (soma de estímulos), que conseguimos chegar à conclusão de que a pessoa é "chata". Só conseguimos ao longo de uma experiência com ela, e percebendo as relações existentes "entre" os estímulos que estamos percebendo: meu desagrado, a conversa repetitiva, o excesso de falação etc.

Com isso, estamos montando as peças que precisamos para entender como funciona, para a GT, o conceito de processo.

Prosseguindo, verificamos que, no exemplo anterior, levantamos um aspecto que é extremamente comum. Em quase todo lugar, há pessoas que são facilmente identificáveis por palavras que resumem seu tipo de ser: chatos, tristes, escandalosos, exagerados etc. E discutimos também que tal apreensão do outro se dá através da relação entre os vários contatos que vamos tendo com aquela pessoa, para, ao longo destes, emergir o sentido que a nossa relação dá a este ser.

Agora, mantendo a aplicação da teoria de campo sobre tal situação, o que temos? No campo vivencial que se estabelece na relação com a pessoa "chata", o que está acontecendo? O que mais existe neste campo?

Somente por hipótese, que tal se a história fosse contada agora sob o ponto de vista do "Chato"? O que estaria passando pela cabeça dele, durante todo o diálogo anterior? Veja se não seria bem plausível a história ter o seguinte enredo – a mesma história, agora sob a ótica do "Chato":

Sabe aquele seu amigo submisso? Toda vez que o vê, antes que ele se aproxime, você já tem aquela sensação de impaciência com ele, aquela vontade de dizer "– Ihhhh... Está lá novamente aquele sujeito que nunca fala nada, não briga por nada... Será que ele mudou em alguma coisa?" –, e furtivamente, mas com decisão, você olha em volta pensando, em uma fração de segundo, como você vai fazer para lhe dar um "empurrão", como vai fazer para provocar nele uma reação, para que diga alguma coisa... Você, que não se sente assim – submisso – às vezes até acha que tem alguma responsabilidade em ajudar esse amigo, pensando em quanto uma postura mais agressiva, de "correr atrás", o ajudou na vida, enquanto você percebe que seu amigo, por outro lado, não consegue muita coisa, não tem tantos amigos... Então você vai decidido a ajudá-lo de alguma maneira:

Você: – Aí, rapaz, como vão as coisas... Tudo bem? E a família como vai? Você parece que engordou um pouquinho, heim? O que tem comido ultimamente? (Você já começa a perceber que o submisso faz aquela "cara de sempre" que você já está cansado de perceber: fica calado, mal olha para você, parecendo que tem medo de você e querendo sair logo dali... Mas você não desiste e o provoca um pouco mais, pegando em algo que você considera o aspecto sensível dele, que é o fato dele sempre estar sozinho.) Sabe quem perguntou por você recentemente? Ninguém! Há, há, há...

O Submisso: " – ..."

Você: – Mas você continua o mesmo, não é? A mesma cara, o mesmo jeitão... Parece que você ainda é aquele sujeito dos velhos tempos... (Considerando ainda a não reação dele, você começa então com um pouco de ironia...) Que bom!! O tempo passa e você continua caladão!

O Submisso: – É, é o meu jeito mesmo...

Você: – Bem, é isso aí, eu preciso ir andando, sabe como é, né... (Você já pensa em ir embora porque parece que não adiantou nada... Então, como de qualquer maneira, você até o acha um cara legal, pensa se ele está em uma boa situação financeira, se está trabalhando, ganhando seu próprio dinheiro... Aí, lhe ocorre de puxar um papo sobre isso.) A gente tem que correr contra o tempo, sempre muita coisa para fazer, e o dia corre e a gente nem percebe que o tempo passou. Por isso a gente precisa acelerar, não é? Tocar a vida para frente, ganhar o nosso pão de cada dia com o suor do rosto...

O Submisso: " – ..."

Você: – É, é isso aí, mesmo... (Você já percebe que, pelas aparências, o submisso parece que piorou...) Bem um grande abração e até outro dia, a gente se encontra por aí. Tchau!! (E pensa: é preciso insistir um pouco mais com esse cara, ele não deve estar bem... Eu tenho que fazer alguma coisa...)

O Submisso: – Tchau!

É impressionante como as possibilidades de um simples encontro podem ser tão amplas, não é? Ou seja, o exemplo acima, com uma simples mudança de ponto de vista, já nos propicia um entendimento completamente diferente sobre, rigorosamente, as mesmas palavras...

Lembremos que, considerando a aplicação do ponto de vista do campo vivencial à experiência do indivíduo e das pessoas com as quais convive, verificamos que há muito mais no campo do que nossa visão reduzida pode reconhecer. No exemplo acima, de fato, apesar do encontro e do diálogo, *ninguém enxergou ninguém*!

Isso acontece com tanta frequência, que podemos até dizer que é "o normal". Ou seja, dentro da nossa sociedade, a "educação", os "bons modos" e a "discrição" restringem-nos tanto, que acabamos por nos relacionar com partes das pessoas, não nos dando conta de que, naquele ser que está na nossa frente, há uma imensidão de coisas, como há também aqui, dentro de nós.

## As relações em processo

Para provocar você um pouco, leitor, qual será o seu jeito? Qual será a palavra que as pessoas, na sua ausência, usam para se referirem a você?

É importante salientar que, cada um de nós, fazendo parte deste jogo, está também submetido ao mesmo tratamento. O outro também poderá ver em nós apenas uma parcela do que somos: por isso, podemos ser para uma pessoa "O Chato", para outra "O Obsessivo", para outra "O Exagerado" etc.

Mas, voltando ao objetivo deste capítulo, estamos introduzindo aqui a ideia de "processo". Na medida em que vamos tendo uma sucessão de vivências, de experiências, vamos obtendo, ao longo do tempo, esta percepção de um sentido sobre os outros, sobre nós próprios, sobre o lugar onde vivemos, o que fazemos etc. Mas, da mesma forma que percebemos que houve experiências que nos deram um sentido até aqui, podemos supor que isto não chega ao fim somente porque chegamos a um sentido. Ou seja, as experiências que nos dão o sentido do vivido continuam, estão "em processo", sempre propiciando o estabelecimento de novos sentidos.

Embora tenhamos percebido que aquela pessoa ali, na nossa frente, é um "chato", em função das nossas experiências *anteriores*, precisamos também reconhecer que, no presente, estamos tendo outras experiências e que, porém, se essas experiências não forem consideradas com todas as suas possibilidades, logo aquela pessoa será "chata" para sempre, porque não conseguimos, no presente, *propiciar a chance de reconhecer possíveis mudanças* na pessoa, e nem nos abrimos o suficiente para que o outro enxergue as mudanças em nós...

Esta questão é fundamental para entendermos como a GT considera o processo que ocorre entre o terapeuta e o cliente. Para que haja processo, é preciso haver o contato com o novo, algo que vai "ganhando sentido", apontando uma direção a cada novo passo dado, onde o que passou interage com o que virá, mas não o determina.

Enquanto "novo", não dizemos aqui que se trata da percepção sobre o outro em relação ao que ele faz de diferente, mas que tenhamos a abertura de enxergar o que está havendo, de ver o encontro como algo novo por si, mesmo que neste encontro novo você venha a perceber que tudo lhe parece velho. Vendo o que "há", e não vendo o que "houve"...

No exemplo acima, como poderíamos captar o que realmente se passava na cabeça do "Chato"? Como ver o que há – sua verdadeira intenção de ajudar?

Outra questão envolvida nisto, que mencionamos acima mas não aprofundamos, é relativa aos "bons modos" que temos na relação com os outros. Verificando o que aconteceu no diálogo acima, foi possível perceber que não houve troca, não é? Cada um ficou com o estereótipo que tinha do outro, e não se falou nada que fugisse de tal estereótipo – ninguém foi sincero para falar do que realmente estava sentindo ou pensando. Por outro lado, se por acaso algo neste sentido fosse dito, aí sim seria acrescentado algo de novo, ocasionando uma quebra neste pacto de silêncio, neste pacto de não falar do que se pensa e nem se checar com o outro sobre a forma como está sendo escutado. *Desta forma, o estereótipo do outro é mantido com a minha omissão, ao nada fazer ou falar para desmascará-lo e vice-versa*: no primeiro caso, o chato continua chato para mim, porque não o informo sobre como considero desagradável seu excesso de perguntas, não coloco para ele meus limites em aguentar tanta falação... No segundo caso, o outro mantém o meu estereótipo por que não é suficientemente claro em relação ao seu desejo de me "ajudar", dando o tal do "empurrão" para provocar minha reação...

Quando limitamos nossa relação aos estereótipos e não demonstramos o que pensamos, nada acaba por mudar: nosso silêncio contribui para que a imagem do outro permaneça, da mesma forma que a nossa imagem permanece para o outro. Sem trocas, não há processo, somente estagnação – a manutenção do conhecido...

Voltando ao aspecto do processo dentro da GT, percebemos que no aqui e agora da relação terapêutica, todas as sessões anteriores contribuíram para o estabelecimento de uma impressão das pessoas envolvidas (para a apreensão dos seus caráteres). Para o terapeuta, o cliente pode ser "o chato", "o melancólico", "o auto-sabotador" etc., e para o cliente, o terapeuta poderá ser "o juiz", "o pai", "o carrasco", "aquele que eu preciso provar que está errado" etc. Mas, não se abrindo mão de tais impressões, a cada novo encontro, algo novo pode acontecer, desde que haja o espaço para isso. Pelo que vimos, este espaço para o novo está garantido desde que as pessoas realmente estejam lá, por inteiro. Ou seja, para que haja o novo, e o processo terapêutico não fique estagnado – "processo terapêutico", não... a própria vida como um todo! – é imprescindível a presença das pessoas, não "em partes", mas como "totalidades", holisticamente, lidando com o que já conhecem (estereótipos, caráteres) e lidando também com o novo.

Lembremos que as partes em relação tendem a ser complementares. Já falamos sobre isso mencionando o exemplo do trabalho de Augusto Boal, que com sua técnica do Teatro do oprimido, proporciona uma visão muito interessante ao constatar que só existem opressores, porque existem os oprimidos (BOAL, 1980). Ou seja, no exemplo acima, só havia "O Chato" porque havia "O Submisso". Com isso, a quebra destas relações entre partes do eu (minha parte submissa se relacionando com a chata do outro), só pode haver com a presença do todo. Isso implica lidar com os aspectos que, em nossa cultura, tendemos a não lidar: revelar ao outro como me sinto, ao mesmo tempo em que confiro com o outro o que ele sente em relação a mim ou ao que eu falo. Revelar meus sentimentos de desagrado, de tédio, de me sentir invadido ou comparado, podem ser extremamente eficazes para revelar, no campo vivencial, tais forças presentes, mas pactualmente mantidas como ocultas.

Mas, você, leitor, poderá achar tal atitude estranha...

– Então, se eu estou em terapia, um gestalt-terapeuta poderá vir a olhar para mim e dizer: olha, você é muito chato!

Veja que novamente tendemos a ceder nossa observação a maniqueísmos na base de "sim x não" ou "calar x falar tudo" etc. Estamos lidando o tempo todo com a percepção de um campo, e tentando cada vez mais profundamente abrirmos nossos olhos para efetivamente enxergar o que está no aqui e agora de nossa vivência. Assim sendo, as coisas boas e ruins de serem ouvidas fazem parte deste campo, mas sua pertinência

## As relações em processo

em serem reveladas no momento terapêutico precisa, como todo o resto, estar coerente com a relação figura/fundo que ali se estabelece, para que o que for dito possa encontrar sentido, possa ser ouvido, experimentado pela pessoa como algo útil ou não para ela, e finalmente ser absorvido ou descartado. Daí, o momento no qual o terapeuta expressa sua impressão da outra pessoa, passando algo que poderia ser considerado desagradável, não pode ser descontextualizado. Não é apenas uma questão de dizer para o cliente: – Você é um chato! solto no ar, sem "antes", sem "agora" e sem "futuro". O contexto no qual o cliente e o terapeuta estão envolvidos sempre incluirá as informações necessárias para se chegar à conclusão sobre o momento em que algo deve ser dito e sobre o que deve ser dito, para que o processo – a própria vida – possa continuar fluindo, na medida em que tiramos os obstáculos que, antes, impediam o seu livre fluir: meias palavras, insinuações, fingir simpatia, etc.

### Caráter: mais um pouco sobre a perspectiva holística

Você, leitor, escolheu qual a palavra pela qual você acredita ser conhecido? Será que você é "O Inteligente", "O Amigão", ou "A Incentivadora" ou "A Organizada"?

Da mesma forma que estamos construindo nossa ponte do lado da racionalidade mecanicista para o lado onde a GT está, aqui também precisamos não esquecer que o que já construímos não é abandonado, mas acrescentado aos novos conhecimentos. Nos exemplos acima, conversando sobre "processo", lidamos com os aspectos relativos a desvelar a impressão estereotipada e o momento no qual fazê-lo. Mas ainda temos outra questão: a pessoa é "só isso"?

Estamos mencionando a palavra "caráter" relacionando-a com a "impressão geral" que temos das pessoas. Como "caráter" (cf. glossário), a GT entende que é a forma com a qual a pessoa se especializa em relação ao contato com o mundo exterior. Na medida em que cresce, a pessoa vai elegendo a melhor forma com a qual ela se encaixa no mundo, em função do todo que a cerca: as pessoas, sua cultura, os caráteres dos outros etc. Falamos um pouco disso antes, quando foi mencionado as adaptações ao meio, e foi mencionado o exemplo do "filho fraquinho que se encaixa ao pai agressivo"... Assim, cada um se "especializa" em ser de uma forma, tentando obter desta especialidade tudo o que esta pode lhe oferecer. A questão que a GT enfoca, entretanto, é sobre a cristalização desta forma de ser, de maneira que nos comportamos de acordo com o caráter, ao invés de nos comportarmos de acordo com as forças inerentes ao campo vivencial presente.

– Mas o que você está dizendo? Que devemos não ter caráter? Nos comportarmos diferentemente em função do que está acontecendo? Sendo assim, então se estou no meio de corruptos, vou me tornar corrupto; se estou no meio de ladrões, devo me tornar um?!!

Veja que novamente não devemos abrir mão de uma visão holística sobre nossa argumentação. A questão é: como nos relacionamos com as opções que existem a nossa volta, de maneira que possamos reconhecê-las de modo amplo, espontâneo, sem que nós mesmos nos atrapalhemos neste livre fluir, principalmente por causa do nosso próprio caráter, que reduz nossas possibilidades de livre ação.

# Introdução à Gestalt-terapia

Talvez um exemplo possa nos esclarecer.

Uma vez, tive um colega de trabalho que sempre estava de bom humor. Ele literalmente, independentemente do dia, hora ou local, estava sempre fazendo brincadeiras, rindo e, de alguma maneira, fazendo piadas com as pessoas em volta. Era inerente ao seu caráter esta forma de lidar com o mundo: rindo dele. Uma ocasião, em uma situação de trabalho, recebemos um europeu para uma visita. Este representante, de um país nórdico, trouxe – obviamente – toda sua cultura com ele: uma maneira mais formal, mais distante em lidar com as pessoas, do que a forma "caliente" que nós, latinos, estamos acostumados a lidar. Em pouco tempo de convívio, percebi que ele era uma pessoa que não gostava de ser tocada, e que, quando nos aproximávamos muito dele, já se distanciava de nós, mantendo sempre um espaço bem maior do que o espaço com o qual eu estava acostumado a estabelecer, quando eu conversava com alguém. Literalmente, ele mantinha as pessoas à distância. Só que este meu amigo "bem humorado", não conseguiu perceber isso. Em uma ocasião formal de discussão sobre possibilidades de trabalho, ele chega junto ao europeu, lhe dá um abraço e, dando "tapinhas nas suas costas", começa a falar que ele precisava se soltar mais, ser mais relaxado... Depois deste episódio, o europeu me procurou particularmente e pediu que eu chamasse a atenção deste amigo pois ele o havia considerado "imaturo demais para o trabalho"... Alguns meses depois, por causa desse e outros motivos, ele acabou sendo afastado.

O que houve? Preso ao seu caráter, meu amigo não conseguiu colocar o contato com o europeu "entre parênteses", ou seja, não conseguiu relativizar o que já conhecia para lidar com a diferença entre eles. Além disso, não percebeu que a ocasião "não era de brincadeira", ou seja, não havia espaço – até pelas diferentes culturas ainda em contato e em adaptação – para que houvesse um clima de brincadeiras, embora este pudesse até vir a ser criado posteriormente...

Que tal uma crítica sua, leitor?

– Então, me parece que há uma contradição no que você está falando... O tempo todo você tem falado que temos que ser nós mesmos, que precisamos lidar com o que somos, no aqui e agora, etc., etc. Agora você vem falando que não é isso, que a pessoa de "bom-humor" teria que agir de outra forma?...

Vamos esclarecer bem esta questão. Sim, na GT trabalhamos com a ideia da pessoa assumir onde está para lidar com o que está acontecendo. Como no exemplo anteriormente dado da escada que, para atingir o quinto degrau, precisamos subi-la partindo do primeiro degrau onde estamos, e não do segundo, onde gostaríamos de estar. E é exatamente isto que estou defendendo aqui. O bom humor da pessoa é uma das características dela. Mas contar com o bom humor dos outros, é impor aos outros algo que é característica sua, e só esperar que as pessoas tratem umas às outras assim – com bom humor – é estar em um "segundo degrau", achando que uma qualidade de relação acontece, quando ainda não foram criadas as condições para isso – se é que poderá chegar a ter tais condições.

## As relações em processo

Na situação na qual a pessoa estava inserida, não havia espaço para aquele comportamento, logo, outras possibilidades precisariam ser utilizadas, que permitissem a ela uma melhor interação com as pessoas envolvidas, de modo a trocar com o meio. Neste ponto, voltamos àquela crença inicial da GT, quanto ao pressuposto de que as pessoas têm, em si, condição de alcançarem uma troca satisfatória no contexto na qual vivem. Naturalmente, partimos do pressuposto que a pessoa tem condição de interagir com o meio, buscando a melhor forma de obter o que quer, oferecer o que tem e alcançar sua plena satisfação, e não se limitar a uma única forma rígida e estereotipada de relação.

Se há algo que impede de obter sua satisfação, vamos descrevê-lo, apreendermos sua mensagem existencial e – no momento natural para isso – atender a tal mensagem para que o impedimento não aconteça mais. Neste caso, o bom-humor se tornou rígido, sendo considerado pela pessoa como algo que deve ser aplicado a qualquer situação. Com tal rigidez de caráter, ela não conseguiu relativizar a situação do encontro, e não se permitiu ficar sensível ao começo daquela relação. A pessoa não estava no aqui e agora com seu compulsivo bom-humor, mas estava em algum outro lugar, onde ela via que todas as pessoas acatariam seu comportamento.

**O processo enfocado terapeuticamente**

Discutimos até agora sobre os conceitos envolvidos no entendimento do que é um processo, e podemos compreender agora o conjunto em funcionamento (das partes para o todo: o mecanicismo e sua visão das partes tem sua utilidade...).

Lidamos com percepções das pessoas e do mundo o tempo todo. Cada um de nós, na medida em que percebe este mundo, este também o percebe, e – nesta relação – há a gênesis do seu sentido de ser, quem você "é" nesta relação com este mundo. Daí, temos a formação do caráter, que implica dizer que é uma forma de ser que foi necessária, mas que pode não continuar sendo, na medida em que nos impede de entrar em contato com o novo, para mudar o que precisa ser mudado, em nós e no mundo.

Enfocamos o processo para atingir, ao longo do relacionamento terapêutico, qual o sentido deste ser com o qual nos relacionamos, como a partir de sua existência atual, podemos captar o que há nele e – eventualmente – captar também o que não atende às suas necessidades presentes. O processo se revela através do aqui e agora, no modo como as necessidades são ou não atendidas, e – quando não – como podemos ir trabalhando para que tais necessidades venham a ser atendidas pela pessoa, autonomamente, contando com seu autossuporte, ao invés de contar com o suporte exterior. O processo é este acontecimento em andamento, um sentido que vem a ser dado ao longo de um tempo, no qual é percebido um "antes" e há um desejo, uma expectativa de um "depois", de um "quero chegar lá". Esse desejo é sempre enfocado em relação ao "como estou fazendo algo" ou "como me omito de fazê-lo" para atingir o que quero. Por isso, também faz parte do processo os momentos de "não mudança" – a escolha em dizer não ou se recolher. Faz parte do processo a pessoa estar onde realmente está, incluindo o seu desejo de querer se manter apegada ao

# Introdução à Gestalt-terapia

que lhe é familiar, conhecido, aos aspectos que desagradam até a ela mesma, para que ela possa retomar as mudanças que ela deseja quando verdadeiramente se sentir pronta para isso.

Para finalizar, "processo", pela ótica que tenho da GT, é o caminho através do qual compreendemos a nossa forma de ser e agir, não pontualmente, como consciência de algo – deste problema, desta ansiedade, deste conflito etc. – mas sim como "conscientização". Quando você tem "consciência de...", algo para no objeto que foi alvo da consciência imediata; já quando você vive a "conscientização", não há paradas, é um contínuo estado de contato e apreensão do sentido da relação eu/mundo. A esta atitude de permanecer consciente durante todo o processo, percebendo não só a situação (tendo o *"insight"* – cf. glossário), mas o sentido da situação, se incluindo nela como um todo, a GT chama de *"awareness"* (cf. glossário).

A GT considera a *awareness* como uma contínua rearrumação das partes de um todo que, sob novos ângulos ou acrescentando-se novos dados, podem ser finalmente compreendidas. Daí, antes o que era visto como uma situação caótica, angustiante, ou sem nenhuma mensagem, vai sendo continuamente atualizada e percebida, solucionando o problema de forma criativa, atingindo o ponto central, fechando a Gestalt anteriormente aberta. No exemplo do diálogo com "O Chato", quando é revelado, no segundo momento, as intenções dele, você poderia dizer um "ah! Então foi por isso que ele me tratou daquele jeito!", tendo uma nova *awareness* sobre o sentido do discurso proferido.

# 15
# Conclusão: o que é Gestalt-terapia? Uma opinião

O que viemos fazendo até aqui, ao longo de todo o livro? Basicamente, lidamos de várias formas com um aspecto: o presente. Embora tido como algo apenas circunscrito a uma situação atual, algo momentâneo e, por isso, sem muita força, sem muita importância, já que, segundo nossa tradição mecanicista/racionalista, a força reside nas causas e estas, no passado, temos que o presente acaba por ser desconsiderado. Porém, demonstramos que, pelo contrário, se há uma "causa" que influencia o presente, na verdade é no presente que a "causa" se manifesta, enquanto algo aberto, clamando por um fechamento, no aqui e agora.

Assim, ao lidarmos com este presente, nos perguntamos: O que há, no aqui e agora, que merece nossa atenção? Sobre o que focalizaríamos uma estratégia terapêutica? Apenas no discurso verbal? Apenas sobre os comportamentos? Ou sobre algum outro aspecto, como o mapeamento corporal, a possibilidade de dramatizar os conflitos etc.? Na verdade, vimos que todos esses aspectos acontecem no presente, todos são concretamente percebidos na situação aqui e agora vivida. Mas, para que deveríamos só nos utilizarmos de um só recurso: só a fala, só o corpo, só o comportamento? Por que não lidarmos com a situação como um todo: o presente e o que acontece nele, sem excluirmos ou minimizarmos a intensidade do todo físico e emocional que a relação terapêutica possibilita?

Na medida em que nos aprofundamos nisto que chamamos de "aqui e agora", é que fomos vendo que há uma imensidão de partes que compõem este todo. Nosso trabalho foi identificar algumas destas partes, como elas se presentificam no aqui e agora, como podemos reconhecê-las e como podemos perceber nelas sua mensagem existencial, para contribuir para o alcance de nosso equilíbrio, da nossa satisfação.

Vamos fazer uma síntese do que vimos até aqui, para podermos enxergar melhor a face deste lugar da GT, qual seria seu rosto, que expressão teria...

No início, foi proposta uma inversão, quando, ao invés de uma teoria que explicasse o ser humano, buscou-se ver como poderíamos trabalhar para que o ser humano pudesse ele próprio compreender-se, sem o intermédio de uma teoria, algo exterior e estranho a ele.

A partir daí, priorizando isso que todos nós somos – seres humanos – partimos para um método psicoterápico que não entrasse em contradição com tal prioridade, e descobrimos que, através da fenomenologia, poderíamos contar com os pressupostos que nos ajudariam a pensar na melhor forma de trabalhar.

# Introdução à Gestalt-terapia

Na medida em que descrevíamos o que estávamos percebendo, notamos que falávamos de coisas e situações que estavam acontecendo "aqui"... Para isso, percebemos que todos nós funcionamos em um campo vivencial (o "espaço vital" da teoria de campo de Lewin), que é o lugar onde vivemos e onde interferimos e podemos receber interferências do meio. Neste lugar, percebemos também que não podemos nos isolar deste meio, mesmo que dele possamos nos diferenciar enquanto dimensão de uma mesma realidade, que é a realidade da minha implicação no mundo: ser-no-mundo (Heidegger). Localizando este lugar aqui, agora, e nossa implicação nele, procuramos então ampliar nosso olhar para descrever o que estávamos vendo: através de experimentos psicodramáticos, que poderiam funcionar como uma lupa que ampliassem as pistas para atingir uma conclusão sobre o vivido, ou um *slow motion* para que pudéssemos ver com mais calma como é que acontece esse *show* que é a vida... "Vida"? De quem? Esta aqui, a minha e a sua, de individualidades implicadas no que estão fazendo enquanto pessoas, e não enquanto observadores e observados.

Assim, o presente, o aqui e agora, foi sendo encarado gradativamente com maiores possibilidades de existir, com mais recursos e dúvidas que antes não tínhamos. Tais dúvidas, aprendemos, precisavam da nossa atenção, para que as conhecêssemos melhor, ficando nelas antes de partir para respostas que não podíamos sentir ainda como verdadeiras para nós. Ou seja, ficar primeiro para sair depois, permanecer na situação, antes de sair dela, exatamente para só fazê-lo no momento amadurecidamente devido (conforme Beisser e sua teoria paradoxal da mudança). Novamente, algo que nos diz para ficarmos "aqui"...

Mas não paramos, não é? Vimos que no "aqui" há algo mais... Vimos que aqui, onde estamos, neste "espaço vital", há tudo o que fomos e somos hoje (holismo), concretamente existindo no "eu que sou meu corpo" (teoria organísmica), com suas fronteiras, suas facilidades ou dificuldades em usufruir dos próprios recursos (as funções de contato, segundo Polsters), e presente em minhas tensões, na minha respiração, na minha maneira de andar, sorrir, me relacionar, etc. (Reich).

Vimos também que ao nos expressarmos, o que dizemos e como dizemos, reflete a nós mesmos em nossa totalidade (Semântica geral). Então, o que falo e que poderia me remeter a um "lá" difuso, pode se tornar mais preciso ao me conectar com o que acontece aqui. Na relação terapêutica também, esta conexão acontece e é valorizada, através de um encontro entre seres humanos que se tratam como tal – "eu" e "tu" (Buber).

Porém, nem sempre já estamos prontos para tal conexão, e os conflitos e as polaridades surgem e, com elas, nossa responsabilidade pelas escolhas (existencialismo) que faremos. Entre o ir ou o ficar, incluímos o ponto da bifurcação, para que não se perdesse a noção do todo – não só as diferentes estradas dos nossos conflitos, mas também a estrada maior que estava sendo percorrida, antes das estradas apontarem direções opostas, momentaneamente nos paralisando diante das possibilidades da escolha (Indiferença Criativa).

## Conclusão: o que é Gestalt-terapia?...

Assim, perguntar – Para onde vou? e olhar para o longe, vai sendo abandonado para se perguntar: – O que quero aqui, onde estou agora? E que, para responder, preciso me incluir como um todo, organismicamente buscando suprir minhas necessidades de troca, finalizando minhas situações inacabadas e respeitando o que se torna para mim figura dentro do meu contexto (psicologia da Gestalt). E, principalmente, percebendo como faço os meus afazeres (conscientização, *awareness*) e não apenas "como faço isso" ou "porque faço", compreendendo quem sou e não apenas tentando explicar-me (a importância do processo). Nesta compreensão, perceber que minha vertente explicativa também faz parte de mim, e não me nego através dela. Assim como de mim também faz parte meu racionalismo mecanicista, minha linguagem impessoal, minha insensibilidade corporal, e tudo o mais. E nada disso foi colocado de fora, ou descartado; visamos, antes, uma possível integração: o corpo que sou eu, sou tudo isso... E tudo está em constante processo, uma evolução de produção de sentido, sempre se renovando, sempre em aberto para algo a mais porvir (vazio fértil), mesmo que momentaneamente não tenhamos tal sentido captado, e tenhamos que viver com a angústia do desconhecido, porém rico, momento presente.

**As armadilhas da última etapa**

Ao longo do livro, fomos juntos construindo uma ponte, fazendo uma comunicação entre este universo da racionalidade mecanicista, e este "outro universo" ao qual pertence a forma de pensar da GT. Eu fiquei, em consequência, imaginando concretamente como seria tal ponte, qual seria sua imagem e gostaria de expô-la para você, leitor.

Mas, e você mesmo, leitor; teria imaginado alguma ponte também? Como seria a sua? Você poderia imaginar uma que pudesse atender às necessidades do que vimos até aqui discutindo? Uma que pudesse conectar esse lugar chamado até aqui de GT e que, na verdade, tem tudo o que é por nós conhecido no lugar onde estávamos, só que visto não apenas por estes aspectos conhecidos, mas ampliados, tornados mais "vívidos", mais óbvios? Para começar a pensar tal ponte, constatamos que, quando dizemos que a "GT amplia a percepção", isto que a GT percebe e amplia é exatamente o mesmo lugar onde estamos... Logo, este lugar não pode ser diferente do "aqui e agora": o tempo e o espaço é o mesmo, tanto para o racionalismo mecanicista, como para a GT...

Em consequência, essa ponte imaginada por mim, não é uma linha reta, que vai levar você de um "lugar", até "outro". Não pode ser algo que afaste você "daí" e o leve para um outro espaço ou um outro tempo inventados... Estamos na verdade compartilhando do mesmo aqui e agora; apenas estávamos vendo-o de modos diferentes.

A ponte que proponho ser agora imaginada precisa ter um outro formato, não um que nos afaste, mas um que simbolize cada etapa que já percorremos e, com isso, tenha ampliado nossa visão, de modo que este momento presente que vivemos possa ser visto de maneira cada vez mais clara por você, leitor...

Mas "visto" como?

Olhe para o mundo em volta, leitor... Se antes você o percebia como algo pronto, definitivo, e no qual você aceitava o que via e estava apenas tentando se encaixar, procurando encontrar seu lugar ao sol, e agora, depois do que discutimos aqui, você percebe que pode também construir o mundo, que você "está" no mundo e que nesta relação com ele algo pode produzir, intervir, influenciar... Se isso aconteceu, então a ponte está construída em você.

Olhe para você mesmo... Se antes você se percebia segundo sua autoimagem, tentando ser o mais convincente, o mais eficaz, usando sempre as mesmas ferramentas para não perder o que já conquistou e defender-se contra os outros, e agora, depois do que já discutimos, você percebe ser "mais" que isso, que pode viver outras escolhas, experimentar novos recursos seus ainda não explorados, pode olhar a vida com a experiência do passado e a ingenuidade e delicadeza do presente... Então a ponte construída faz parte de você.

Sinta, agora, o tempo... Se antes era uma coisa roubada de você, contra o que você precisava correr, como que para tentar resgatá-lo, recuperá-lo, como uma posse que você sentia perdida, mas agora, ao contrário, você pode perceber que, na verdade, você mesmo é o tempo, você "faz o tempo" e que este é uma dádiva, um verdadeiro presente e que é de sua responsabilidade cuidar... Então a ponte não se diferencia mais de você...

Agora olhe para os seres humanos que compartilham com você sua vida... Se antes os tratava como coisas etiquetadas pelos apelidos ou rótulos, já achando de antemão que saberia tudo o que poderia ver ou escutar deles, mas agora, você pode olhar para o outro com uma abertura para a mudança, dando chance para estar atento ao que pode lhe surpreender, estando sensível para o que no outro se transforma e deixando suas próprias transformações também chegarem até eles... Então há maiores possibilidades de trocas, e – definitivamente – você "é" a ponte. O ponto de vista da GT não está mais "lá" e, agora, é algo que faz parte, de alguma maneira, de você.

Você é a ponte, leitor. É em você, em nós, seres humanos, onde existem todas as possibilidades de construirmos novos olhares, novos pensamentos, outras formas mais satisfatórias de ser e viver. Por outro lado, em nosso viver não deixam de existir as outras possibilidades que criticamos aqui: nosso reducionismo, nossa racionalidade mecanicista, nossas negações e resistências, nossa reificação e maniqueísmos. Enfim, ao invés de optar por lidar com estas ou outras "partes" do ser – postura analítica – vamos lidar com o todo, harmônico, simultâneo onde tudo isso e mais que o ser humano é "acontece" – postura sintética, integrativa.

Qual, enfim, o sentido que penso ser uma das principais características da GT? Para mim, é perceber que apesar de vários nomes e várias teorias embutidas nesta abordagem, estamos na verdade tratando de uma totalidade – a própria existência do ser-no-mundo, aqui e agora, em sua plena expressividade, onde tudo acontece simultaneamente: falas, gestos, conflitos, pensamentos, sonhos, sentimentos, enfim, todas as possibilidades...

Mas é importante ressaltarmos as armadilhas que surgem quando uma nova concepção de realidade é exposta, enquanto falamos de uma nova maneira de pensar, para uma "maneira velha" que nos escuta... Já tocamos nesse assunto anteriormente; aqui

## Conclusão: o que é Gestalt-terapia?...

ele é mais uma vez lembrado porque "a maneira velha", sendo questionada, pode se esgueirar em formas pseudonovas de entender as coisas, sendo que, ao final, o mesmo modelo velho perdura, só que com "uma pinturinha nova"... Com isso, podemos nos enganar com as facilidades de lidar conceitualmente com as coisas, entendendo-as enquanto coisas chamadas "conceitos" e reduzindo-as e engavetando-as intelectualmente em um banco de dados mental, de maneira que acabamos por perder a própria coisa que conceituamos...

Acho que a proposta da GT é mais ampla do que uma abordagem psicoterápica, por isso penso que reduzi-la a alguns conceitos ou técnicas não seria traduzir tudo o que ela pode nos dizer enquanto filosofia de vida. Quero, ao final, tentar uma atitude preventiva contra os riscos de um entendimento reducionista, caso venham a ocorrer nesta etapa final. Penso em evitar que a "maneira velha" tente arrumar as coisas nessas "gavetas intelectualizantes" de um modo mais ou menos assim:

"– Bem, aqui é a gaveta que eu conheço (onde estão arrumados os conceitos do cotidiano) e aqui, vou abrir uma gaveta nova, onde vou guardar a GT".

E continuaria:

– Vamos ver como vou arrumar essas duas gavetas... Deixe-me ver... Bem, aqui na gaveta que eu conheço, vou rotular de outra maneira... Vou chamar então de "racionalidade mecanicista"...

E chega, ao final, arrumando então assim:

" – Aqui, nesta nova gaveta, vou chamar de "GT/possibilidades".

Pronto! Satisfeita, a "maneira velha" já pode partir para outra: "– Vamos encher novas gavetas?"

Eu insisto em falar desta "maneira velha" para levantar um exemplo bem palpável de como lidamos com as tais "gavetas" e, ao flagrar essa tendência em conceituar, reduzir, e não entrar em contato – expor uma última mensagem da abordagem gestáltica.

A GT, ao lidar com a existência do ser-no-mundo que citamos, se propõe a uma tarefa que na verdade, em minha opinião, é algo extremamente simples: descrever o quê e como fazemos para não entrar em contato. Porém, para atingir esta simplicidade, precisamos, ao invés de "atingir um lugar", ao invés de "alcançar um objetivo" ou "seguir uma ponte que leve nossa visão para um lugar mais distante para ver melhor"... Ao invés disso tudo, a GT se propõe a "ficar" e não a "ir". A GT não "nos leva", mas expõe o "como nos deixamos ser levados quando saímos do aqui e agora". Ao invés de mostrar novos horizontes, a GT vai questionar o que você faz para se impedir de ver os horizontes que lhe são possíveis de ver agora...

A GT se fundamenta no aqui e agora, para expor o sentido da relação eu/mundo em sua origem. Para tanto, a GT flagra e questiona essa necessidade que falamos acima, de tudo arrumar em "gavetas reducionistas", que são compulsoriamente catalogadas, etiquetadas e, por final, esquecidas. Ao expor tal necessidade, a GT mantém a descrição como o foco principal, propondo que você descreva "– Que gaveta é essa?" E, com isso, questionar o próprio "engavetar". Em outras palavras, *questionamos*

# Introdução à Gestalt-terapia

*mais o processo* de tudo arquivar, catalogar, explicar, e menos o conteúdo que é arquivado, catalogado, explicado. Propomos que você descreva também "– Como você usa essa gaveta?" E, com isso, focalizaremos *não a razão por que* algo é engavetado, esquecido, reprimido, recalcado etc., e *sim como* é o tal "engavetamento" em pleno uso, exposto em sua franca atividade e compreendendo a qual necessidade atende...

A GT se ocupará também de lhe questionar: – O que cabe nesta gaveta e o que você está escolhendo deixar de fora? Tal questionamento não procurará focalizar tanto o que aceitamos ou jogamos fora, mas, principalmente, procurará sugerir uma experimentação dos nossos próprios limites, de como escolhemos e do que podemos conhecer... E continuando a questionar se "– Essa gaveta cabe mais ou menos do que está agora nela?" A GT focaliza ainda, como e quando acontece de desrespeitarmos nossos limites, seja por excesso, assumindo mais do que podemos; ou por falta, deixando-nos desnutridos quando há ainda espaço para novas e mais satisfatórias escolhas.

Com tudo isso, a GT, na minha opinião, vislumbra uma possibilidade – talvez muito utópica, mas instigante – de que, quem sabe um dia, finalmente possamos nos questionar:

"– Precisamos tanto assim de gavetas?..."

Por fim, é isto! Ao apresentar a você, leitor, esta minha "companheira" chamada GT – conforme eu a conheço – contando um pouco dela sob este ângulo mais próximo da filosofia, tive a intenção de contribuir para que esta abordagem seja conhecida – ou melhor: reconhecida – principalmente pelos seus princípios, e não pelas suas técnicas. Perls já nos alertava quanto a isso: "Uma das objeções que tenho contra qualquer pessoa que se diga gestalt-terapeuta é quanto ao uso da técnica. Uma técnica é um truque. Um truque deve ser usado apenas em casos extremos" (PERLS, 1977a: 14).

Quando um profissional que utiliza esta abordagem se atém aos fundamentos – mantendo a coerência metodológica – percebe que é possível modificar tais técnicas, acrescentar atividades novas, criar outras e ainda assim exerce uma boa Gestalt-terapia. Por isso entendo que, desta forma, os fundamentos estarão sempre presentes, e devido a isso foram priorizados nesta introdução à Gestalt-terapia.

Espero que você, leitor, tenha tido prazer em conhecê-la...

### APÊNDICE A
# Dados históricos sobre a Gestalt-terapia

Para uma melhor compreensão do que é a "Gestalt-terapia", é importante efetuarmos uma pequena visualização do contexto histórico, no qual esta vertente da Psicologia clínica encontrou terra fértil para crescer.

Comecemos pelo final do século passado, na Europa. Com o esforço de um conjunto de estudos que queria chamar a si mesma de "ciência", nasce o primeiro laboratório de psicologia. Este laboratório (fundado pelo Dr. Wilhelm Wundt, em 1879, na Universidade de Leipzig) trazia uma forte influência em sua linha teórica advinda do positivismo (cf. glossário) científico, que imperava na época, e que continuou imperando durante décadas posteriores (WERTHEIMER, 1985).

O trabalho do Dr. Wundt continha uma grande preocupação com a quantificação, análise e previsibilidade das reações humanas. Consequentemente, a base deste trabalho era o "visível", o que era passível de observação e testes que – seguindo a orientação científica – poderiam ser repetidos sob as mesmas condições, achando-se o mesmo resultado. Daí, o trato com a questão da psique humana foi reduzido ao "lidar com comportamentos", ao que o ser humano exteriorizava.

Outros teóricos, como John B. Watson (que lançou em 1913 o texto "A psicologia tal como vê um behaviorista" – cf. SKINNER, 1974) aprimoraram os pressupostos desta psicologia com base no comportamento, trazendo-a para a prática clínica e estruturando um sistema próprio, que ficou conhecido como "behaviorismo".

Porém, já próximo do início do século XX, o trabalho de Freud foi aparecendo no cenário mundial, trazendo uma consistente e profunda teoria sobre a personalidade humana (a psicanálise), partindo dos comportamentos patológicos (sua teoria estruturou-se inicialmente sobre a histeria – cf. Freud, "A história do Movimento psicanalítico") e apresentando uma preocupação muito maior com os processos mentais, ou seja, priorizando o "mundo interno".

Através do trabalho de Freud, o homem percebeu o poder de sua vontade, de seu desejo e que todo o positivismo, toda rigidez moral não seriam capazes de dominar a natureza humana, já que tal natureza se encontrava estruturalmente cindida, entre uma parte pequena e passível de controle – que era a consciência – e outra parte insondável, incontrolável e pulsional, que era o inconsciente.

Em resumo, havia então, no cenário mundial do início deste século, algumas abordagens que apresentavam tentativas de compreensão da psique humana, trazendo luz para questões fundamentais das relações intra e interpsíquicas. Porém, havia alguma coisa que faltava...

# Introdução à Gestalt-terapia

Na psicanálise, o ser humano era visto como algo "analisável". Dividido em "partes" que viviam em conflito (consciente x inconsciente, id x superego, Eros x Thanatos) o ser humano dependia da análise destas "partes" para ser compreendido. A análise consistia em um trabalho "arqueológico", escavando o terreno superficial da personalidade do indivíduo e atingindo partes esquecidas cada vez mais remotas, longínquas (inconscientes) porém determinantes no suprimento da energia (libido) que causava a interferência na sua vida, impedindo-o de viver satisfatoriamente (cf. FREUD, 1979b).

Logo, havia uma transferência de responsabilidade implícita nesta abordagem terapêutica, que saía das mãos do paciente e ia para as mãos do psicanalista, já que apenas este detinha o "conhecimento" para a interpretação dos atos e sonhos do indivíduo. Com isto, criou-se uma dependência do paciente ao psicanalista. Segundo Erick Fromm: "[...] o fato de ter um analista era frequentemente usado para evitar um temido mas inevitável fato da vida: ter de tomar decisões e aceitar riscos" (FROMM, 1971: 11).

No behaviorismo, o trabalho já era mais "superficial" (entendido aqui como baseado na superfície, sobre aquilo que se vê: comportamentos) e apoiado na possibilidade de novas atitudes a serem aprendidas. A patologia consistia em um "mal aprendizado", e a cura era obtida através de um novo processo de reaprendizagem (ou recondicionamento), para suprimir da lista de comportamentos do indivíduo, aquele que era "indesejável". A existência de um mundo interior era ignorada e toda psique humana era explicável através de um jogo de forças entre estímulos e respostas, mais tarde aperfeiçoadas para conceitos como condicionamentos operantes, reforços positivos e negativos etc. (cf. SKINNER, 1974).

Outra questão comum a ambas abordagens foi seu enfoque sobre o comportamento patológico, considerando não os aspectos saudáveis do indivíduo em sua relação com o meio, mas sempre percebendo-o pelos aspectos doentios ou não adaptativos. Há uma frase conhecida de Freud que traduz bastante este ponto de vista: "Muito terá sido feito se pudermos transformar o sofrimento neurótico em infelicidade comum" (FAGAN & SHEPHERD, 1980: 11).

A intenção aqui é, tão somente, apontar de uma maneira breve, como era o contexto no qual surgiu a psicologia da Gestalt e, mais tarde, a Gestalt-terapia. Tanto a psicanálise como o behaviorismo são escolas de psicologia que merecem todo um trabalho específico para demonstrar seus pressupostos e conceitos básicos. No escopo deste trabalho, o objetivo foi apontar algumas das características destas escolas que originaram controvérsias e que estimularam o aparecimento de outras visões do que é o ser humano.

Em reação a estas visões, principalmente em reação ao trabalho de Wundt (KÖHLER, 1980 e WERTHEIMER, 1985: 166ss.), surge na Alemanha um campo de pesquisa chamado de "psicologia da Gestalt", que primava pela consideração das relações entre as partes e na determinação da percepção do todo em confronto com a ideia do associacionismo[37].

A palavra alemã *"Gestalt"* não tem uma tradução literal para o português, mas contém um sentido de "forma", de "um todo que se orienta para uma definição", de "estrutura organizada". Um exemplo do que a psicologia da Gestalt tentava dizer poderia ser ilustrado com o fenômeno ilusório do movimento aparente das lâmpadas em série. Ao colocarmos várias lâmpadas uma ao lado da outra e acendermos uma de cada vez, apagando a anterior, dentro de uma determinada frequência mínima e máxima, temos a impressão que a luz "corre" pelas lâmpadas. Ou seja, surge das "partes" (cada lâmpada) uma forma nova, que dá um outro sentido ao "todo". O artigo sobre este sentido ilusório do movimento foi publicado pelo psicólogo gestaltista Max Wertheimer (1880/1943) em 1912. Neste artigo, Wertheimer já prioriza a ideia de percepção como um conjunto, algo que sobressai a partir da relação entre as partes como um todo, e não pela associação de um estímulo ao outro (FADIMAN & FRAGER, 1979).

Segundo Christian von Ehrenfels (1859/1932), um dos iniciadores da psicologia da Gestalt, o "todo é uma realidade diferente da soma de suas partes" (GINGER, 1995: 38ss.). Outros conhecidos continuadores do trabalho de von Ehrenfels foram Kurt Koffka (1886/1941) e Wolfgang Köhler (1887/1967).

Para uma melhor compreensão, segue um outro exemplo clássico utilizado pelos psicólogos da Gestalt. Quando ouvimos uma sinfonia, percebemos que ela é composta por várias partes, tais como o som de cada instrumento, o ritmo e a tonalidade musical. Estas "partes" nos trazem o estímulo auditivo que nos permite reconhecer a música tocada. Porém, a soma de tais partes – a própria sinfonia – não se resume a estas partes, de modo que, mesmo quando algumas destas partes mudam, ainda temos a chance de reconhecer o "todo", a própria sinfonia. Ou seja, podemos mudar os instrumentos, podemos até acelerar ou diminuir um pouco o ritmo, podemos tocar a sinfonia em outra clave musical (tom acima ou abaixo) e, mesmo assim, a qualidade do todo nos permitirá reconhecer a sinfonia (a *Gestaltqualität* – von Ehrenfels – cf. HEIDBREDER, 1975: 291ss.). Como? Porque, segundo as pesquisas da psicologia da Gestalt, na verdade percebemos é a relação entre as partes que compõem o todo.

A psicologia da Gestalt foi um campo estritamente experimental, que se ocupou em trazer questionamentos que foram contrários à visão mecanicista e à visão atomística (que visa o átomo: a menor parte ou elemento constitutivo das coisas. Na psicologia: busca determinar se a psique é formada por pulsões, ou emoções, símbolos, instintos, condicionamentos etc.). Logo, psicologia da Gestalt e Gestalt-terapia são as-

---

37. A teoria do associacionismo teve como um dos seus principais fundadores o filósofo David Hume (1711/1776). Este autor nos mostra que há certos princípios que regem as conexões entre as ideias, tais como os princípios de semelhança (uma ideia sugere uma outra semelhante), contiguidade (no espaço ou tempo, de modo que ideias surgidas em um momento ou em um local, podem ser lembradas juntas) e causa e efeito (uma ideia que gera uma consequência e sugere outras ideias advindas da primeira, ou também ao contrário, quando as ideias geradas pelo desdobramento de uma ação nos sugerem a ideia que deu origem à ação). (MORA, 1982: 40).

# Introdução à Gestalt-terapia

suntos diferentes, com campos de atuação e preocupações diferentes. A Gestalt-terapia se preocupa com o campo clínico, com as teorias e técnicas de trabalho que visam dar ao homem as condições necessárias para seu próprio crescimento. Já a psicologia da Gestalt foi um campo de pesquisa que trouxe uma série de novas perspectivas para entender a maneira com a qual o homem percebe o mundo. Atualmente, a psicologia da Gestalt vem ampliando seu campo de atuação, e podemos vê-la sendo usada em diferentes aplicações, como a Arquitetura, Artes, Pedagogia e, inclusive, também na área psicoterápica (*Gestalt Teoretical Psychotherapy* fundada na Alemanha por Hans-Jürgen Walter ).

Assim, décadas mais tarde, outros psicólogos perceberam a importância do conhecimento que a psicologia da Gestalt trazia e juntamente com outros pressupostos filosóficos e pressupostos psicológicos erigiram um campo de conhecimento voltado especificamente para a área clínica. O primeiro autor da Gestalt-terapia foi o então psicanalista Frederick S. Perls. Insatisfeito com as limitações clínicas que encontrou em sua prática enquanto psicanalista, lançou em 1942, na África do Sul, e em 1947, na Grã Bretanha[38], aos 54 anos, o livro *Ego, Hunger and Aggression*, já contendo uma série de considerações que tinham o objetivo inicial de produzir uma revisão da teoria de Freud, mas que, devido a sua controvérsia com alguns fundamentos da psicanálise, originou o desligamento de Perls do meio psicanalítico (PERLS, 1979).

Não mais preso ao rígido arcabouço teórico da psicanálise, Perls investiu na estruturação de um novo campo clínico, escolhendo o nome de "Gestalt" para este novo campo e publicando nos EUA a primeira obra eminentemente gestaltista em 1951 ("*Gestalt Therapy*"), juntamente com Paul Goodman e Ralph Hefferline.

---

**38.** Estes dados geográficos foram incluídos nesta segunda edição.

## APÊNDICE B
# Glossário gestáltico

Este glossário contém algumas referências sobre os principais conceitos tratados neste livro. Assim sendo, não esgota todas as definições já publicadas e nem todos os livros onde podem vir a ser encontradas. Minha intenção é tão-somente ajudar de modo simples e rápido na localização de alguns dos principais conceitos da GT, mencionando os trechos dos livros de onde foram lidos.

Boa pesquisa!!

*Amadurecimento:* "Em qualquer planta, qualquer animal, amadurecer é *estar pronto para*... não existe nenhum animal selvagem e nenhuma planta que impeça o seu próprio crescimento". "[...] é transcender do apoio ambiental para o autoapoio" (PERLS, 1977a: 49). "A teoria básica da Gestalt-terapia diz que a maturação é um processo de crescimento contínuo, onde o apoio ambiental é transformado em autoapoio. No desenvolvimento sadio, a criança mobiliza e aprende a usar seus próprios recursos. Um equilíbrio variável entre apoio e frustração a capacita a tornar-se independente, livre para usar seu potencial inato" (PERLS, 1977b: 33).

*Ansiedade:* "[...] é a excitação, o *élan* vital que carregamos conosco, e que se torna estagnado se estamos incertos quanto ao papel que devemos desempenhar" (PERLS, 1977a: 15). "A ansiedade é o vácuo entre o agora e o depois" (PERLS, 1977a: 15, 52; PERLS, 1981: 134). Também é o produto do impedimento de viver plenamente a excitação. "Se a excitação não puder fluir para a atividade por intermédio do sistema motor, então procuramos dessensibilizar o sistema sensorial para reduzir a excitação", causando assim a ansiedade (PERLS, 1977a: 95). "Pensar é ensaiar em fantasia para o papel que tem de ser desempenhado na sociedade. E quando chega o momento do desempenho e não está seguro sobre se a atuação será bem recebida, então sobrevém o pânico do palco. A esse pânico do palco foi dado pela psiquiatria o nome de ansiedade" (FAGAN & SHEPHERD, 1980: 30s.).

*Aqui e agora:* enfoque que busca produzir um comportamento observável. Logo, não perguntamos "– Por que é que você está se comportando desta maneira?" Mas sim: "– O que é que está fazendo?", "– Como é que faz?", "– O que é que está fazendo comportar-se desta maneira?" (FAGAN & SHEPHERD, 1980: 65). "– O contato com o mundo é baseado na consciência sensorial (ver, ouvir, tocar). Logo, só podemos ver, ouvir e tocar no presente. Daí, aqui-agora é onde a consciência sensorial acontece: no presente" (PERLS, 1977b: 31). "No agora, você usa o que está disponível, e é obrigado a ser criativo. Observe crianças brincando. O que estiver disponível será usado, e então alguma coisa acontece, alguma coisa surge do seu contato com o aqui e agora" (PERLS, 1977a: 77).

***Autonomia:*** ocorre quando "o comportamento é o desejo próprio". "É a livre escolha, e tem sempre um sentido primário de despreendimento, seguido por um de compromisso. A liberdade é dada pelo fato de que o campo de novas escolhas foi alcançado: a pessoa se compromete de acordo com o que ela é, isso é, com o que se torna... sendo autônomo, o comportamento é o de sua própria escolha, uma vez que em princípio, tal comportamento já foi amadurecido, assimilado..." (PERLS, GOODMAN & HEFFERLINE, 1980: 446).

***Awareness:*** manter-se consciente de; estado de consciência do contexto – incluindo o si-mesmo (organismicamente). "O objetivo (da *awareness*) é o paciente descobrir o mecanismo pelo qual ele aliena parte dos processos do seu *self* e, assim, evita estar consciente de si e de seu ambiente... Um experimento típico (da *awareness*) é pedir que os participantes formem uma série de sentenças começando com as palavras "aqui-agora eu estou consciente de..." (YONTEF, 1998: 78s.). "Este *continuum* de tomada de consciência parece ser muito simples; apenas tomar consciência do que se passa segundo após segundo... Entretanto, assim que a tomada de consciência se torna desagradável, ela é interrompida pela maioria das pessoas. Então, estas, repentinamente, começam a intelectualizar, usar palavreado do tipo blablablá, voar em direção ao passado..." (PERLS, 1977a: 78).

***Bracketing-off (suspensão):*** "Neste processo, o indivíduo mantém em suspenso algumas das suas próprias preocupações, facilitando que seja dada atenção àquilo que está se passando num processo comunicativo... A pessoa seleciona as prioridades, escolhendo o que é mais importante naquele momento, não permitindo que preocupações interferentes a imobilizem" (POLSTER, 1979: 55).

***Caráter:*** "o conjunto de comportamentos motores e verbais expressos – os que são facilmente observáveis e verificáveis" (PERLS, 1977b: 31). "O *nós* não existe por si só, mas se constitui a partir do *eu e você* e é um limite do intercâmbio onde duas pessoas se encontram. E quando nos encontramos lá, então eu mudo e você muda, através do processo de um encontro mútuo, a não ser que... as duas pessoas tenham um *caráter*. Uma vez que você tenha um caráter, você terá desenvolvido um sistema rígido. Seu comportamento se torna petrificado, previsível, e você perde a capacidade de lidar livremente com o mundo com todos os seus recursos. Você fica predeterminado a lidar com os fatos de uma única forma, ou seja, de acordo com o que seu caráter prescreve. Desta forma, parece ser paradoxal o fato de eu dizer que a pessoa mais rica, mais produtiva e criativa é a pessoa que não tem caráter. Na nossa sociedade exigimos que a pessoa tenha caráter, e especialmente um bom caráter, porque desta forma ela é previsível, pode ser classificada, e assim por diante..." (PERLS, 1977a: 21s.).

***Catarse:*** "expressão de uma emoção... (de forma intensa, gritos, soluços...) que permite eventualmente uma ab-reação e um relaxamento" (GINGER, 1995: 255).

***Complexo de Édipo:*** "conjunto organizado de desejos amorosos e hostis que a criança experimenta relativamente aos pais. Sob sua chamada forma positiva, o com-

## Glossário gestáltico

plexo apresenta-se como na história de Édipo-Rei: desejo da morte do rival que é o personagem do mesmo sexo e desejo sexual da personagem do sexo oposto. Sob a sua forma negativa, apresenta-se inversamente: amor pelo progenitor do mesmo sexo e ódio ciumento ao progenitor do sexo oposto. Na realidade, estas duas formas encontram-se em graus diversos na chamada forma completa de Édipo... Os psicanalistas fazem dele o eixo de referência principal da psicopatologia, procurando para cada tipo patológico determinar os modos da sua posição e da sua resolução. A antropologia psicanalítica procura reencontrar a estrutura triangular do complexo de Édipo, afirmando a sua universalidade nas culturas mais diversas, e não apenas naquelas em que predomina a família conjugal" (LAPLANCHE, 1988: 116).

*Confusão:* "é o choque entre nossa existência social e nossa existência biológica" (PERLS, 1977a: 44).

*Consciência:* "a consciência não pode ser pensada, se imaginariamente lhe retirarmos aquilo de que é consciência, e nem se pode sequer dizer que seria, nesse caso, consciência de nada, porque este nada seria automaticamente o fenômeno de que seria consciência" (LYOTARD, 1986: 33) – "[...] a palavra consciência é uma experiência de autodistinção, quando nós distinguimos a nós mesmos fazendo distinções" (MATURANA, 1997: 214).

*Consciência Intencional:* conceito elaborado por Edmund Husserl (1859/1938): "[...] é descrita como uma função ou conjunto de funções, como um foco de atividades, ou melhor dizendo, como um conjunto de atos orientados para algo: aquilo de que a consciência está consciente" (MORA, 1982: 76). "Toda consciência é consciência de alguma coisa; a consciência se caracteriza exatamente pela intencionalidade, pela visada intencional que a dirige sempre a um objeto determinado. Trata-se da consideração do que aparece à mente a partir da experiência reflexiva da consciência" (MARCONDES, 1998: 258). "A consciência é sempre consciência de alguma coisa, ou seja, a consciência é intencionalidade" (LYOTARD, 1986: 11, 21 e 34).

*Contato:* "é esta conjunção articulada de motivação, percepção, afeto, cognição e ação" (TELLEGEN, 1984: 49). "A função que sintetiza a necessidade de união e de separação é o contato. Através do contato, cada pessoa tem a chance de se encontrar com o mundo exterior de uma forma provedora... (O contato) só pode acontecer entre seres separados, sempre exigindo independência e sempre se arriscando a ser capturado na união" (POLSTER, 1979: 100s.). "O contato pode ser visto como efeito ou como causa em um dado processo, e ocorre sempre em um dado campo. Somos o resultado de nossas relações ao longo do tempo. O contato é efeito das relações que mantivemos com os diversos campos em que nos movemos. Enquanto gera gestos, sinais, o contato é figura e pode ser visto, descrito; como fundo, é expressão de nossas introjeções acumuladas ao longo dos anos, e simbolizadas pelo nosso modo de estar no mundo. O contato é, portanto, um jeito de ser e um jeito de se expressar" (RIBEIRO, 1997: 24).

*Culpa:* "Na GT... nós vemos a culpa... como um ressentimento projetado: sempre que você sentir culpa, descubra do que você se ressente, a culpa desaparecerá..." (PERLS, 1977a: 73). "[...] a culpa é ressentimento projetado. Quando nos sentimos

# Introdução à Gestalt-terapia

culpados, encontraremos um núcleo de rancor, de ressentimento" (FAGAN & SHEPHERD, 1980: 44).

***Energia:*** "Ao invés de um automóvel, que tem de receber gasolina e ar para produzir a energia que explode no motor, nós temos de obter a nossa própria energia do alimento e ar que recebemos no organismo. Não temos nome para a energia que criamos. Bergson chamou-lhe de *élan* vital. Freud chamou-lhe libido ou instinto de morte (ele tinha duas energias) e Reich deu-lhe o nome de *orgone*. Eu lhe chamo excitação, porque a palavra coincide com o aspecto fisiológico de excitação... é frequentemente sentida como ritmo, vibração, tremor, afeto. Essa excitação tampouco é criada em seu próprio interesse, mas em relação com o mundo" (PERLS apud FAGAN & SHEPHERD, 1980: 49s.).

***Escotoma:*** (cf. "Ponto cego")

***Espaço Vital:*** Conceito elaborado pelo psicólogo social Kurt Lewin. "Lewin descrevia o comportamento como função de forças operando no 'espaço vital' psicológico de um indivíduo, definido como a configuração total da realidade psicológica deste indivíduo num dado momento" (FADIMAN & FRAGER, 1979: 130). "O espaço vital é o universo do psicológico, é o todo da realidade psicológica; contém a totalidade dos fatos possíveis, capazes de determinar o comportamento do indivíduo; inclui tudo que é necessário à compreensão do comportamento concreto de um ser humano individual em um dado meio psicológico e em determinado tempo. O comportamento é uma função do espaço vital" (HALL & LINDZEY apud RIBEIRO, 1985: 97).

***Existência sintética:*** Fazendo uma correlação com a dialética de Hegel, baseado em afirmações (teses) que são negadas (antíteses) e gerando novas afirmações como produto da discussão (síntese). Para Perls, a existência se afirma na tese, é colocada como antiexistência na antítese, mas se equilibra com a existência sintética na síntese. Logo, a existência sintética seria um resultado, aquilo que obtemos quando confrontamos a qualidade da nossa existência e sua negação (PERLS, 1977a: 84).

***Experimento:*** "episódio no qual se procura primeiramente, passo a passo e com a ajuda de pequenas intervenções e propostas por parte da facilitadora, evidenciar mais claramente o conflito e os sentimentos envolvidos, para depois buscar formas possíveis de sair do impasse por ele criado" (TELLEGEN, 1984, p. 103). "[...] um ensaio ou observação especial feitos para provar ou descartar algo duvidoso, especialmente sob condições determinadas pelo observador, um ato ou operação realizados a fim de descobrir algum princípio ou efeito desconhecidos, ou, para testar, estabelecer ou ilustrar alguma verdade conhecida ou sugerida; teste prático; prova" (YONTEF, 1998: 78s.).

***Fenomenologia:*** "estudo dos fenômenos daquilo que aparece à consciência, daquilo que é dado. Evita hipóteses sobre o laço que une o fenômeno com o ser de que é fenômeno, como também do laço que o une com o Eu para quem é fenômeno" (LYOTARD, 1986: 10). "[...] deixar e fazer ver por si mesmo aquilo que se mostra, tal como se mostra a partir de si mesmo" (HEIDEGGER, 1988: 65). "Método fenomenológico: 1. ver a realidade com atenção, descrevendo fielmente, 2. trabalhar no aqui-agora, 3.

recuperar o emocional para trabalhar no presente, 4. estar atento ao todo, 5. evitar interpretações que podem envolver juízos de valor, 6. trabalhar com os processos dos sintomas, mais do que com eles mesmos, 7. trabalhar a experiência imediata, 8. realizar experimentos, 9. o psicoterapeuta está incluído na relação terapêutica" (RIBEIRO, 1997: 94s.).

*Figura e fundo:* "Na Gestalt-terapia, nós começamos a relacionar a figura, a experiência do primeiro plano, com o fundo, com a perspectiva, com a situação... O significado é a relação da figura em primeiro plano com o seu fundo" (PERLS, 1977a: 90). "Os psicólogos gestaltistas... propuseram a teoria de que a pessoa que percebe não era um simples alvo passivo para o bombardeamento sensorial originário do meio ambiente; mais propriamente, ela estruturava e impunha uma ordem às suas próprias percepções. Basicamente, ela oganizava as percepções do fluxo sensorial recebido na experiência primária de uma *figura* sendo vista ou percebida contra um *back-ground*, ou *fundo*. A figura poderia ser uma melodia, diferenciada de um fundo harmônico, ou poderia ser um padrão visual emergindo como uma entidade coerente contra um agrupamento de linhas estranhas. Uma figura, seja ela simplesmente perceptual ou consistindo de uma ordem de complexidade superior, emerge do fundo à maneira de um baixo relevo, avançando para uma posição que força uma atenção e que acentua as suas qualidades de limites e clareza" (POLSTER, 1979: 44). Sobre "fundo" Perls ainda faz a seguinte correlação com a teoria psicanalítica: "Freud também viu a base da formação da Gestalt no que denominou o pré-consciente. Nós chamamo-lhe 'fundo', donde a figura emerge" (FAGAN & SHEPHERD, 1980: 30).

*Fronteiras do Ego:* Tem a função básica de discriminar eu/mundo (PERLS, 1977b: 53). "Não é tanto uma demarcação física, mas sim um conceito funcional que se refere à diferenciação e à interdependência dos elementos" (TELLEGEN, 1984: 49). "A fronteira-do-eu (fronteira do ego) de uma pessoa é a fronteira daquilo que é para ela contato permissível... Dentro da fronteira-do-eu o contato pode ser feito com facilidade e encanto, e resulta num confortável senso de gratificação e crescimento... Na fronteira-do-eu, o contato se torna mais arriscado e a probabilidade de gratificação é menos certa... Fora da fronteira-do-eu, o contato é quase impossível... O modo pelo qual uma pessoa bloqueia ou permite a consciência e a ação na fronteira-do-contato é o seu modo de manter o senso dos seus limites" (POLSTER, 1979: 109).

*Funções de contato:* segundo Polster, são 7 as funções de contato: tocar, escutar, ver, falar, movimentar-se, cheirar e o paladar. "É através destas funções que o contato pode ser obtido, e é através da corrupção destas funções que o contato pode ser bloqueado ou evitado" (POLSTER, 1979: 125).

*Gestalt:* palavra de origem alemã que não tem tradução literal para a língua portuguesa. Tem o sentido de "forma", de "figura", de um sentido que emerge de um todo. "Embora não haja nenhum equivalente preciso em português para a palavra alemã Gestalt, o sentido geral é de uma disposição ou configuração – uma organização específica de partes que constitui um todo particular. O princípio mais importante da abordagem gestáltica é o de propor que uma análise das partes nunca pode proporcionar uma compreensão do todo, uma vez que o todo é definido pelas interações e interdependências das partes. As partes de uma Gestalt não mantêm sua identidade quando estão separadas de sua função e lugar no todo" (FADIMAN & FRAGER, 1979: 129).

*Gestalt aberta ou incompleta:* cf. "Situação inacabada" – "O melhor nome para a Gestalt incompleta é a situação inacabada" (PERLS, 1979: 84).

*Gestalten:* plural de *Gestalt*, na língua original (alemão).

*Holismo:* "o termo holismo tem origem em *holos* (totalidade) e foi utilizado pela primeira vez, em 1926, pelo filósofo sul-africano Jan Christian Smuts, em seu livro *Holismo e Evolução*, no qual ele estabeleceu uma relação entre vida e matéria, considerando-as como partes de uma totalidade maior e única, onde cada conjunto ou sistema completo em si mesmo integra-se a conjuntos cada vez mais aperfeiçoados e abrangentes" (MEIRELLES, *in* www.netbr.com/meirelles): "do grego *holos*, o todo, relativo ao conjunto" (GINGER, 1995: 258).

*Homeostase:* "o processo homeostático é aquele pelo qual o organismo mantém seu equilíbrio e, consequentemente, sua saúde sob condições diversas. A homeostase é, portanto, o processo através do qual o organismo satisfaz suas necessidades" (PERLS, 1981: 20).

*Impasse:* "é o ponto onde o apoio ambiental ou o obsoleto apoio interno não é mais suficiente, e o autoapoio autêntico ainda não foi obtido" (PERLS, 1977a: 50). "No núcleo de cada neurose está o que os russos chamam de ponto doente... Na GT chamamos este ponto de impasse" (PERLS, 1977b: 34). "O impasse existencial é a situação em que nenhum suporte ambiental promove avanço e o paciente é, ou acredita ser, incapaz de lidar com a vida por conta própria" (YONTEF, 1998: 78).

*Inclusão:* "O terapeuta honra a experiência fenomenológica do paciente, entra de maneira respeitosa no mundo fenomenológico do paciente, experienciando-o como ele é, e aceita o paciente como ele é" (YONTEF, 1998: 252).

*Indiferença criativa:* "é a teoria de que todo evento se relaciona com um ponto zero a partir da qual se realiza uma diferenciação em opostos. Estes opostos manifestam em sua concepção específica uma grande afinidade entre si" (PERLS, *Yo, hambre y agresión*, p. 17).

*Insight:* "[...] é uma formação de padrão do campo perceptivo, de uma maneira tal que as realidades significativas ficam aparentes; é a formação de uma Gestalt na qual os fatores relevantes se encaixam com respeito ao todo" (YONTEF, 1998: 16). "O *insight*, uma forma de *awareness*, é uma percepção óbvia imediata de uma unidade entre elementos, que no campo aparentam ser díspares" (p. 31). "[...] conscientização repentina e evidente, como que por iluminação" (GINGER, 1995: 26).

*Interação resistente:* "Todo mundo dirige a sua energia para ter um bom contato com o seu ambiente ou para resistir a ele. Se a pessoa sente que os seus esforços serão bem-sucedidos – que ela é potente e que seu ambiente é capaz de lhe devolver algo em troca – ela confrontará esse ambiente com vontade, confiança e até mesmo com cora-

## Glossário gestáltico

gem. Mas se seus esforços não lhe dão aquilo que quer, ela fica paralisada com toda uma lista de sentimentos desagradáveis: raiva, confusão, futilidade, ressentimento, impotência, desapontamento, e assim por diante. Ela deve então desviar de inúmeras formas a sua energia, e todas estas formas reduzem as possibilidades de uma interação plena com o seu meio ambiente. As direções específicas desta interação desviada caracterizarão o modo de vida da pessoa, pois ela escolhe favoritos entre os canais que estão abertos para ela. Existem cinco canais principais de **interação resistente**, cada um deles com um modo de expressão particular: 1) introjeção; 2) projeção; 3) retroflexão; 4) deflexão; e 5) confluência" (POLSTER, 1979: 78s.).

*Interpretação*: conceito utilizado pela psicanálise: "a) Destaque pela investigação analítica, do sentido latente existente nas palavras e nos comportamentos de um indivíduo. A interpretação traz à luz as modalidades do conflito defensivo e, em última análise, tem em vista o desejo que se formula em qualquer produção do inconsciente. b) No tratamento, comunicação feita ao indivíduo e procurando fazê-lo aceder a esse sentido latente, segundo as regras determinadas pela direção e a evolução do tratamento" (LAPLANCHE, 1988: 318s.).

*Intuição*: "É a inteligência do organismo" (PERLS, 1977a: 42).

*Maturidade*: (cf. "Amadurecimento") "eu defino maturidade como a transição do apoio ambiental para o autoapoio" (PERLS, 1977b: 23).

*Neurose*: "pode ser definida como a incapacidade de assumir total identidade e responsabilidade pelo comportamento maduro. (O neurótico) faz tudo para se manter no estado de imaturidade, mesmo quando faz papel de adulto – isto é, seu conceito infantil de como o adulto é. O neurótico não se concebe como uma pessoa que se mantém sozinha, capaz de mobilizar seu potencial para lidar com o mundo. Procura apoio do meio através de ordens, ajuda, explicações e respostas. Não mobiliza seus próprios recursos e sim maneiras de manipular o meio – impotência, adulação, estupidez e outros controles mais ou menos sutis – de forma a receber apoio" (PERLS, 1977b: 32) "(Perls:) [...] considero a neurose um sintoma de maturação incompleto" [...] "um neurótico é incapaz de enxergar o óbvio. Ele perdeu os sentidos" (Perls, 1979, 38) – "é a fixação em um passado imutável" (PERLS, 1980: 438) Perda da função Ego ou da personalidade: a escolha da atitude adequada é difícil ou desadaptada (GINGER, 1995: 128). Psicopatologia consistindo em camadas. As camadas da neurose, segundo Perls: 1ª camada: Desempenho de papéis; 2ª camada: Implosiva que leva ao impasse, medo de ser; 3ª camada: Explosiva (explosão de amor sensual, raiva, alegria ou tristeza); 4ª camada: Viver autêntico (PERLS, 1977b: 40s.). Comportamento neurotico: "a manipulação dos outros em vez de crescer sozinho" (PERLS, 1979: 33).

*Perls*: (Frederick Salomon Perls 1893/1970). Médico, psiquiatra, psicanalista, realizou um trabalho crítico em relação à psicanálise ("Ego, Fome e Agressão") que posteriormente originou uma nova abordagem psicoterápica, batizada por ele como "Gestalt-terapia". Detalhes históricos são mencionados no "apêndice A" (Dados biográficos cf. PERLS, 1979).

Introdução à Gestalt-terapia

***Personalidade***: (cf. *"Self"*) – "é o sistema de atitudes assumidos em relações interpessoais a partir do qual seu comportamento poderia ser explicado, se questionado" (PERLS, 1980: 445).

***Polaridade***: Segundo a GT, todo o evento tem dois polos que permitem que o diferenciemos. "... se quisermos ficar no centro do nosso mundo,... seremos ambidestros – então veremos os dois pólos de todo evento. Veremos que a luz não pode existir sem a não luz. A partir do momento em que existe igualdade, não se pode mais perceber. Se sempre existisse luz, vocês não experienciariam mais a luz. Deve haver um ritmo de luz e escuridão" (PERLS, 1977a: 35).

***Ponto cego (ou escotoma)***: quando não temos como empreender uma fuga real de uma situação conflitante, e a permanência no conflito é algo insustentável, o organismo como um todo evita a atenção para o ponto do conflito, tornando-o imperceptível. "É a destruição mágica, um substituto para uma fuga real de uma catexia negativa" (PERLS, 1981: 35).

***Positivismo***: Escola filosófica fundada por Auguste Comte. "Como teoria do saber, o positivismo nega-se a admitir outra realidade que não sejam os fatos e a investigar outra coisa que não sejam as relações entre os fatos" (MORA, 1982: 314).

***Processo***: "... uma mudança ou uma transformação em um objeto ou organismo, na qual uma qualidade consistente ou uma direção podem ser discernidas. Um processo é sempre, em algum sentido, ativo; algo está acontecendo. Ele contrasta com a estrutura ou a forma de organização daquilo que muda, cuja estrutura é concebida para ser relativamente estática, a despeito da mudança processual" (YONTEF, 1998: 203).

***Psicose***: "A psicose seria, sobretudo, segundo Goodman, uma perturbação da função 'id' (cf. *"self"* a frente): a sensibilidade e a disponibilidade do sujeito às excitações externas (perceptivas) ou internas (proprioceptivas) são perturbadas: ele não responde claramente ao mundo exterior nem às suas próprias necessidades. Ele está cortado da realidade: nele não há mais ajustamento criador do organismo ao meio" (GINGER, 1995: 128).

***Psicoterapia***: "É um tratamento realizado por um profissional (psicólogo), em encontros regulares, no qual a pessoa é auxiliada em relação ao problema que enfrenta e que, momentaneamente, não está conseguindo resolver sozinha. Ao buscar um psicoterapeuta, a pessoa poderá escolher entre vários estilos e técnicas diferentes. O tratamento psicoterápico ajuda a pessoa a conhecer melhor a si mesma e aos seus próprios problemas, e a descobrir as melhores e mais satisfatórias formas de resolução de tais problemas. Sua colaboração é imprescindível em casos de depressão, dependência química, distúrbios sexuais e problemas da relação entre casais e família. A Psicoterapia também é recomendada para casos de stress, funcionando como um tratamento profilático que evita, em muitos casos, o desenvolvimento de doenças orgânicas mais graves. A Psicoterapia pode ser um importante instrumento para a busca, que cada pessoa realiza, no sentido de obter bem-estar consigo mesma e em suas relações com o mundo" (GRAÇA GOUVÊA in www.geocities.com/psicologiaclinica).

## Glossário gestáltico

***Self***: "o complexo sistema de contatos necessários para o ajustamento nas dificuldades do meio" (PERLS, 1980: 435) – é composto pelas seguintes estruturas: Id, Ego e Personalidade. Id: fundo (organismo, corpo, as *Gestalten* abertas, necessidades). Ego: quem se identifica com as figuras e se aliena de outras, quem age. Personalidade: a imagem que vai sendo criada pelas escolhas que vou fazendo para meu crescimento. Autoimagem (PERLS, 1980: 441 e GINGER, 1995: 127) – "não é uma entidade, mas um processo" (GINGER, 1995: 166).

***Significado***: "sempre é o produto de uma relação. O Significado é a relação da figura em primeiro plano com o seu fundo" (PERLS, 1977a: 90 e 1981: 192).

***Situação inacabada***: "Toda experiência fica suspensa até que a pessoa a conclui. A maioria dos indivíduos tem uma grande capacidade para situações inacabadas... Não obstante, embora se possa tolerar uma quantidade considerável de experiências inacabadas, estes movimentos não completados *buscam* um complemento e, quando se tornam suficientemente poderosos, o indivíduo é envolvido por preocupações, comportamentos compulsivos, cuidados, energia opressiva e muitas atividades autofrustrantes. Se você não xinga seu chefe no trabalho, mas gostaria realmente de fazê-lo, e então vai para casa e o faz com seus filhos, as probabilidades são de que isto não funcione porque é somente uma tentativa fraca ou parcial de terminar alguma coisa que de qualquer maneira ainda está suspensa, inacabada... Uma vez que a finalização foi alcançada e que pode ser experienciada plenamente no presente, a preocupação com o antigo não completamento é resolvido e a pessoa pode caminhar para as possibilidades atuais" (POLSTER, 1979: 49s.).

***Suporte***: "O suporte refere-se a qualquer coisa que possibilite o contato ou o afastamento: energia, suporte corporal, respiração, informação, preocupação com os outros, linguagem e assim por diante. O suporte mobiliza recursos para o contato ou para o afastamento. Por exemplo, para dar suporte à excitação que acompanha o contato, a pessoa precisa ingerir oxigênio suficiente" (YONTEF, 1998: 18).

***Teoria de campo***: "Características do campo: 1. um campo é uma teia sistemática de relacionamentos, 2. um campo é contínuo no espaço e no tempo, 3. tudo é de um campo, 4. os fenômenos são determinados pelo campo todo, 5. o campo é uma fatalidade unitária: tudo no campo afeta todo o resto" (YONTEF, 1998: 184). Defino campo como: "Uma totalidade de forças mutuamente influenciáveis que, em conjunto, formam uma fatalidade interativa unificada" (p. 185*)*.

***Teoria paradoxal da mudança***: "... consiste nisto: a mudança ocorre quando uma pessoa se torna o que é, não quando tenta converter-se no que não é" (FAGAN & SHEPHERD, 1980: 110). "[...] a mudança pode ocorrer quando o paciente abandona, pelo menos de momento, aquilo em que gostaria de se tornar e tenta ser aquilo que é. A premissa é que a pessoa deve permanecer em seu lugar, a fim de ter um terreno firme para se deslocar, e que é difícil ou impossível qualquer movimento sem essa base sólida" (p. 111*)*.

# Introdução à Gestalt-terapia

***Top dog/under dog***: conflito interno entre dominador (*top dog*) e dominado (*under dog*). "O dominador (*top dog*) pode ser descrito como exigente, punitivo, autoritário e primitivo. Ele manda continuamente com afirmações do tipo: 'Você deveria', 'Você precisa', 'Por que você não'... O dominado (*under dog*) desenvolve uma grande habilidade em fugir das ordens do dominador. Normalmente, com a intenção de concordar apenas parcialmente com o dominador, ele responde: 'Sim, mas...', 'estou tentando muito, mas da próxima vez farei melhor' e 'amanhã...' (PERLS, 1977b: 24). "O dominador geralmente se julga com a razão e é autoritário; ele sabe mais... o dominado manipula sendo defensivo, desculpando-se, seduzindo, representando o bebê chorão ou coisa parecida" (PERLS, 1977a: 35s.).

# Referências

ARANHA, Maria Lúcia de Arruda & MARTINS, Maria Helena Pires (1986). *Filosofando: Introdução à filosofia*. São Paulo: Moderna.

AULAGNIER, Piera. *Psicose: uma leitura psicanalítica* (1979). Belo Horizonte: Interlivros.

ARIÈS, Philippe & DUBY, Georges (1990). *História da vida privada*: do Império Romano ao ano mil. São Paulo: Companhia das Letras.

BALINT, Michael (1988). *O médico seu paciente e a doença*. Rio de Janeiro: Atheneu.

BERG, Jan Hendrik Van Den (1981). *O paciente psiquiátrico*: Esboço de psicopatologia fenomenológica. São Paulo: Mestre Jou.

BERTALANFFY, Ludwig Von (1973). *Teoria geral dos sistemas*. Petrópolis: Vozes.

BERTHERAT, Thérèse & BERNSTEIN, Carol (1977). *O corpo tem suas razões*: Antiginástica e consciência de si. São Paulo: Martins Fontes.

BETTELHEIM, Bruno (1991). *A Viena de Freud e outros ensaios*. Rio de Janeiro: Campus, 1991.

BRENNER, Charles (1975). *Noções básicas de psicanálise*: Introdução à psicologia psicanalítica. Rio de Janeiro: Imago, 1975.

BOAL, Augusto (1980). *Teatro do oprimido e outras poéticas políticas*. Rio de Janeiro: Civilização Brasileira.

BUBER, Martin (1979). *Eu e Tu*. São Paulo: Cortez & Moraes.

CANGUILHEM, Georges (1978). *O normal e o patológico*. Rio de Janeiro: Forense Universitária.

CAPRA, Fritjof (1982). *O ponto de mutação*: a ciência, a sociedade e a cultura emergente. São Paulo: Cultrix.

_____ (1975). *O Tao da física*: um paralelo entre a física moderna e o misticismo oriental. São Paulo: Cultrix.

CASEMENT, Patrick (1986). *Aprendendo com o paciente*. Rio de Janeiro: Imago.

CHARON, Jean E. (1986). *O Espírito, este Desconhecido*. São Paulo: Melhoramentos.

COULANGES, Fustel de. (1987). *A cidade antiga*. São Paulo: Martins Fontes.

DARTIGUES, André (1973). *O que é a fenomenologia?* Rio de Janeiro: Eldorado.

DELEUZE, Gilles & GUATTARI, Félix (1979). *O Anti-Édipo*. Rio de Janeiro: Imago.

Introdução à Gestalt-terapia

DESCARTES, René (1989). *Discurso do método.* São Paulo: Ática.

DONZELLI, Telma (1980). *O gestaltismo*: ensaio sobre uma filosofia da forma. Rio de Janeiro: Antares.

DSM-IV (1995). (Diagnostic and Statistical Manual of Mental Disorders, Fourth Edition). Porto Alegre: Artes Médicas.

ÉPINAY, Michèle Lalive d'. (1988). *Groddeck:* A Doença Como Linguagem. Campinas: Papirus.

FADIMAN, James & FRAGER, Robert (1979). *Teorias da personalidade.* São Paulo: Harper & Row.

FAGAN, Joen & SHEPHERD, Irma Lee (1980). *Gestalt-terapia*: teoria, técnicas e aplicações. Rio de Janeiro: Zahar.

FAUSTINO, Sílvia (1995). *Wittgenstein*: o Eu e sua gramática. São Paulo: Ática.

FELDMANN, Harald (1986). *Psiquiatria e psicoterapia.* Rio de Janeiro: Discos CBS.

FOUCAULT, Michel (1993). *História da loucura.* São Paulo: Perspectiva.

_____ (1985). *História da sexualidade: A vontade de saber,* vol. I. Rio de Janeiro: Graal.

FREUD, Sigmund (1979a). *A história do movimento psicanalítico.* Rio de Janeiro: Imago. [Edição Standard Brasileira das Obras Psicológicas Completas, vol. XIV.]

_____ (1979b). *Neurose e psicose.* Rio de Janeiro: Imago.[Edição Standard Brasileira das Obras Psicológicas Completas, vol. XIX.]

_____ (1979c). *Notas psicanalíticas sobre um relato autobiográfico de um caso de paranóia (Dementia Paranoides).* Rio de Janeiro: Imago. [Edição Standard Brasileira das Obras Psicológicas Completas, vol. XII.]

_____ (1979d). *O método psicanalítico de Freud.* Rio de Janeiro: Imago. [Edição Standard Brasileira das Obras Psicológicas Completas, vol. VII.]

FROMN, Erich (1971). *A crise da psicanálise.* Rio de Janeiro: Zahar.

GABEL, Marceline (1997). *Crianças vítimas de abuso sexual.* São Paulo: Summus.

GAIARSA, José Ângelo (1984). *O espelho mágico*: um fenômeno social chamado corpo e alma. São Paulo: Summus.

GARCIA-ROZA, Luiz Alfredo (1986). *Acaso e repetição em psicanálise*: uma introdução à teoria das pulsões. Rio de Janeiro: Zahar.

GINGER, Serge & GINGER, Anne (1995). *Gestalt*: uma terapia do contato. São Paulo: Summus.

GOLDSTEIN, Kurt (1961). *La naturaleza humana a la luz de la psicopatología.* Buenos Aires: Paidos.

# Referências

GROF, Stanislav (1994). *A mente holotrópica*: novos conhecimentos sobre psicologia e pesquisa da consciência. Rio de Janeiro: Rocco.

HALL, Calvin S., LINDZEY, Gardner & CAMPBELL, John B (2000). *Teorias da personalidade*. Porto Alegre: Artes Médicas.

HAWKING, Stephen William (1988). *Uma breve história do tempo*: do big-bang aos buracos negros. Rio de Janeiro: Rocco.

HEIDBREDER, Edna (1975). *Psicologias do século XX*. São Paulo: Mestre Jou.

HEIDEGGER, Martin (1988). *Ser e tempo*. Petrópolis: Vozes.

HESSEN, Johannes (1978). *Teoria do conhecimento*. Coimbra: Arménio Amado.

HORGAN, John (1998). *O fim da ciência*: uma discussão sobre os limites do conhecimento científico. São Paulo: Cia. das Letras.

HUSSERL, Edmund (1988). *Investigações lógicas*. São Paulo: Nova Cultural. [Coleção "Os Pensadores"]

JASPERS, Karl (1973). *Psicopatologia geral*. Rio de Janeiro: Atheneu.

JUNG, Carl G. (1975). *Memórias, sonhos e reflexões*. Rio de Janeiro: Nova Fronteira.

_____. *O Eu e o inconsciente*. Rio de Janeiro: Vozes. [OC 7/2].

KANT, Immanuel (1966). *Critique of Pure Reason*. New York: Anchor Book.

KAUFMANN, Walter (1989). *Existentialism from Dostoevsky to Sartre*. New York: Meridian.

KOFFKA, Kurt (1975). *Princípios de Psicologia da Gestalt*. São Paulo: Cultrix.

KORZYBSKI, Alfred (1933). *Science and Sanity*. [Recolhido do "Institute of General Semantics". Englewood, New Jersey, USA, pelo site < http:\\\www.gestalt.org>]

_____. (1921). *Manhood of Humanity* . [Recolhido do "Institute of General Semantics". Englewood, Nova Jersey, USA, pelo site < http:\\\www.gestalt.org>]

LEWIN, Kurt (1975). *Teoria dinâmica da personalidade*. São Paulo: Cultrix.

_____ (1965). *Teoria de campo em ciência social*. São Paulo: Pioneira.

LYOTARD, Jean-François (1986). *A fenomenologia*. Lisboa: Edições 70.

MARCONDES, Danilo (1998). *Iniciação à história da filosofia*: dos pré-socráticos a Wittgenstein. Rio de Janeiro: Zahar.

MATURANA, R. Humberto (1997). *A ontologia da realidade*. Belo Horizonte: Ed. UFMG.

MELLO, Júlio Filho (1992). *Psicossomática hoje*. Porto Alegre: Artes Médicas.

MERLEAU-PONTY, Maurice (1996). *Fenomenologia da percepção*. São Paulo: Martins Fontes.

MONIZ, Edmundo (1984). *O espírito das épocas.* Rio de Janeiro: Elo Editora.

MORA, José Ferrarter (1982). *Dicionário de filosofia.* Lisboa: Dom Quixote.

MORENO, Jacob Levy (1993). *Psicodrama.* São Paulo: Cultrix.

MORENTE, Manuel Garcia (1980). *Fundamentos de filosofia:* lições preliminares. São Paulo: Mestre Jou.

MULLAHRY, Patrick (1975). *Édipo*: mito e complexo – uma crítica da teoria psicanalítica. Rio de Janeiro: Zahar.

NEIDHOEFER, Loil (1994). *Trabalho corporal intuitivo*: uma abordagem reichiana. São Paulo: Summus.

NORBERT, Elias (1993). *O processo civilizador*: formação do Estado e Civilização. Vol. 2. Rio de Janeiro: Zahar.

PERLS, Frederick Salomon (1981). *A abordagem gestáltica e testemunha ocular da terapia.* Rio de Janeiro: Zahar.

_____ (1979). *Escarafunchando Fritz*: dentro e fora da lata de lixo. São Paulo: Summus.

_____ (1977a). *Gestalt-terapia explicada.* São Paulo: Summus.

_____ (1977b). *Isto é Gestalt.* São Paulo: Summus.

_____. *Yo, hambre y agresión.* México: Fondo de Cultura Económica.

PERLS, Frederick Salomon; GOODMAN, Paul, & HEFFERLINE, Ralph F. (1980) *Gestalt Therapy.* New York: Crown.

POLSTER, Erving & POLSTER, Miriam (1979). *Gestalt-terapia integrada.* Belo Horizonte: Interlivros.

PRIGOGINE, Ilya & STENGERS, Isabelle (1992). *Entre o tempo e a eternidade.* São Paulo: Companhia das Letras.

REICH, Wilhelm (1982a). *Escuta, Zé-Ninguém!* Rio de Janeiro: Martins Fontes.

_____ (1982b). *A função do orgasmo.* São Paulo: Brasiliense.

RIBEIRO, Jorge Ponciano (1985). *Gestalt-terapia*: refazendo um caminho. São Paulo: Summus.

_____ (1997). *O ciclo do contato*: temas básicos na abordagem gestáltica. São Paulo: Summus.

SARTRE, Jean-Paul (1997). *O Ser e o Nada.* Petrópolis: Vozes.

_____ (1987). *O existencialismo é um humanismo*: a imaginação, questão de método. São Paulo: Nova Cultural. [Os Pensadores.]

SKINNER, Burrhns Frederic (1974). *Sobre o behaviorismo.* São Paulo: Cultrix.

# Referências

SPRANGER, Eduard (1976). *Formas de vida* – psicologia entendida como ciência do espírito e ética da personalidade. Rio de Janeiro: Zahar.

TELLEGEN, Thérèse Amelie (1984). *Gestalt e grupos*. São Paulo: Summus.

VERGEZ, André & HUISMAN, Denis (1988). *História dos filósofos ilustrada pelos textos*. Rio de Janeiro: Freitas Bastos.

WERTHEIMER, Michael (1985). *Pequena história da psicologia*. São Paulo: Cia. Editora Nacional.

WILBER, Ken (1992). *O paradigma holográfico e outros paradoxos*. São Paulo: Cultrix.

WOLPE, Joseph (1976). *Prática da terapia comportamental*. São Paulo: Brasiliense.

YONTEF, Gary M. *Awareness, Dialogue and Process*: Essays on Gestalt Therapy. New York: Gestalt Journal Press, 1993.

_____ (1998). *Processo, diálogo e awareness*: ensaios em Gestalt-terapia. São Paulo: Summus.

YUTANG, Lin (1982). *A importância de compreender*. São Paulo: Círculo do Livro.

ZINKER, Joseph (1979). *El proceso creativo en la terapia guestáltica*. Buenos Aires: Paidos.